中国社科研究文库

CHINESE SOCIAL SCIENCE RESEARCH LIBRARY

广东大企业
税收经济与税源管理研究

龙朝晖｜著

中国书籍出版社
China Book Press

光明日报出版社

图书在版编目（CIP）数据

广东大企业：税收经济与税源管理研究/龙朝晖著
. —北京：中国书籍出版社：光明日报出版社，
2020.12

ISBN 978－7－5068－8312－2

Ⅰ.①广… Ⅱ.①龙… Ⅲ.①大型企业—企业管理—
税收管理—研究—广东 Ⅳ.①F812.423

中国版本图书馆 CIP 数据核字（2021）第 005823 号

广东大企业：税收经济与税源管理研究

龙朝晖 著

责任编辑 毕 磊

责任印制 孙马飞 马 芝

封面设计 中联华文

出版发行 中国书籍出版社 光明日报出版社

地 址 北京市丰台区三路居路 97 号（邮编：100073）

电 话 （010）52257143（总编室） （010）52257140（发行部）

电子邮箱 eo@ chinabp. com. cn

经 销 全国新华书店

印 刷 三河市华东印刷有限公司

开 本 710 毫米×1000 毫米 1/16

字 数 318 千字

印 张 19.5

版 次 2020 年 12 月第 1 版

印 次 2020 年 12 月第 1 次印刷

书 号 ISBN 978－7－5068－8312－2

定 价 98.00 元

序 言

    国家发展和社会进步离不开有效的公共管理，亦即公共服务。而要管住、管好，或服务到点子上、要害处，则非抓住关键问题着力去做不为功。财政是国家治理的基础和重要支柱，税收是国家财政收入的主要来源，税收在国家治理中具有基础性、支柱性和保障性作用。党的十九届四中全会提出了"十三个坚持和完善"，对发挥税收在国家治理中的基础性、支柱性和保障性作用提出了新要求。2019 年 11 月 13 日，国税总局局长王军在全国税务系统司局级主要领导干部学习贯彻党的十九届四中全会精神专题研讨班指出，税收治理是国家治理的重要组成部分，税务部门要主动担当作为，为推进国家治理体系和治理能力现代化作出更大的贡献。大企业是我国国民经济的重要支柱，也是税收的主要来源。大企业税收管理是国家税收工作的重点，我国正在推行大企业税收管理改革。改革对提高税收工作质量、服务国家治理现代化都有着重要作用。大企业税收管理改革需要勇于探索，攻坚克难，需要做好宏观经济分析、行业专项分析、税收风险分析和国际比较分析，为税收经济管理提供重要决策参考。抓好大企业税收经济分析和税源管理就抓住了税收经济管理的主要矛盾，对于推进税收治理体系和治理能力现代化，意义十分重大。龙朝晖的专著《广东大企业：税收经济与税源管理研究》正是在这一领域进行积极探索的重要学术成果。

    改革开放以来，随着广东经济快速发展，广东大企业迅速成长，近年来广东省（不包括深圳市）年缴税 1 亿元以上的大企业有 578 家，其营业收入占广东 GDP 接近一半，纳税超过三分之一。广东大企业生产经营规模大、范围广，大多跨国、跨区域经营，关联交易复杂且信息量大。大企业税收管理工作的好坏，直接关系到广东经济社会发展的全局和整个税收工作的成败，体现广东税收治理能力水平。龙朝晖负责的课题组与广东省税务部门合作，选择年缴税1亿元以上的578家大企业作为基础样本，采集2008至2015年的55个财务会计及税收征管指标对其税收经济与税源管理进行全面研究。另外，作者还采集上市公司中广东大企业的数据进行深入研究，并对多家大企业进行案例研究。

首先，本书论述新公共管理运动以来西方发达国家税务机构改革和大企业税收管理的变革，并借鉴公共行政范式对税收管理科学化的要求，从组织制度建设、税收风险管理模式、优化纳税服务和加强税收信息监管四个方面总结近年来广东税务部门加强大企业税收管理的探索与实践，并提出广东要加强大企业税收经济和税源管理研究。

其次，本书研究大企业税收经济情况，包括分区域、所有制类型和行业对广东大企业生产经营与纳税状况进行全面分析；分区域、税种和行业对广东制造业大企业税收负担进行比较研究和案例分析；计量建模研究广东制造业大企业税负的经济效应、税收激励的政策效应；"营改增"对广东第三产业大企业固定资产投资与盈利影响；研究广东大企业慈善捐赠的税负效应与财务绩效；评估并研究广东外资大企业撤资的税收与非税动因；对广东外资大企业国际转让定价进行定量研究和案例分析。

最后，本书对广东大企业税源管理进行研究，包括运用超越对数形式的随机前沿分析方法研究广东大企业的税源监控与税收征管效率；构建科学、合理的大企业税收风险评估指标体系，并对广东14家房地产大企业的税收风险进行实证评估。本书的研究得出一系列重要结论，并在此基础上提出若干见解独到的政策建议，对于政府公共管理部门、成长中的大企业和科研机构均有重要的参考价值。

龙朝晖1986年考入中山大学经济学系，1990年作为中山大学岭南（大学）学院首届毕业生留校，先从事了7年学生辅导员（团总支书记）工作。获得经济学硕士学位后，转岭南学院财税系从事科研教学工作。1999年，我曾将中山大学首届桐山基金项目"我国开征社会保险税研究"颁授给他，鼓励他转岗从事公共财税方面的研究。20年来，龙朝晖矢志不渝地坚持企业财税管理与国家财税政策方面的研究，取得包括部级奖励在内的一系列科研成果，并荣获中山大学优秀教学成果一等奖。2017—2019年，龙朝晖在广东省汕头市金平区挂职担任副区长，理论结合实践，深入大企业调研，为政府部门、企业和学校开展了一系列财税讲座，引导企业、机构和个人依法纳税，并进行出口退税等合法的税收筹划，受到大家的欢迎。

中山大学是民主革命的伟大先驱孙中山先生创立的，广东是孙中山先生的家乡。孙中山的一生，直到辞世前夕，都是在期盼"天下为公"和实现"大同"中努力学习、研究和实践的。孙中山既全神贯注又全力以赴地从事于救国救民的崇高事业，他总是在想如何建设起一个能够实现国家富强，民族兴旺，人民幸福，正常、合理、公平、有效开展和运作的公共管理平台。他可算是中国现代公共管理研究的先驱。党的十九届四中全会提出的"十三个坚持和完善"，对作为公共管理基础性、支柱性和保障性部分的税收管理提出了新的要求。本书的出版是对国家税务总局提出的创新税收治理理念、完善税收治理体系、锤炼税收治理能力和优化税收治理方式所进行的有益探索。希望龙朝晖同志在今后的研究工作中将这些问题的探讨继续引向深入，探索如何更好推进税收治理体系和治理能力现代化，确保税收服务国家治理现代化的水平不断提升，为全面建成小康社会、实现第一个百年奋斗目标贡献更大的力量。

夏书章

2020 年 1 月于广州康乐园

前　言

　　本书是作者在承担国家税务总局 2017 年重点课题"制造业税负结构与水平研究——以广东省为例",(项目编号：国税总局 2017ZD01)和原广东省国税局和地税局委托的课题"大企业税收经济指数研究""广东减免税政策效应量化分析——以先进制造业为例"　(项目编号：中大 10000 - 71210527、10000 - 71210547、10000 - 71210548)过程中,在税务部门帮助下,采集广东省(除深圳外,下同)年纳税 1 亿元以上的 578 家大企业 2008 - 2015 年的财务数据作为基础,并采集上市公司中广东大企业的数据和全省统计数据进行深入研究的成果,同时还对多家大企业进行案例研究。

　　本书的写作大纲及主要内容是由龙朝晖提出并撰写,其余部分由硕士研究生参与而共同完成。作者在对大企业税收经济与税源管理的国内外相关研究成果进行综述基础上,以广东年纳税 1 亿元以上的大企业为基础样本,通过税务部门协助,采集数据、实地调研、问卷调查和专家访谈获取第一手资料,并采集上市公司中广东大企业的数据和全省统计数据作为补充,通过构建指标体系、分类统计、计量建模和案例分析进行深入研究,最终得以完稿。本书各章写作分工如下。

　　龙朝晖：第一章"广东大企业税收管理的探索与实践"。第二章"国内外研究文献综述"。第三章"广东大企业生产经营与纳税状况分析"。第四章"广东制造业大企业税收负担"。第六章"广东制造业大企业税收激励政策效应"。第七章"营改增"对广东第三产业大企业固定资产投资与盈利影响。第八章"广东大企业慈善捐赠的税负效应与财务绩效"：第一节"广东大企业慈善捐赠的税收政策"；第二节"广东大企业慈善捐赠的成本 - 收益分析"；第四节"促进大企业慈善捐赠的政策建议"。第十章"广东外资大企业国际转让定价研究"。第十一章"广东大企业的税源监控与税收征管效率"：第一节"大企业税收和征管效率评价指标与影响因素"；第十二章"广东大企业税收风险管理与评估"：第一节"构建大企业税收风险评估指标体系的思路、原则与方法"；第三节"广东上市公司大企业税收风险评估的实证研究"。

邱一菲：第五章"广东制造业大企业税负的经济效应"。

张弘毅：第八章"广东大企业慈善捐赠的税负效应与财务绩效"：第三节"广东大企业慈善捐赠的研究样本与实证分析"。

张一帆：第九章"广东外资大企业撤资的税收与非税动因"。

黄敏华：第十一章"广东大企业的税源监控与税收征管效率"：第二节"大企业税收征管效率的实证样本、方法与模型"；第三节"大企业税收征管效率的实证结果分析"；第四节"研究结论与政策建议"。

杨显立：第十二章"广东大企业税收风险管理与评估"：第二节"构建广东大企业税收风险评估指标体系"。

另外，吴钊和易屹参加了部分章节的数据更新工作，王利婷协助进行校审工作。

"广东大企业：税收经济与税源管理研究"是促进大企业健康成长的前沿课题。本书可以为政府制定税收经济与税源管理政策提供科学的理论依据，也可以为大企业的税收管理和科研机构、社会公众对大企业税负和税收经济分析提供借鉴和参考。

龙朝晖

2019 年 12 月 13 日于中山大学

目　录
CONTENTS

绪　论 ……………………………………………………… 1

第一章　广东大企业税收管理的探索与实践 ……………… 9
一、广东大企业税收管理的发展历程 ……………………… 10
二、广东大企业税收管理的组织制度建设 ………………… 11
三、广东创新大企业税收风险管理模式 …………………… 12
四、广东优化大企业纳税服务 ……………………………… 13
五、广东加强大企业的税收信息监管 ……………………… 14
六、广东加强大企业税收经济和税源管理研究 …………… 14

第二章　国内外研究文献综述 ……………………………… 16
一、企业税收负担的研究 …………………………………… 16
二、企业税负经济效应的研究 ……………………………… 17
三、企业税收优惠（激励）的研究 ………………………… 17
四、"营改增"税制改革的研究 …………………………… 18
五、"营改增"对固定资产投资影响的研究 ……………… 20
六、外资企业撤资动因的研究 ……………………………… 22
七、外资企业国际转让定价的研究 ………………………… 24
八、税收征管效率与税源监控的研究 ……………………… 26
九、企业税收风险评估的研究 ……………………………… 28

第三章　广东大企业生产经营与纳税分析 ……………………… **30**

　第一节　广东大企业分类分布的总体情况 …………………… 32

　第二节　广东大企业生产经营状况 …………………………… 35

　　一、广东大企业盈利能力 …………………………………… 35

　　二、广东大企业运营能力 …………………………………… 39

　　三、广东大企业的偿债能力 ………………………………… 43

　　四、广东大企业科技研发 …………………………………… 45

　　五、广东大企业社会贡献 …………………………………… 46

　　六、广东金融大企业经营状况 ……………………………… 48

　第三节　广东大企业纳税状况 ………………………………… 51

　　一、广东大企业税收收入及其增长率 ……………………… 52

　　二、广东大企业税收负担率 ………………………………… 54

　　三、广东大企业资产税收贡献率 …………………………… 56

　第四节　研究结论 ……………………………………………… 57

　　一、宏观面整体良好，微观处存在隐忧 …………………… 57

　　二、制造行业潜力大，商业服务待扶持 …………………… 57

　　三、民营企业发展快，国有企业进步慢 …………………… 58

　　四、金融行业效益好，房地产业负债高 …………………… 58

　　五、结构优化初见成效，供给侧改革要加强 ……………… 59

　　六、珠三角区中心突出，粤东西北亟待发展 ……………… 59

　第五节　政策建议 ……………………………………………… 60

　　一、优化营商环境，提高纳税服务 ………………………… 60

　　二、加大制造业科技扶持，降低批发零售业成本 ………… 60

　　三、扶持民营企业，深化国企改革 ………………………… 60

　　四、房产企业去库存去杠杆，金融企业投资实体经济 …… 61

　　五、落实减税降费，促供给侧改革 ………………………… 61

　　六、调整区域产业布局，加强税收风险管理 ……………… 61

第四章　广东制造业大企业税收负担·············· **62**

第一节　广东制造业大企业税收负担水平·········· 64

一、广东制造业整体税负水平·············· 64

二、广东制造业大企业整体税负水平········· 66

第二节　广东制造业大企业不同区域与税种税负比较······· 68

一、广东不同区域制造业大企业的税收负担······ 68

二、广东制造业大企业不同税种的收入结构······ 70

三、广东制造业大企业不同税种的税收负担······ 72

第三节　广东制造业大企业与其他行业大企业税负比较······ 74

一、广东制造业大企业与其他行业大企业总体税负比较······· 74

二、广东制造业大企业与其他行业大企业所得税税负比较······· 76

三、广东制造业大企业与其他行业大企业增值税税负比较······· 78

第四节　广东制造业大企业税负案例分析·········· 79

一、广东电子制造业大企业税负案例分析······· 79

二、广东汽车制造业大企业税负案例分析······· 81

三、广东家电制造业大企业税负案例分析······· 87

第五章　广东制造业大企业税负的经济效应········· **89**

第一节　广东制造业大企业税负的就业投资效应······ 90

一、就业投资效应模型设计·············· 90

二、实证结果分析··················· 90

第二节　广东制造业大企业税负的营利研发效应······ 94

一、营利研发效应模型设计·············· 94

二、实证结果分析··················· 95

第六章　广东制造业大企业税收激励政策效应········ **100**

第一节　广东制造业大企业研究样本与行业减免税······ 100

第二节　广东制造业大企业税收激励政策效应······· 103

一、研究方法··················· 103

二、税收减免的乘数效应 ················ 104

三、税收减免的就业效应 ················ 105

四、税收减免的分配效应 ················ 107

五、税收减免的创新效应 ················ 108

六、税收政策改革有效性分析 ·············· 109

第三节 广东发展现代制造业的税收激励政策建议 ······ 113

一、增加非国企所得税优惠，拉动经济增长 ······· 113

二、增加非国企增值税优惠，扩大就业人数 ······· 113

三、落实"营改增"减负，提高企业效益 ········ 113

四、加大非国企研发支出增值税减免力度，推动科技创新 ······ 114

第七章 "营改增"对广东第三产业大企业固定资产投资与
盈利影响 ······························ 115

第一节 广东第三产业大企业"营改增"影响研究假设 ····· 117

第二节 广东第三产业大企业"营改增"影响的研究样本与方法 ······ 118

一、研究样本 ···················· 118

二、变量提取 ···················· 119

三、研究方法 ···················· 122

第三节 实证分析与研究结果 ·············· 123

一、计量模型设计 ·················· 123

二、描述性统计分析 ················· 123

三、多元线性回归分析结果 ·············· 128

四、稳健性检验 ··················· 132

第四节 研究结论与政策建议 ·············· 135

一、研究结论 ···················· 135

二、政策建议 ···················· 137

第八章 广东大企业慈善捐赠的税负效应与财务绩效 ······· 138

第一节 企业慈善捐赠的税收政策 ············ 140

一、企业慈善捐赠的所得税政策 ············ 140

二、企业慈善捐赠的流转税政策 ……………………………………… 141

三、企业慈善捐赠的财产行为税政策 ………………………………… 142

第二节 企业慈善捐赠的成本 – 收益分析 …………………………… 142

第三节 广东大企业慈善捐赠的研究样本与实证分析 …………… 145

一、研究样本与变量 …………………………………………………… 145

二、描述性分析 ………………………………………………………… 148

三、实证分析与研究结果 ……………………………………………… 149

四、稳健性检验 ………………………………………………………… 152

第四节 促进大企业慈善捐赠的税收政策建议 …………………… 155

一、加强税收征管，落实依法征税 …………………………………… 155

二、优化纳税服务，方便企业抵扣 …………………………………… 155

三、改革慈善税制，激励实物捐赠 …………………………………… 156

四、企业结合税收筹划，建立慈善捐赠战略 ……………………… 156

五、加强慈善组织税务监管，建设优秀慈善文化 ………………… 157

第九章 广东外资大企业撤资的税收与非税动因 ………………… **158**

第一节 外资大企业撤资的税收与非税动因假设 ………………… 159

第二节 广东外资大企业撤资研究样本与描述性分析 …………… 161

一、研究样本与变量提取 ……………………………………………… 161

二、描述性统计分析 …………………………………………………… 164

第三节 实证分析与研究结果 ………………………………………… 171

一、有序 Logit 模型 …………………………………………………… 171

二、回归结果与分析 …………………………………………………… 172

三、稳健性检验 ………………………………………………………… 174

第四节 主要结论与政策建议 ………………………………………… 176

一、顺应工业 4.0 趋势，鼓励增加长期投资 ……………………… 176

二、借力粤港澳大湾区，深挖广东人力资源 ……………………… 177

三、运用税收激励政策转变经济增长模式 ………………………… 178

第十章 广东外资大企业国际转让定价研究 ·················· **179**

第一节 广东内外资大企业盈亏比较分析 ················ 182

一、财务状况 ······································· 182

二、利税水平 ······································· 184

三、经营效益 ······································· 185

第二节 全球 500 强企业通过"国际转让定价"巨额避税 ········ 187

一、世界 500 强企业存在通过"国际转让定价"避税嫌疑 ··· 187

二、税务局进行反"国际转让定价"避税调查 ··········· 188

三、一年深入审计和调查取证获得突破 ··············· 188

四、反避税审查结案，追回超亿元税款 ··············· 190

第三节 广东外资大企业国际转让定价的动机 ············· 191

一、广东外资大企业国际转让定价的税务动机 ·········· 191

二、广东外资大企业国际转让定价的非税动机 ·········· 193

第四节 广东外资大企业国际转让定价的主要形式和调整方法 ··· 198

一、广东外资大企业国际转让定价的主要形式 ·········· 198

二、广东外资大企业国际转让定价的调整方法 ·········· 199

第五节 广东外资大企业国际转让定价转移利润和偷避利税估算 ········ 201

一、外资大企业国际转让定价转移利润估算模型 ········ 201

二、广东外资大企业国际转让定价转移利润数额估算 ····· 203

三、广东外资大企业国际转让定价偷逃中方利税数额估算 ··· 204

第六节 数字经济背景下跨国公司国际转让定价避税的新挑战 ··· 206

一、数字经济的迅速发展冲击国际税收体系 ··········· 206

二、数字经济下跨国公司国际转让定价避税新形式 ······ 207

三、数字经济冲击下的各国税收政策 ················ 210

四、OECD 对数字经济的国际税收政策探索 ············ 213

第七节 BEPS 行动下的广东反避税工作与政策建议 ········· 216

一、BEPS 行动下的广东反避税工作成绩 ·············· 216

二、BEPS 行动下的广东反避税工作不足 ·············· 217

三、加强广东外资大企业反避税管理的政策建议 ········ 218

第十一章　广东大企业税源监控与税收征管效率 ·················· **222**

　第一节　大企业税收征管效率评价指标与影响因素 ·········· 223

　　一、大企业税收征管效率的评价指标 ············· 223

　　二、大企业税收收入的影响因素 ················ 224

　　三、税收征管无效率的影响因素 ················ 225

　第二节　大企业税收征管效率的实证样本、方法与模型 ·········· 227

　　一、研究样本与数据来源 ····················· 227

　　二、变量提取 ····························· 227

　　三、效率测算方法选择 ······················ 229

　　四、模型设定 ····························· 230

　第三节　大企业税收征管效率的实证结果分析 ············ 233

　　一、模型估计结果 ························· 233

　　二、广东大企业税收效率分析 ················· 236

　　三、广东大企业税收征管无效率的影响因素分析 ········· 241

　　四、稳健性检验 ··························· 243

　第四节　研究结论与政策建议 ····················· 245

　　一、研究结论 ····························· 245

　　二、政策建议 ····························· 245

第十二章　广东大企业税收风险管理与评估 ·················· **248**

　第一节　构建大企业税收风险评估指标体系的思路、原则与方法 ······· 249

　　一、构建思路 ····························· 249

　　二、构建原则 ····························· 249

　　三、层次分析法（Analytic Hierarchy Process，简称 AHP） ··· 250

　　四、税收缴纳效能理论 ······················ 252

　第二节　构建广东大企业税收风险评估指标体系 ········· 253

　　一、广东大企业税收风险评估的四个方面 ············ 253

　　二、广东大企业税收风险评估指标体系 ············· 255

　　三、静态特征风险指标——税收缴纳效能指标的构建 ········ 259

四、动态风险评估方式和步骤 ·················· 263

第三节　广东上市公司大企业税收风险评估的实证研究 ············· 264

一、大企业税收风险评估指标的选取 ·················· 264

二、子目标层权重的确定 ·················· 265

三、样本企业静态特征风险、动态特征风险评估 ········ 268

第四节　广东大企业税收风险管理的政策建议 ········ 275

一、企业税收风险内控 ·················· 275

二、税务机关的风险管理 ·················· 276

三、税收风险管理的反馈与改进 ·················· 277

四、培养专业人才和特殊行业专家 ·················· 277

参考文献 ·················· 279

绪　论

随着世界经济发展变化，以全球500强为代表的许多大企业不断成长起来，大企业不断扩展业务、扩大规模和跨国经营，给其税收管理带来挑战，实行专业化的大企业税收管理是西方发达国家应对这一挑战的基本手段。在发达国家，数量较少、规模很大的企业缴纳的税款占了税收收入的大部分，这些大企业能否依法纳税对税款征收有着重要的影响。这一规律也符合意大利经济学家帕累托发现的二八定律：在任何事物中，起决定性作用的只占一小部分，约20%，其余80%却是次要的。由于少数的重点税源贡献了大部分的税收，对于贡献了大部分税收的大企业应该进行专业化的集中管理，保证税收收入的实现，这需要对大企业采取一种有效集中控制的专业化管理方法。另外，由于大企业往往具有经营多元化、业务复杂、涉税事务繁多并进行专业税收筹划的特点，使其在税法遵从上存在较大的风险，这也需要加强对大企业的税收管理和协调工作。

大企业税收管理也符合管理的一般规律理论，法国"管理理论之父"法约尔从管理的职能将管理定义为计划、组织、指挥、协调、控制。美国前管理学会主席哈罗德·孔茨则认为，一些专门的控制方法没有改变管理控制的基本性质和意义，但却可使控制工作更加集中，并有可能不断地改善控制工作的质量。为了对大企业进行专业化的集中管理，尽可能规避大企业存在的税收风险，许多国家通过成立大企业税收管理机构，把风险管理理论与客户理论引入税收领域，重组大企业税收管理业务流程，确立了新型税收征管模式，以最大限度地规避税收流失风险。目前，世界上已有60多个国家和地区设立了大企业税收管理机构。

我国政府一直积极支持大企业的成长和发展。党的十七大报告（2007年）中就指出："加快经济发展方式转变，推动产业优化升级，这是关系国民经济全局紧迫而重大的战略任务，要坚持走中国特色新型工业化道路，鼓励发展具有国际竞争力的大企业集团。"党的十八大报告（2012 年）中指出："加快走出去步伐，增强企业国际化经营能力，培育一批世界水平的跨国公司。"党的十九大（2017 年）报告指出："深化国有企业改革，发展混合所有制经济，培育具有全球竞争力的世界一流企业。""促进我国产业迈向全球价值链中高端，培育若干世界级先进制造业集群。"十多年来，在中央政策鼓励下，随着国内经济快速发展，我国大企业迅速成长起来。与国外大企业相似，我国大企业生产经营规模大、范围广，大多跨国、跨区域经营，关联交易复杂且信息量大，应用信息科技手段从事管理，内部制度与程序统一，纳税意识和维权意识强。在税收管理方面，大企业为了实现利益最大化，常雇用中介机构进行税收筹划，但也有较隐蔽的人为操纵纳税现象发生。

2007 年，金融危机爆发后，我国出台了一系列政策措施，促进企业转型升级、调结构和稳增长。同年，国税总局谢旭人局长撰文指出，要加强税收经济分析和企业纳税评估，提高税源管理水平。要深化税收经济分析，具体包括税负分析、税收弹性分析、税源分析和税收关联分析；建立税收经济分析、企业纳税评估、税源监控和税务稽查的互动机制，坚持"人机结合"，提高税源管理科学化、精细化水平。[1] 2008 年，时任国家税务总局局长肖捷在全国税务工作会议上指出①，在属地管理的基础上，以大企业和重点行业税收管理为突破口，大力推进专业化管理。积极开展科学、高效和个性化的税收服务与管理。探索建立大企业涉税内控测试和风险评价机制。探索不同行业的税收管理方法，建立分行业纳税评估模型，逐步建立健全行业税收管理规范。同年，国家税务总局机构改革，组建了大企业税收管理司。并且规定：总局定点联系企业，由大企业司统一对外，凡涉税事项，共性的问题由大企业司统一答复，个性的问题由大企业司分别征询相关司局意见后，具体答复服务对象，要做到一个"窗口"对外。2015 年，国家税务总局局长王军指出②，大企业税收管理局的成立是一项难度很大的改革，需要勇于探索，攻坚克难。这是一项要求很高的改革，需要做好税收风险分析、行业专项分析、宏观经济分析和国际比较分析，为税收

---

① 林志毅．我国税收专业化管理相关问题研究［D］．厦门：厦门大学，2011.
② 国家税务总局办公厅．再接再厉　勇当深化国税地税征管体制改革排头兵［EB/OL］. 2015 – 12 – 31.

经济管理提供重要决策参考。这是一项意义重大、充满希望的事业。大企业是我国国民经济的重要支柱，也是税收的主要来源，抓好大企业税收服务和管理就抓住了加强税收征管的主要矛盾，对大企业税收经济和税源管理的系统研究意义十分重大。

作为改革开放的先行先试地区，广东大企业成长最快、数量最多，对全省经济发展具有举足轻重的作用。大企业税收管理工作的好坏，直接关系到广东经济社会发展的全局和整个税收工作的成败。根据总局和省局的部署安排，原广东省国家税务局和地方税务局分别成立了大企业税收管理机构。在总局大企业税收管理司和省局的正确领导下，在兄弟单位和部门的支持配合下，广东大企业税务管理机构围绕针对定点联系企业开展差异化管理、个性化服务的工作思路，上下一心，团结一致，各项工作取得了重大进展。本书正是在原广东省国家税务局大企业税收管理处、税收科学研究所和原广东省地方税务局大企业税收管理局、收入规划核算处的支持下，采集广东大企业样本和数据，对大企业税收经济和税源管理进行实证研究的一项成果。全书共分为十二章。

第一章介绍广东省税务系统借鉴西方发达国家税务机构改革和大企业税收管理的经验，在国家税务总局统一部署和领导下，近十年来，积极推进大企业税收管理的改革工作。具体包括广东大企业税收管理的组织制度建设、创新"大企业税收风险管理模式"、优化大企业纳税服务、加强大企业的税收信息监管，并提出广东要加强大企业税收经济和税源管理研究。

第二章为国内外研究文献综述。具体对国内外学者关于企业税收负担、企业税负经济效应、企业税收优惠（激励）、企业慈善捐赠的税收激励和财务绩效、外资企业撤资动因、外资企业国际转让定价、税收征管效率与税源监控、大企业税收风险管理等方面的研究进行综述。

第三章研究广东大企业生产经营与纳税状况。选取广东省国税或地税年税收规模在1亿元以上、且属于总局千户集团或省局百户集团及市级大企业范畴的578户企业，统计其分类分布的总体情况，分析其盈利能力、运营能力、偿债能力、科技研发状况、社会贡献等生产经营状况，并对广东金融大企业的经营管理进行专门分析。选取企业税收收入及其增长率、税收负担率、资产税收贡献率三大指标进行分析，综合反映广东大企业八年来的税收增长变动情况及其企业运营与税收变化之间的关系，得出若干重要结论。

第四章研究广东制造业大企业税收负担。选取 578 户大企业中 207 家广东制造业大企业 2008－2015 年的数据进行研究，包括对广东制造业大企业税负和广东制造业总体税负的比较，广东制造业大企业不同区域的税负分析，广东制造业大企业不同税种的税负分析，广东制造业大企业与其他行业大企业税负比较，并选取典型案例对广东制造业大企业税负进行深入分析。

第五章研究广东制造业大企业税负的经济效应。采集 207 家广东制造业大企业 2008 年至 2015 年面板数据，建立计量模型，研究制造业大企业税负对其职工就业、新增固定资产、劳均资本、营业利润和研发投入等方面的效应，分析税负水平对其经营业绩、投资决策、就业与研发创新等方面的影响和机理，结合近年来我国主要税改政策，分析税改前后企业税负与经济效应，评价税收政策效果，并提出切实可行的政策建议。

第六章研究广东制造业大企业税收激励政策效应。采集广东 158 家制造业大企业 2008 年至 2015 年面板数据，建立计量模型，研究制造业大企业税收激励的政策效应，并分国有企业和非国有企业进行比较研究。具体研究制造业大企业税收减免的乘数效应，即其对制造业大企业营业能力的影响；税收减免的创新效应，即其对制造业大企业研发投入的作用；税收减免的分配效应，即其是否促进制造业大企业盈利；税收减免的就业效应，即其是否有效增加制造业大企业劳动就业。

第七章研究"营改增"对广东第三产业大企业固定资产投资和盈利影响。本章选取广东省 109 家第三产业大企业作为研究对象，采集企业 2008 年到 2015 年的财务及税收数据，通过实证分析验证"营改增"对广东第三产业大企业的影响。结果表明，"营改增"后，广东第三产业大企业平均税负小幅下降，税负下降使企业固定资产投资有所增加，但税负变化与其固定资产投资效益不存在显著影响，"营改增"的积极效果并不明显。

第八章研究广东大企业慈善捐赠的税负效应与财务绩效。采集 2008—2015 年广东省 311 家大企业慈善捐赠数据以及其相关的财务指标，建立计量模型研究广东大企业慈善捐赠的税负效应和财务绩效。结果发现，国有企业、民营企业和外资企业税收负担均与慈善捐赠均呈现显著的正相关关系，也就是说，大企业慈善捐赠的税负替代效应超过了税负收入效应，使得税收负担越重，而慈善捐赠越多。另外，企业慈善捐赠的所得税税前扣除政策、流转税的专项优惠政策和财产行为税的优惠政策降低收入效应，促进企业慈善捐赠。从广东大企业慈善捐赠的财务绩效计量结果来看，民营企业和外资企业当年慈善捐赠与盈利能力呈现显著的正相关关系，且民企和外企去年和前年的慈善捐赠对公司当年的财务绩效也是显著的正相关关系。可见，民企和外企的慈善战略和营销取得明显的效果，这也是它们在税负增加的情况下，仍然增加捐赠的原因。国有企业当年慈善捐赠的回归系数为正，去年和前年则为负，但数值很小且不明显，结合捐赠数据可看出，国有企业尚未重视慈善战略，也未取得明显效果，这可能与国有大企业的垄断性质有关。

第九章研究广东外资大企业撤资的税收与非税动因。通过选取珠三角地区162家外资大企业2008－2015年数据，通过面板数据的有序logit模型对广东外资大企业撤资风险进行评估，并分析其影响因素。研究发现，2008年至2015年期间，固定资产额、企业盈利能力对外资撤资具有负向影响；税收负担对外资撤资具有正向影响；制造业人力成本对外资撤资具有正向影响，非制造业人力成本对外资撤资具有负向影响。为了减少外资大企业撤资对广东经济的影响，应降低企业税收负担，适当放开外资企业行业限制，鼓励外资大企业转型升级，增加固定资产投资，增强企业盈利能力，从而控制其撤资风险。

第十章研究广东外资大企业国际转让定价。分析近年来广东外商直接投资和外资企业进出口情况，通过对广东内外资大企业盈亏进行比较研究，指出广东外资大企业可能存在国际转让定价行为。通过深入分析全球500强企业通过"国际转让定价"巨额避税的案例，全面研究广东外资大企业国际转让定价的动机、主要形式和调整方法。根据交易净利润法，提出广东外资大企业国际转让定价转移利润和偷避利税的公式，并具体估算其税基侵蚀和利润转移数额。深入分析数字经济背景下跨国公司国际转让定价避税的新挑战，在此基础上，通过BEPS行动下广东某市外资大企业反避税的案例分析，总结广东外资大企业反避税工作的成绩和存在问题，提出相应的政策建议。

第十一章研究广东大企业的税源监控与税收征管效率。基于2008－2015年广东省462家大企业的有效面板数据，运用超越对数形式的随机前沿分析方法，建立计量经济模型，实证分析广东大企业税收效率情况，并研究其影响因素。首先，采用随机前沿分析方法估算出广东省大企业税收效率，并分析整体税收效率水平及变化趋势。其次，通过区域、行业和所有制三个维度进行税收效率分析，使用图表分析法对比研究 2008－2015 年广东省大企业税收效率在不同维度下的相对差异及变化趋势。最后，在随机前沿生产函数的无效率项中加入非技术效率因素，结合大企业的自身特征，选取了企业负债水平、固定资产变动、研发投入以及公益捐赠行为四个因素进行研究。研究结果发现：（1）广东大企业的税收效率水平较高，并且逐年呈现上升趋势，这充分体现了广东省在大企业税收管理上取得的成绩；（2）广东不同区域、行业和所有制形式的大企业税收效率明显存在差异，但不同区域、不同所有制之间呈现出收敛趋势；（3）广东大企业负债水平、固定资产变动、研发投入以及公益捐赠对税收效率水平均具有较为显著的影响，这可为政府进行大企业税收监控提供重要的依据。最后，本章提出提高广东大企业税收征管效率水平的政策建议。

第十二章研究广东大企业税收风险管理与评估。在借鉴国内外大企业税收风险评估研究成果的基础上，构建科学、合理的大企业税收风险评估指标体系，并提出具体评估方法。以广东房地产业年缴纳企业所得税 1 亿元以上的 14 家上市公司为样本，选取税收风险评估指标，确定税收风险评估指标子目标层权重，对公司的静态特征风险、动态特征风险进行评估。在此基础上，本章提出税务机关要以大企业税收风险为导向来配置管理资源，引导不同风险程度的企业采取不同的内控措施，并对其税收风险管理进行反馈与改进。

本研究根据税收经济分析的内涵和 2016 年国税总局对大企业税收管理的工作部署，以税收经济学、税收管理和企业管理理论为基础构建大企业税收经济和税源管理研究的理论框架和多种指标体系，重点以广东省年纳税 1 亿元以上的 578 家大企业 2008－2015 年的数据进行实证研究，其年度营业收入占广东GDP 的比例超过 50%，2015 年度入库税款占国地税总体入库税款（剔除深圳、海关代征部分）的比重为 33%。另外，还采集广东大企业中的上市公司数据进行研究，并对重点企业进行案例分析。对这些重点大企业进行税收经济和税源管理研究，对于广东发展具有国际竞争力的大企业集团，加快经济发展方式转变，推动产业优化升级具有重要意义。

第一，本研究对 578 家大企业各种财务指标分地区、行业和所有制类型进行统计分析，既可以对广东经济发展的宏观态势进行整体把握，又可以发现广东大企业微观指标存在问题，为政府和企业各种决策提供参考。

第二，本研究构建大企业税负指标体系并计算和分析其各种经济效应，回应社会关注的"死亡税率"等热点问题，使社会公众对我国的企业税收负担形成全面和准确认识。

第三，我国在 2008－2015 年实施了"营改增"等重大税制改革，通过数据统计和计量分析，本课题研究近年来税改政策前后企业税负与税收经济效应，评价税收政策效果，并提出进一步优化税制的政策建议。

第四，企业税收减免属于税式支出的财政激励政策。近年来，我国一直通过减税降费促进制造业实体经济发展，在逐步加强财政预算绩效管理的背景下，本研究建模分类研究制造业大企业税收减免的政策效应，可以定量分析不同所有制企业税式支出的激励效果。

第五，广东省于 2012 年 11 月 1 日起在全省范围内开展"营改增"试点，希望能够消除重复性征税问题，帮助企业降低固定资产投资的税收负担，进一步鼓励投资和扩大内需。本书提出假设，选取第三产业大企业样本、采集数据和建立模型，实证研究"营改增"前后企业税负的变化，并分析企业税负变化对企业固定资产投资的影响，并进一步研究其对其固定资产投资效益的影响。

第六，慈善捐赠是企业承担社会责任的主要形式，税收负担对企业慈善捐赠既有收入效应，又有替代效应，慈善捐赠的税收优惠可以降低收入效应。作为"经济人"，企业要以追求利润最大化为目标，慈善营销是企业兼顾经济效益和社会效益的主要方式。本研究通过计量分析，实证研究大企业税负对慈善捐赠替代效应和收入效应的综合结果，同时验证其慈善战略和营销的效果。

第七，近年来，多起外资大企业撤出中国引起广泛社会关注，但对撤资的数据由于商业机密等原因难以获取，撤资原因也众说纷纭。本书通过提出合理假设，构建面板数据的有序 logit 模型对广东外资大企业撤资风险进行评估，研究其税收与非税动因，回应社会热点，提出政策建议。

第八，随着 BEPS（Base Erosion and Profit Shifting，税基侵蚀和利润转移）15 项行动计划成果发布，国际反避税与税收合作成为各国税务工作的重点。本研究对广东内外资大企业盈亏进行比较，通过案例研究全面分析其国际转让定价的动机、主要形式和调整方法。根据合理的假设，提出广东外资大企业国际转让定价转移利润和偷避利税的公式，并具体估算其税基侵蚀和利润转移数额，并深入分析数字经济背景下跨国公司国际转让定价避税的新挑战，进而提出相应政策建议。

第九，大企业税源管理要求建立税源监控和税务稽查的互动机制，开展科学、高效和个性化的税收服务与管理。本研究通过运用超越对数形式的随机前沿分析方法建立模型，实证分析广东大企业税收管理效率，并研究其影响因素，为政府进行大企业税源监控提供重要的依据。

最后，本书借鉴国际经验，构建一套科学、合理的广东大企业税收风险评估指标体系和评估方法，从静态特征风险和动态特征风险两个方面，评估广东房地产大企业的税收风险。

本书的出版是通过以广东大企业为样本，对我国大企业税收经济与税源管理所进行的有益探索，响应国税总局提出的要求：大企业税收管理需要做好税收风险分析、行业专项分析、宏观经济分析和国际比较分析，为税收经济管理提供重要决策参考。

第一章

广东大企业税收管理的探索与实践

20 世纪 70 年代石油危机之后，西方各国掀起了一场声势浩大的公共行政改革运动，这场主张运用市场机制和借鉴私人部门管理经验提升政府绩效的改革运动，被理论界称为"新公共管理"运动。其中，英国撒切尔内阁提出了著名的 3E 标准，即节约（Economy）、效率（Efficiency）和效益（Effectiveness），作为衡量公共服务的最终尺度，并引进企业管理技术，取得明显成效。

20 世纪 90 年代，"新公共管理"运动（以下简称"新运动"）席卷了欧美主要发达国家以及一些发展中国家，发展成为一场声势浩大的世界性行政改革浪潮。"新运动"具有明显的市场导向、结果导向和顾客导向的特征，主张将市场竞争机制引入公共管理，打破政府对公共产品与服务的垄断；"新运动"更多地注重管理的结果，而不是只专注于过程，重视政府绩效的考核；"新运动"把公众视为顾客，将顾客的满意程度作为衡量的标准。新公共管理理论认为，政府税收管理中应坚持纳税人导向理念，通过优化税务信息管理，提高集约化管理水平。

在新公共管理运动中，美国学者拉塞尔·M. 林登提出了"无缝隙政府"的概念。他指出，无缝隙政府是以满足顾客需要为目标，高效高质地提供品种繁多的、用户化和个性化的公共产品与服务，具有高度的适应性、灵活性、透明性和渗透性，被称为 20 世纪 90 年代美国（当然也包括其他西方发达国家）政府机构的一场"静悄悄的革命"。这场革命的推进，同西方国家计算机网络技术的高度发展有着密切联系，网络技术使社会结构的扁平化和网络结构特征日益明显，等级制度及其观念已经开始逐步淡化，推动了"顾客导向"的改革进程。

作为"无缝隙政府"的重要部门，西方发达国家的税务机构也对其组织结构进行重新设计，如打破标准化操作规程的工作流程模式，以不同的工作进程将组织划分成几个职能交叉的团队，强调对顾客进行面对面的服务，提高顾客满意度等。其中，设立和完善专门的大企业税收管理机构是一项重要的管理改革。

借鉴西方发达国家税务机构改革和大企业税收管理的经验，在国家税务总局统一部署和领导下，十年来，广东省国税局和地税局积极推进大企业税收管理的改革工作。

一、广东大企业税收管理的发展历程

1994 年分税制改革以来，国家税务总局随之开始了税收征管改革的研究，提出了建立"以申报纳税和优化服务为基础，以计算机网络为依托，集中征收，重点稽查，强化管理"的征管模式。这一征管模式推行以来，税收收入连年大幅增长。而更为值得关注的是，重点税源为国家贡献了大量的税收。

从 2000 年 1 月起，国家税务总局在全国税务系统开展重点企业税源监控工作，确定了重点税源管理对象、方式和内容，并建立了相应的重点企业税源监控数据库。2000 年，国家税务总局颁布的《重点企业税源监控数据库管理暂行办法》规定"以各地增值税、消费税和营业税收入为标准，增值税和消费税年入库税款 2000 万以上，营业税年入库税款 500 万以上"作为重点税源企业。

此后，总局对此标准进行了多次修改。2001 年，标准改为"增值税和消费税两税 1000 万元以上和年缴纳营业税 300 万元以上"；2002 年，标准改为"增值税和消费税两税 500 万元和年缴纳营业税 100 万元的企业"；2006 年，又把"年缴纳企业所得税或外商外资企业和外国企业所得税 500 万以上的纳税户"也纳入重点税源企业的范围。2008 年，总局修订的标准为"全国重点税源监控标准为年缴纳增值税 500 万以上及年缴纳企业所得税 500 万以上或外商投资企业和外国企业所得税 500 万以上的企业、年缴纳消费税 100 万以上以及年缴纳营业税 100 万以上的企业"。2011 年后，总局又增加了一条标准："年度主营业务收入 1 亿元以上"。2015 年，将国家税务总局下发核实的战略性新兴产业企业也纳入重点税源企业的监控范围。

2009 年 6 月至 9 月，根据总局部署，广东省国税局和地税局成立了"广东省定点联系企业自查工作联合督导小组"，对中国电信（广东）等 11 户总局定点联系企业的广东成员企业进行税收自查督导，其中，地税系统首次应用大企

业司制定的一套全新税收风险管理方案，共查补税款累计 7246.4 万元。2009 年
8 月开始，广东地税直属分局（大企业局成立后则由其负责）通过总局开发的
"大企业数据采集分析平台"，按月采集分析 45 户总局定点联系企业的广东成员
企业税收数据，其中，2009 年全省地税共 182 户，2010 年增加到 630 户，将它
们纳入日常监控管理。十年来，广东税务部门不断总结经验，加强对大企业的
税收风险管理工作，通过召开全省定点联系企业见面会、成立"广东省纳税人
培训学院"加强对大企业的培训等措施，提高服务水平。

国家税务总局在 2008 年成立了大企业管理司后，全国各地税务局陆续组建
大企业管理部门，广东省税务系统大企业管理与服务工作也经历了从无到有，
从暂由直属分局负责到成立大企业管理机构专门负责的过程。其中，广东省地
税局先行先试，于 2010 年 3 月成立全国地税部门首个大企业税收管理局，全面
开展大企业税收管理新模式探索。作为全国首创，广东地税大企业税收管理局
成立后，从制度建设、征管手段（检查、评估等）和纳税服务三个方面进行了
一系列改革探索，以下本书重点介绍广东地税大企业税收管理局的经验做法。

二、广东大企业税收管理的组织制度建设

以泰勒的"科学管理理论"和威尔逊、古德诺的"政治与行政二分理论"
为基础的公共行政范式强调行政活动的科学化和规则的权威性，公共部门的组
织建设，必须有相应的制度保障。广东地税大企业管理机构的组织建设与制度
建设过程，正是体现了公共行政范式的税收管理科学化的要求。

2008 年 2 月，广东地税就制定并下发了《广东省地方税务局重点税源监控
管理办法》；2009 年，与省国税成立"广东省定点联系企业自查工作联合督导
小组"，对中国电信等 11 户总局定点联系的广东大企业进行税收自查督导；
2010 年 1 月，广东地税组建大企业税收管理局（以下简称"大企业局"）；2010
年 3 月，颁布了《广东省地方税务局大企业税收管理与服务实施意见》（粤地税
发〔2010〕63 号），使大企业税收管理与服务有法规可依。

经过不断努力，大企业局工作走上正轨并运转顺畅。全局内设综合事务科、
管理服务科、统计信息科、风险评估科共四个科室，并规定了四十五项落实到
个人的具体职责。大企业局还建立健全了各层级大企业涉税事项协调会议制度
以及内部工作协调制度、定点联系企业工作小组制度、大企业税收管理与服务

联动协作机制等。制度建设前，大企业局只能被动应付国家税务总局布置的各项任务；制度建设后，可以按部就班落实各项大企业管理与服务职责。

大企业局成立之后，省地税系统大企业税收管理与服务工作明确由其归口统筹。但当时，各市尚未有大企业管理与服务机构，市级大企业税收管理工作职责也不明确。为此，大企业局在全省分片会议上与全省各市进行了充分沟通并听取了各方面意见，最后达成一致认识：各市根据现有的机构编制及人员编制情况，因地制宜地设定大企业管理机构。有条件的市（例如广州），将单独设立大企业管理局（科）；受机构编制所限，无法单独设立大企业管理机构的，将该职责明确设置在征收管理科，采取加挂牌子或合署办公形式，同时增加征收管理科人员，设置专职岗位落实有关职责。

根据前期的工作情况，大企业局向省编办提出申请：为突出广东地方税收管理重点，将主要人力和精力放在对大型企业及重点税源的管理上，实行跨区域的集中管理，建议在各市增设对大型企业、重点税源集中征收管理的全职能的大企业税收管理局，并申请相应增加行政编制及领导职数。通过努力，建立和完善市级大企业管理部门的工作在全省地税系统市县级机构改革时一并落实，实现大企业专业化管理服务工作向市级的延伸，最终形成全省一盘棋的大企业税收管理与服务工作格局。

三、广东创新大企业税收风险管理模式

新公共管理运动的核心命题是"顾客至上"，它的主要特征表现为：提供响应式服务、满足顾客的需要而不是官僚政治的需要。税收管理因政府为公民提供公共产品之需要而存在，因此，根据契约论和委托—代理理论，税收管理的终极顾客是全体公民，中间顾客是政府，直接顾客是纳税人。税务管理中的"以顾客为中心"，就是税务机关针对纳税人的需求，为其提供方便、快捷的纳税服务并依法保障其权益，最终为政府提供稳定可靠的财政收入以满足社会公共需要。在大企业税收管理中，新公共管理范式中的顾客导向理念有助于税务机关全面了解定点联系的大企业，根据大企业税收管理中的需求，提供有效的服务，并提高大企业的满意度。

大企业生产经营复杂，组织结构庞大，具有特殊的税收遵从风险。为了对大企业进行有效的税收风险管理，应按分类管理原则，针对大企业的特殊遵从风险，

实行风险导向型管理，对不同风险采取不同策略，引导企业实现自我遵从。为此，国家税务总局制定了统一的税收风险管理方案，其核心内容主要由三大系统、五大步骤组成：三大系统具体指的是风险评估系统、企业自查系统和税务审计系统；五大步骤则包括了解企业及其环境、风险评估、制定个性应对策略、实施针对性管理、反馈和提高等整个税收分析管理业务流程的五个步骤。

根据总局制定的税收风险管理方案和工作部署，大企业局落实总局三个转变的要求，以大企业为中心，对其实施全过程税收风险管理和差异化管理。一方面，对总局定点联系企业全部进行了下户蹲点、实地核查或约谈的税收自查督导；另一方面，选取1户省局定点联系企业开展风险评估工作，探索集团企业涉税风险评估的方式方法。

针对大企业税收管理的特点，大企业局创新税务风险评估模式，总结出集团式纵向税务风险评估方法：以集团股权控制和资金链条为主线，把各级控股公司关联起来，形成一张税务风险评估的网络。而通过企业的各类第三方信息，与集团各关联公司的数据进行比对，从而发现在单一企业中难以发现的税务风险点，如集团公司的财务中心或财务公司对整个集团的资金统借统还的管理等，及时应对税务风险，引导企业自觉税收遵从，协助企业集团建立税务风险防控体系。

四、广东优化大企业纳税服务

近年来，虽然在我国税收征管改革中已经提出了"优化服务"和"管理就是服务"等理念，但在征管实践中，"优化服务"往往只是作为征管手段和改革的一个从属目标，这与新公共管理改革中的"顾客导向"原则有着本质上区别。OECD税收政策高级官员杰弗里·欧文斯指出："对于发达国家来说，现在税收管理的重心已经转移到服务客户（纳税人）和客户关系方面。政府应该以有效的、符合成本效益原则的方式提供公民要求得到的服务，并使税制的复杂性和纳税成本最小化。反过来，公民也要履行相应的纳税义务。这样就会使政府摆脱那种日益复杂而漏洞越来越多的恶性循环。"大企业局在征管实践中，正是将优化营商环境、加强纳税服务作为管理的重心工作来抓。

大企业局成立以来，一直走访定点联系企业，了解企业组织架构、经营管理和税收情况，探索税企双方在税务风险管理方面合作双赢的方式和方法。大企业管理局还经常性召开了粤东、粤西、粤北及珠三角分片座谈会，征求各地意见和建议，交流经验与做法。召开定点联系企业见面会，回应问题，宣传税法，建立税企沟通互动机制。同时，对定点联系企业高管和办税人员开展专门培训，提高定点联系企业办税能力。

五、广东加强大企业的税收信息监管

新公共管理运动是在公共行政范式下的公共部门不能适应飞速发展的信息技术、激烈的全球竞争和需求日益多样化的顾客，变得行动迟缓而且程序烦琐的背景下兴起的，新公共管理运动的主要特征是：优化公共部门的信息管理。

对于税收管理来说，征税的依据是信息，税务机关的人力、财务、物质资源都是为了取得和利用纳税人的经济事实信息，并依法据以征税。国家税务总局提出加强大企业税收管理的关键，就是提高信息的完整性、准确性。但在税务和经济社会的信息化进程中，仍有大量信息游离于税收管理信息系统之外，其中既有纳税人有意隐瞒的，也有信息化程度不高导致的，还有应用水平的问题。因此，要加强大企业的税收监控和管理，就要有效提高涉税信息的完整性、准确性，要依靠人机结合，加快信息化建设，尤其是与第三方的信息共享，加强征管现代化，开展纳税评估。

从大企业税收管理信息化来看，国家税务总局大企业税收管理司成立后，就通过"大企业数据采集分析平台"在全国范围内定期采集和分析45户定点联系企业及其下属成员的税收数据。2010年，通过该采集分析平台纳入监控的广东成员企业有630户。广东地税也一直在实施"税收信息大集中工程"，采取省级数据管理集中的模式，确保全省税收征管数据的真实性、完整性和实时性，为地税大企业税收管理工作现代化奠定了坚实基础。大企业局成立后，把及时、准确采集并报送总局定点联系企业征管信息作为一项重要日常工作来抓。为从根本上解决手工采集、加工整理影像报送时间和质量问题，大企业局还积极与省局规划核算处、信息中心沟通，提交业务需求，不断修改完善有关采集指标，将定点联系企业数据采集与"大集中"系统原有的重点税源监控企业数据采集模块整合，在保证数据质量的同时，切实减轻了基层数据报送负担。

六、广东加强大企业税收经济和税源管理研究

8年多来，广东省大企业税收管理工作成绩明显，集约化管理、纳税服务等

走在全国前列。截至2016年，广东省年纳税1亿元以上的大企业已经有578家。但调研发现，包括广东在内，我国税务机关尚未系统全面开展大企业税收经济分析工作，未能形成与管理工作的互动机制，更未形成科学的指标体系，存在指标体系建设和数据管理瓶颈。

马克思在《资本论》中提出生产社会化理论，认为大企业是社会化大生产发展的必然产物[2]。现代管理学之父德鲁克认为：科学准确地判断一个企业是小企业、中等企业还是大企业的标准只有一个，即管理和管理结构[3]。毛蕴诗教授（2012，2013）认为，今天，相当多的大企业都在为生存而奋斗，也有很多大企业破产倒闭。早期的经济学家将利润最大化作为企业目标来研究，但还应该研究销售收入、市场份额、长期生存和社会责任等其他目标[4]。从中国制造走向中国创造，要减轻制造业企业税收负担[5]。2016年，福耀玻璃董事长曹德旺认为，中国制造业综合税负比美国高出35%。接着，天津财经大学李炜光教授提出"死亡税率"，批评中国征税过重，超过40%税负对企业意味着死亡。[6]企业税负话题成为舆论热点，全社会对税负的关注度空前高涨，对税务局的税收征管产生巨大压力，对企业尤其是作为国民经济命脉的大企业进行税收负担、经营状况、经济效应、撤资风险、社会责任、风险管理、征管效率等全面经济分析，并构建大企业税收经济分析、征管效率和风险管理的指标体系应用于管理实践，显得尤为迫切而重要。

2015年年底，国税总局下发通知，要全面做好大企业税收服务与管理工作，加强大企业税收经济分析。2017年2月，国税总局大企业司缪慧频司长在《中国税务报》发表文章提出，要力求建成全国统一的大企业税收管理体系，突破指标体系建设和数据管理瓶颈，提升税收风险分析、税收经济分析和大企业纳税服务水平。[7]作为改革开放的先行先试地区，广东大企业成长最快、数量最多，500多家大企业营业收入占全省GDP的比例超过50%，税收接近40%，对全省社会经济发展具有举足轻重的作用，在全国也有示范带动作用。

本书构建大企业税收经济和税源管理研究基本框架，选取广东578家年缴税1亿元以上大企业作为基础样本，进行全面税收经济分析和税源管理研究，对广东经济发展和税收工作具有现实意义，对全国其他省（市）的大企业税收服务与管理工作也具有借鉴参考价值。

第二章

国内外研究文献综述

一、企业税收负担的研究

国外学者 Zimmerman（1983）利用 1974 - 1981 年不同规模和行业企业的平均实际所得税税率数据进行实证研究，认为企业规模与实际所得税税率存在正向相关关系，由于大公司受到政府和公众的监督与管制较多，使得大公司不得不依法纳税，从而导致较高的实际税率。[8] Marsden（2010）选取了 20 个发展中国家，研究税收比率的高低对经济增长率的影响，认为低税负有利于这些国家的经济增长[9]。安体富、岳树民（1999）首次明确提出了税负水平的界定对促进经济发展的意义，认为税负研究的目的是促进经济发展，而不是振兴财政，更不是保证财政供养人员的生存。这一观点受到了经济学界的认同，税负水平与企业负担和经济增长成为研究的重点。[10] 杨斌（1998）的研究认为，应该将剩余产品率作为负税能力来研究税负水平，并且直接用企业税负多少来与盈利能力对比来判断税负合适与否。[11] 李俊霖（2007）选取中国 1985 - 2004 年的数据进行协整分析，发现宏观税负与经济增长之间存在显著的负相关关系[12]。但也有学者研究发现，税收负担对经济增长存在正向影响。孙玉栋（2007）将我国东、中、西部地区 1994 - 2004 年的平均税负水平与经济增长水平结合分析，发现东部地区在高税负下"逆势上扬"，而中西部地区却在低税负下低速增长[13]。罗党论等（2011）以上市公司为样本，实证分析了新税法实施前后产权之间和地区之间企业税负差异的变化。结果表明：新税法有效缩小了产权之间和地区之间企业的实际税负差异，达到了其公平税负的预期效果。地区环境对新税法缩小产权税负差异具有影响，市场化程度越高的地区，新税法实施后产权之间的税负差异越小。[14] 潘文轩（2013）研究"营改增"试点过程中出现部分企业税负"不减反增"的现象，通过理论分析与现实考察表明：由于"营改增"对服务业企业税负的影响具有双重效应，部分试点企业税负"不减反增"并非反常现象。适用增值税税率过高、企业中间投入比率偏低、固定资产更新周期较长、改革试点范围有限、获得增值税发票困难是造成该现象的主要原因。当前应实施过渡性的财政补贴政策与解决增值税发票获取上的技术难题；从长期看，适时扩大"营改增"范围与调整增值税税率水平及结构是关键。[15]

二、企业税负经济效应的研究

Cummins 等（1995）利用 14 个国家 300 家房地产企业的财务数据，认为除了少数国家外，大多数国家企业所得税负的提高会降低企业的投资支出。[16] 马栓友（2002）对投资最大化的最优税率进行测算，认为中国的最优税率应该是 14% ~ 23%。[17] 张阳（2008）运用一般均衡方法，分析中国企业所得税的税负归宿。研究结果表明，我国企业所得税并不完全由资本承担，资本只承担了税负 83% 左右，还有 17% 左右转嫁给劳动要素。由于要素的流动性，资本承担的 83% 税负部分不只是由企业所得税主要征收部门的资本承担的，而是由全社会资本共同承担的。[18] 付文林等（2014）在一个基于企业股东权益最大化的欧拉方程模型基础上，加入税收因素对投资决策的影响，分析了企业最优动态投资行为的变化特征，并利用 1998—2012 年沪深两市上市公司面板数据集，实证考察了税收激励（有效所得税比率）、流动性约束对企业投资结构性偏离问题的影响。研究发现：在企业投资支出中存在不同程度偏向权益性投资的倾向，税收激励对企业权益性投资的促进作用要显著大于固定资产投资。本文研究还发现，销售增长率与企业投资呈负向关系，表明投资的加速数理论并不能解释中国企业的现实投资选择。虚拟投资过度增长不利于实际生产能力积累，也会加大宏观经济的波动风险。[19]

三、企业税收优惠（激励）的研究

Bloom 等（2002）提出税收优惠政策对企业的研发投资有着显著的促进作用，税收平均每减少 10%，将会引起短期研发投入与长期研发投入分别增加 1% 和 10%。[20] Elschner 等（2008）利用欧洲不同国家和地区的不同环境和公司数据做相关敏感性分析，认为企业的研发活动与研发税收优惠有密切的联系，并且提出税收激励的效果和水平并不是取决税收激励的种类，而是取决于税收激励机制的设计。[21] Czarnitzki 等（2010）收集了加拿大1997年至1999年的联邦和省级 R&D 税收抵免计划，研究了 R&D 税收抵免对新产品的数量、新产品的销售、创新的独创性等一系列创新指标的影响，得出税收抵免将导致额外的创新产出的结论。[22] Kleer 等（2013）指出科技研发具有外部性，这也决定了它在竞争市场中不能独立存在，需要政府运用一些激励政策来对其进行干预弥补，其中最关键、最行之有效的方式就是税收激励政策。[23]

王俊（2011）使用了企业研发活动税收优惠的 METC、B 指数以及 R&D 使用成本去测算了企业研发活动的税收优惠强度，并运用国内28个制造业1995－2008年的面板数据做实证检验，发现政府的 R&D 税收优惠对企业 R&D 支出的激励效应是显著的，而且在高科技企业中激励效应更为明显，政府需根据不同行业特征、企业特征调整政策优惠方式，达到最佳激励效果。[24] 高金鹏等（2016）指出，企业中存在着"税收优惠－激励企业研发活动－提高劳动生产率"的良性传导机制，而且它会被企业的规模大小和行业之间的不同特征影响，所以在制定和修订高新技术企业相关的税收政策过程中，应该充分、全面地考虑政策的实施效果会引发不同规模、不同行业企业的区别性作用。[25] 查梓琰等（2017）比较了税收优惠中所得税和流转税优惠激励效应的差异性，并得出流转税在短期中的激励效应大于所得税的激励效应、而长期真正起到促进高新技术企业研发投入强度的是所得税的激励的结论。[26] 毛德凤等（2016）利用《企业所得税法》对企业投资的税收激励政策（税收优惠政策）调整的自然实验机会，基于全国工商联2006—2012年民营企业抽样调查数据，采用倍差法详细研究了税收激励对民营企业投资行为的影响。研究发现：（1）税收激励有效推进了企业新增总体投资水平，相当于在改革前的平均水平上提高了36.9%，但是对研发投资的贡献相对较弱，对人力资本投资的贡献不显著。这些特征表明税收激励对企业投资结构偏向的优化作用尚处于发展阶段。（2）投资增长效应呈现显著的区域和行业异质性。[27]

四、"营改增"税制改革的研究

Clotfelter（1985）利用利润最大化和效用最大化模型对捐赠的所得税效应进行了理论分析并得出结论，最优捐赠额取决于边际税率的大小，公司所得税税率与公司捐赠额存在正相关关系，税前扣除明显会对捐赠产生影响。[28]Boatsman 等（1996）对 1984 - 1988 年调查的 212 家公司面板数据进行研究发现，公司捐赠减少了公司的净利润，公司捐赠价格的收入效应超过了替代效应，在企业所得税税率提高的情况下，公司捐赠额减少。[29]黄桂香等（2008）的研究认为，提高捐赠者的捐赠收益或降低捐赠者的税收成本可以有效激励慈善捐赠，捐赠免税可以鼓励更多的捐赠，提高捐赠的相对价格会抑制捐赠。[30]朱迎春（2010）根据 2007 年我国 A 股上市公司数据，采用双对数回归模型对企业慈善捐赠的税收激励进行实证研究后认为，企业慈善捐赠支出与企业所得税税率显著正相关，与企业净利润显著正相关。[31]谢娜（2012）认为，企业慈善捐赠的行为是以失去对捐赠标的的收益权作为代价的，相应的，慈善捐赠具有公益性与正的外部性，因此应当获得税收上的减免。[32]黄琼宇等（2016）通过对 A 股上市公司 2006 - 2014 年的数据进行分析后指出，企业所得税税率越高，企业的慈善捐赠支出越多。此外，企业慈善捐赠税前扣除比例越高，企业的慈善捐赠也会增多。[33]

Verschoor 等（2002）将《商业伦理》杂志评出的 100 家"最佳企业公民"与"标准普尔 500 强"中其他企业的财务业绩进行比较，认为企业承担社会责任对整体效益具有正面影响[34]。Brammer 等（2005）在研究慈善捐赠时以英国的大型公司作为样本，认为慈善捐赠与财务绩效有正相关的关系，并且认为这是由于慈善捐赠带来的声誉使得公司绩效变好。[35]Hagan 等（2000）认为虽然慈善捐赠在一定时期内确实减少了企业可以支配的现金流，但是从长期来看，慈善捐赠有其独特意义，例如，他可以创造企业与其利益相关者之间的合作与共识点，从而有其独特的战略地位。[36]杨宗智等（2013）的研究认为，垄断程度较高的行业履行社会责任要好于竞争程度较高的行业，并受公司自身特征的影响[37]。戴亦一等（2014）认为，慈善捐赠作为一种"政治献金"与政府的更替息息相关，国企与民企都深陷其中，而民营甚之。[38]郑志刚等（2012）认为，国有上市公司进行公益性捐赠是企业当权者为了维持其政治晋升的方式，而在位者越年轻、前途越宽广的国企的慈善捐赠越明显。[39]许年行（2016）利用上市公司的数据研究发现，有过贫困经历且受过良好教育的 CEO 会进行更多的慈善捐赠以回馈社会，但政治关联并不影响两者之间的关系。[40]

五、"营改增"对固定资产投资影响的研究

在国际税收体系中，增值税是当前国际公认的相对优良且理想的税种，泰特（1992）提出，增值税是当前行业生产模式和快速发展的最理想税种[41]。而自法国1954年开征增值税之后，因其有效解决了传统营业税重复征税的问题，在欧洲及欧洲以外的其他许多国家迅速得到推广。因此，国外少有关于"营改增"的研究，多是集中在增值税的研究，一是关于增值税基础理论的讨论，二是各国在增值税实行过程中的经验探讨以及相关税制的研究。"营改增"改革具有中国特色，对这一问题的研究主要发生在我国。自1994年我国开征增值税以来便有国内学者对其进行研究，随着我国增值税转型、"营改增"试点的推广及相关经验成果的出现，国内学者关于"营改增"的研究亦取得较为丰硕的成果，主要集中在"营改增"对中央和地区财政收入、对企业的影响等方面。

对于税制改革对固定资产投资影响这一微观研究，中外学者也不乏研究，成果颇多。Scholes et al（2001）在其经典著作《税收与公司战略》中，明确提出税收研究的基本原则，即"所有参与方，所有税收和所有成本"。其中，"所有税收"原则要求在分析公司税收相关决策时，不仅要考虑特定的税种对公司的影响，还要分析其他税种潜在的影响[42]。Auerbach（1986）[43]；Cutler（1988）[44]；Hassett &Hubbard（2002）[45]总结了税制改革和公司投资价值关系的两个主要假说：现金流量假说和新增投资假说。现金流量假说认为税制改革对公司现金流量产生直接影响，若税制改革改变公司当前和未来税收现金的流出，在其他条件不变的情况下，税收现金流出的增加（或减少），会导致公司投资的意愿降低（或提升）。新增投资假说关注的是，在减税的情况下，新增资产的投资成本更低，其投资收益率高于现有资产投资收益率。

国内相关研究主要集中在企业固定资产增值税的改革，即生产型增值税转征消费型增值税。在理论方面，杨斌（2005）从经济学角度出发，认为增值税转型对企业投资决策有着一定的影响，还会促使企业进行避税[46]。丁明强，蓝常（2006）认为增值税转型增加了企业的可支配投入资本额，进而可能使企业的投资增加，但是增值税对投资的促进作用是相对长期的趋势，非短期能够见效。同时认为前些年出现的投资热潮跟增值税转型的联系并不密切[47]。张斌，杨之刚（2005）[48]；黑龙江省国家税务局课题组（2006）[49]也均认为消费型增

值税所带来的税负减轻并非能够对投资起到决定性作用。聂辉华（2009）则是单纯从生产要素投入的角度出发，研究得出增值税转型会导致企业增加固定资产投资的结论[50]。李绍平等（2007）从财务管理的角度出发，分析了不同财务指标的变化，如投资风险、投资能力、固定资产投资报酬率等，认为增值税转型可提高企业固定资产投资的报酬率，降低企业固定资产的投资风险，并加强企业固定资产的投资能力，对企业的固定资产投资发挥积极作用[51]。朱娟（2009）认为增值税转型对企业固定资产的投资对象、投资金额、投资时间、投资评价指标及投资活动现金流量等五个方面产生影响[52]。屈巍（2009）从投资方案选择、各投资中心决策、固定资产更新速度、固定资产投资范围选择和企业的现金流等方面展开讨论，建议企业理性开展固定资产投资活动[53]。郑爱华（2009）则从企业的决策角度出发，分析了增值税转型对企业固定资产租赁与购买决策的影响[54]。

在实证方面，学者们研究的重点主要集中在对试点政策效应的检验。李嘉明、李苏娅（2007）通过实证分析发现，增值税转型弱化了企业资本成本和固定资产对固定资产投资的影响，强化了企业资本成本和增值税实际税率的影响[55]。聂辉华、方明月、李涛（2009）基于全国企业层面的数据，通过面板双重差分模型进行实证检验，考察了增值税转型对企业在固定资产投资范围选择、研发行为、生产效益和企业现金流等方面的影响，认为增值税转型有效的推动了企业固定资产投资[50]。黄明峰、吴斌（2007）[56]；陈晓梅（2009）[57]分别通过试点地区的相关数据，综合分析了增值税转型在企业固定资产投资方面的影响，均得出增值税转型能够促进企业固定资产投资的结论。胥佚萱，林志伟（2011）则依据我国上市公司财务数据，同样通过面板双重差分模型处理，发现增值税转型促进了老工业基地的固定资产投资和产业结构优化升级；但是转型对企业固定资产投资的积极性影响存在滞后性，且激励效果因地区而异[58]。王泽霞、李兰（2012）利用转型前后相关数据，分析得出我国增值税转型能够促进信息技术类企业增加机器设备类的固定资产投资，且对资本构成较高的信息技术业制造类企业的激励效应高于服务类企业[59]。张丽丽、申玲、王秀云（2012）采用面板数据分析方法，以陕西省国有纺织企业相关数据为样本，得出增值税转型对陕西省国有纺织企业固定资产投资的影响是有限[60]。

另有部分学者围绕"营改增"政策对固定资产投资的影响展开研究，卢涛

（2016）认为，2012 年实施的"营改增"是我国对于改善因金融危机爆发受影响的投资环境所做出的积极应对举措，对"后危机时代"的中国投资环境具有深刻的影响。并指出"营改增"对我国投资环境的影响一是能够促进我国产业升级，刺激现代服务业的投资需求，二是完善税制结构，稳定国内的投资形式[61]。莫开伟（2016）提出全面"营改增"利于固定资产投资回暖的观点，认为全面"营改增"能够从总体上降低企业的经营负担，激发企业投资热情，并打破全社会固定资产投资疲软的局势[62]。"

六、外资企业撤资动因的研究

国外学者关于外资大企业跨国经营的研究起源于上世纪 60 年代，Dunning（1980）提出了"国际生产折衷理论"（Ownership Location Internali - zation，OIL 模型或称 OIL 架构），他认为，企业对外直接投资需同时满足所有权优势、内部化优势与区位优势[63]。根据 Dunning 的理论，Boddewyn（1982）将其理论反转，认为企业只要失去了所有权优势、内部化优势与区位优势中的任意一项，就可能出现撤资可能性。但他同时认为外资企业撤资不完全是 OIL 模型的反转，需先将企业的撤资行为区分为基于条件的撤资、基于动机的撤资与促发事件的撤资，其中仅有基于条件的撤资符合 OIL 模型反转。基于动机的撤资主要考虑外资大企业投资目的未能达到，其中即包含子公司在东道国的经营状况恶化、投资分析失误、结构与组织存在问题等原因。[64]基于 Boddewyn 的动机理论，Griffin 等（2003）通过分析爱尔兰 CDIM 案例得出外资大企业撤资的原因包含公司整体财务状况较差、母公司初始投资目的改变与公司国际业务策略再调整[65]。Mcdermott（2010）通过强调 Boddewyn 理论在研究撤资问题中的重要性，认为撤资是跨国公司战略的一个整体部分[66]。

Poter（1976）利用产业经济学理论，提出外资大企业在撤资时面临退出壁垒，其中包含结构性壁垒、战略壁垒、直接成本、信息壁垒、管理壁垒、政府与社会壁垒。战略壁垒指出售部分不盈利部门可能破坏公司整体战略结构；直接成本指退出时带来的清算程序等成本；信息壁垒指资源共用情况下难以区分子公司真实财务状况；管理壁垒指退出本身对管理层的打击；政府与社会壁垒指东道国政策等原因的限制。结构性壁垒中资产的寿命与特殊性成为了外商企业撤资并关闭子公司的主要障碍，包括专用的厂房设备、库存投资、无形资产等。资产越难以出售或转让，母公司越难关闭子公司并实现撤资。[67]一方面壁垒的存在可以减少竞争对手进入，另一方面也会带来较高的退出成本。因此一旦壁垒降低且市场竞争对手增多，外资企业越可能采取撤资行为。

上世纪80年代，产品生命周期理论被Harrigan（1980）首次引入外商撤资理论研究，并提出撤资行为发生在产品生命周期的衰落阶段[68]。产品生命周期理论认为产品需经历"引入－成长－成熟－衰退"周期，在衰退期内产品的盈利能力下降，成本较高的企业会逐渐停止生产并最终退出市场。产品生命周期理论同样可说明，在企业盈利能力下滑且生产产品处于衰退阶段时，变卖资产与撤资是外资企业常用应对方法之一。

外资大企业撤资的动因分析主要依据上述三个主要理论框架，大量文献通过实证方法对各自理论进行补充。Jagersma等（2003）通过分析荷兰跨国公司强调不良的财务状况在跨国企业撤资中的重要地位，认为外部因素影响力不如财务状况的重要程度[69]。Berry（2013）利用美国1989至2004年的跨国公司数据验证了子公司业绩不良是跨国公司撤资最主要因素，同时在引入业务相关性、汇率、政策稳定性等因素后认为从事非相关业务的子公司业绩不佳与撤资行为之间的关联度更为紧密[70]。

我国外资大企业撤资问题研究起步较晚，杨宇光等（1995）首次将外商企业撤资理论系统地引入国内市场讨论[71]。毛蕴诗等（2005）通过系统整理前人外商企业撤资理论，利用三洋电机、伊藤忠商事、惠而浦、法国标致等案例分析外商企业在我国撤资与再投资过程，认为市场估计不准确、产品策略失误、经营不善导致的巨额亏损是跨国公司撤资的最直接原因[72]。张立莉（2009）认为，在华跨国公司会通过撤出不具有优势的单位，提升与维持母公司的整体效益[73]。范宇新（2009）通过在华韩资企业撤资动因分析提出了"六因素撤资说"，即外资投资考虑成本因素、市场因素、制度因素、聚集经济因素、产业结构因素和文化趋同性因素[74]。裴长洪等（2011）通过比较我国东西部地区不同环境，认为东部地区投资转移主要由于各种经济要素价格上升[75]。刘敏（2013）认为，人民币的升值预期有助于吸引外资[76]。傅钧文（2015）认为，在华日本制造业企业回流中主要因素为我国劳动力价格上升，汇率变动等[77]。沈桂龙等（2015）认为，外资撤资受金融危机的外部重大因素冲击影响较大[78]。李玉梅等（2016）通过东部地区10个城市问卷调查得出结论，外资大企业撤资内部因素主要为子公司经营状况，并且经营状况是投资环境、东道国行业发展状况与撤资决策的中介变量[79]。刘振林等（2016）利用我国 15 年外汇管理情况实证分析了公司内部影响因素，认为除利润以外，企业债务、员工工资、税收支出均与企业的撤资行为存在正相关关系[80]。

七、外资企业国际转让定价的研究

在外资企业国际转让定价动机方面，龙朝晖等（2008）对广东外资工业企业国际转让定价进行了定量研究，指出 2008 年我国内外资企业统一实行 25% 的所得税税率后，外资工业企业的税收负担可能会上升，出于减轻税负的考虑，外资企业国际转让定价的动机将增强；另一方面，内外资企业税率统一后，竞争加剧，外资工业企业通过国际定价操纵利润的可能性也将增加。[81]薛彤等（2007）结合我国法律环境、政策分析得出：跨国公司转让定价的税务动机不明显，非税务动机主要是规避政治风险、规避汇率风险和侵占中方利益；在税收优惠和投资环境的选择上，注重长远发展的大公司偏好投资环境，而追求近期利润最大化的规模小的外资企业注重税收优惠环境，其对我国经济发展的负面影响也最为严重。[82]吴铁波（2012）认为外资企业逆向避税的动机可归纳为以下几个方面：（1）外方独吞合资公司收益，实现外方即期净利润最大化；（2）弥补境外关联方的巨额亏损；（3）规避外汇风险；（4）跨国公司其他实现内部管理的需要。[83]庞凤喜等（2015）认为，税基侵蚀和利润转移是经济国际化、全球化的必然产物，原因在于：经济国际化、全球化以来，发达国家正从后工业化时代向知识经济时代快速过渡。相应地，自主产权和高新科技专利等在全球生产价值链中取得核心竞争力地位，在剩余价值分配链条中占据利润分配的制高点，而大多数贫穷落后的发展中国家则被动地接受发达国家劳动密集型产业的转移，主要通过加工组装活动获取极少的利益，在全球生产价值链中处于低附加值、低利润的弱势位置，由此所致的全球生产价值链上的利润分配不公和税收汲取能力强弱悬殊，加剧了国际经济发展的不平衡和税收紧张关系。[84]

在外资企业国家转让定价具体形式方面，龙朝晖（2008）的研究认为，外资企业国家转让定价具体形式包括以高于国际市场的价格进口机器设备；高价进口原材料，低价出口产品；劳务收费标准"高进低出"；通过机器设备租赁转移利润；境外关联企业贷款利率高于国际市场；无形资产作价隐藏在设备价款中或与劳务提供相混合等等。[85]赵国庆（2014）认为，无形资产在跨国公司价值创造中发挥的作用越来越大，而且相对于有形动产而言，无形资产的真实价值更加难以衡量。因此，跨国公司利用无形资产转让定价的手段进行利润转移更加隐蔽。传统的反避税措施受到了很大的挑战。[86]励贺林（2014）认为，现行无形资产规则已成为跨国公司避税的重要工具和手段。通过诸如成本分摊协议这样的特殊安排，跨国公司在其集团内部各关联方公司之间人为地拆分和转移无形资产的所有权。由此，相应的收益权亦被人为地拆分和转移。跨国公司这样做的目的就是为了把利润转移到低税负地国家或地区。[87]Evers 等（2015）进一步将各种知识产权税收筹划模型纳入前瞻性的有效税率措施，研究发现，无论是跨国公司向低税率子公司处置无形资产，还是集团内部许可安排，或是集团内部合同研发，通过母公司以一定程度低估无形资产的价值，均能够大幅度降低集团的平均有效税率。因此，跨国公司策略性地将知识产权的所有权转移至避税天堂和低税辖区的子公司，使得知识产权许可和转让收入以子公司注册地的较低税率甚至零税率纳税。[88]庞凤喜等（2018）的研究认为，位于不同税收管辖区域的子公司间税率差异越大，则跨国公司在相关国家间转移的税基越多；在国外市场组织低成本外包与开发营销性无形资产，成为近年跨国企业利用转让定价攫取相关国家，特别是高税收国家经营利润的新形式，不断加剧国家间的税收利益冲突。[89]梁潇（2019）的研究认为，随着信息技术的广泛应用，数字经济时代悄然到来，企业无形资产比重的上升使得基于传统经济所建立的跨国公司转让定价理论受到巨大冲击。数字经济下跨国公司集团间无形资产的转让扩大了税基侵蚀与利润转移。[90]施晓薇等（2020）认为，由于跨国公司海外架构庞大复杂、关联交易繁多，税务机关很难根据同期文档地概略描述，全面通盘了解研发形成的无形资产最终归属。而很多跨国公司违反实质重于形式原则，通过人为设计、剥离功能、重叠架构、繁琐交易等形式，将这些合约研发中心获得常规回报后贡献的超额利润，转移到低税率国家（地区），从而达到降低全球税负的目的。[91]

在外资企业国际转让定价行为的危害方面，张文春等（2006）的研究认为，我国外资企业的转移定价转移利润，造成外资企业亏损，侵吞中方利益；减少我国税收收入；降低了外商直接投资的关联效应；使我国的国际收支恶化；由于外资通过转移定价转移利润，许多三资企业账面亏损严重，从而损害了我国投资环境的声誉，并导致了中国员工的工资福利难以提高和改善等问题。[92]刘伟（2009）的研究认为，大量转移在华利润、税金，造成了我国税收收入的大量流失，良好税收环境的严重破坏，并且国际税收分配的公平性等也受到了极大的影响。这些都将长期对我国经济健康发展产生巨大的制约与阻碍作用。[93]李锐（2009）认为，外资企业以转让定价向境外转移利润，这就造成了很大危害：第一，这种做法侵蚀了我国的税收，减少了政府的财政收入；第二，逃避了外汇管理，造成了外汇流失，给我国带来了损失；第三，由于我国很多外资企业是中外合资企业，中外双方按持股比例进行利润分成，外资企业将利润转移到境外，就可以独占利润，使中方利益受损。[94]胡铭焓（2012）认为，关联企业用国际税收协定中的饶让抵免条款，利用转让定价的形式扩大在非居民国的利润，使我国大量流失税收收入，极大损害了我国的税收主权。[95]

在对转让定价避税程度的研究方面，Vicard（2015）认为，如果能同时观测到关联交易价格和公平交易价格的话，那么就可以直接比较这两笔交易价格来观察企业转让定价的程度。[96]Cristea等（2016）认为，在实践中税务机关往往认为同一企业的公平交易也会存在被操纵的可能，此时就需要从外部为企业寻找合适的可比价格。对转让价格来说，只要一个跨国公司在境外设立了分支机构，那么出口到该国的商品可视为关联价格和公平交易价格的加权平均，这个价格就可以被认为是转让价格。[97]

对于中国转让定价的税制研究，龙朝晖（2003）的研究认为，我国的转让定价税制存在着关联企业的界定范围窄、转让定价调整方法不完善、转让定价的管理规定滞后等问题，并提出完善我国转让定价税制的对策。[98]白思达等（2017）认为，税收协定作为针对转让定价的反避税制度，所起到的作用还相当有限。我国税务机关应充分重视对外投资企业的避税问题，特别是应掌握大型国有企业和资本密集型企业的避税方式、做法和规模，为今后的反避税工作做好充分准备；另外，税务总局和银行等金融机构应建立共同应对的合作机制，做到数据共享。在税收征管方面，税务总局应加强国际税收合作，及时修订现行的双边税收协定中关于应请求情报交换的规定，尤其应将自动情报交换机制常态化。[99]

八、税收征管效率与税源监控的研究

英国的 Alfred Marshall（1890）最早进行实际意义上的税收征管效率研究，

他在对边际效用和总效用进行区分的基础上，建立了税收征管的效率理论。此后，越来越多的学者开始关注税收效率问题并得出不同的研究成果。有的学者分析了税收效率的影响因素。Felix 等（2011）研究了影响大企业税收效率的因素，包括征税力度、技术应用能力、科技水平、组织管理、法律效应、寻租以及部门间配合等。[100] Jean – Francis Renaud（2009）建立实证模型对税收效率进行测算，认为税收效率的高低与经济水平呈正相关：发展中国家的征收率为70%左右，发达国家80%左右，而美国约为87%。部分学者根据实际调查总结了偷逃税对税收效率的影响。[101] Benny Geys 等（2008）对 640 个德国企业进行调查发现，部分企业会通过夸大支出、隐瞒收入等方式减少应纳税额。也有学者从如何提高税收效率的角度进行研究。[102] Kangsik（2011）认为，私人部门所成功运用的管理方法，如目标管理、绩效管理、人力资源开发、组织发展等，完全可以运用到税务部门的税收征管中以提高税收效率。[103]

在税收效率的模型研究中，国外学者运用不同的模型研究税收效率问题，可以在税收征管效率的测算中使用，如新区域模拟模型（Günter Coenen，Peter Mc Adam，Roland Straub，2008）[104]、生命周期模型（Richard Rogerson，Johanna Wallenius，2009）[105] 和一般动态均衡模型（MarkkuLehmus，2011）[106] 等等。除此之外，Maria A 等（2008）对大企业税收征管效率的估算和预测主要是比较各国税收征管努力指数而衍生出的对税收征管效率的研究。[107] 2001 年，OECD 税收中心发表《遵从风险管理：管理并提高税收遵从》报告，认为大企业具有不同且重要的税收遵从风险，必须针对其特点制订适合的管理战略，进行有效的风险评估。[108]

从国内学者研究来看，王德祥等（2009）利用随机前沿分析方法（SFA）实证分析了我国税收征管效率，研究发现，1997 – 2005 年间总体税收征管效率提高约 19 个百分点，各地区税收效率都呈上升趋势，但我国税收效率水平仍不高。[109] 周建军等（2002）建立税收收入 – 成本 C – D 函数模型，分析表明，我国税收收入的增长主要是通过加大行政开支以减少税收流失，从而增加税收。因此，要有效地提高征管效率，要么把更多的资金投入到构建现代化征管体系工作中，要么裁减冗员，着力提高税务人员的劳动效率，尽可能降低征管成本，提高征管效率。[110] 解垩（2009）选用数据包络分析方法（DEA），基于 GDP、第一产业构成、税收成本和贫困水平等维度，测量 1995 – 2004 年中国 29 个省区的税收效率。[111]

九、企业税收风险评估的研究

OECD 国家经过对税收风险管理的长期探索，总结出了一套系统的税收风险管理体系。首先，对影响纳税遵从的不确定性因素进行分析，以将不遵从风险控制在控制在最小程度。其次，研究税收风险管理流程，包括目标设定、风险识别、等级评定、处理应对和绩效评价。但 OECD 各国在大企业的税收风险评估过程中，所采取的具体技术和流程是不同的，他们的一个共同特征是计算机审计的运用和专家的参与。OECD 各国在对大企业税收风险评估中所考虑的风险因素因各国的自身特点而异。由于大企业税收风险在国际上具有相似性，所以各国评估所考虑的风险因素的基本构成也是相同的。OECD 各国经常考虑这些因素：（1）所有权、管理和企业结构；（2）税收策略；（3）纳税人的内部控制——内控是否完善；（4）对数据的历史检查和不遵从历史——在以前检查中，是否存在问题；（5）大量的关联交易——交易的结果是否与履行的职能和承担的风险相等；（6）财务报表的真实性——是否存在意想不到的收益或收入减少等。[112]澳大利亚的大企业税收风险管理分为两个步骤：风险识别和评估及风险审核、风险应对。第一个步骤通过使用"风险引擎"和行业/主题分类法对全部企业进行评估分析并产生风险审核产品，对确定的案例或问题进行更加深入的测试，其目标在于发现规律性，趋势和风险，以及税收结果看起来和企业业绩不一致的具体案例，把这些标示为潜在遵从风险，供审计选案使用。风险审核包括综合风险审核（CRRS）、转移定价记录审核（TPRRS）和更详细的专项审核（SRS），其目的是对在风险识别和评估阶段得出的初步假设进行测试和细调。通过第一个步骤，完成风险评估，采用不同的方法处理风险。[113]

从国内研究来看，李忠华等（2011）的研究认为，企业税收风险主要表现为税款征缴过程所产生的风险，分为以下几种：一是固有风险，是因为企业自身的经营内容或自身的问题而形成的一种风险；二是管理风险，是纳税企业所对应的各级税务管理机关在纳税征管评估中所形成的一种风险；三是国家征管制度方面的风险，主要是因为国家现行税收法律法规存在的漏洞导致。[114]蔡德发等（2012）对黑龙江省大企业的税收风险专项研究发现，税务风险管理必须以行业种类区分，实行对行业的专门管理，日常的税务稽查也应该与税务风险评估对接。[115]刘京娟（2014）的研究认为，税务风险管理的重点主要是如何将大数据下的众多数据信息转化为可供参考的税务风险管理线索。[116]张景华（2014）的研究认为，税收风险的识别是认识风险的重要起点，应该建立分行业、分类别的风险识别模型。[117]张艳江等（2015）的研究认为，要提高我国大企业税收管理的效果，应根据对大企业的日常监管及评估，对大企业设定风险评级机制。[118]在税收风险评估模型方面，胡云松（2010）提出了一般的风险评估模型：风险大小＝强度 M×概率 P，应用到税收风险评估当中，还需要根据具体情况进行分析。强度用纳税人的规模来假定，概率用一定的指标、参数来进行分析计算，主要由企业风险特征系数和置信系数来判断。风险特征系数包括两个方面：主体风险特征即静态特征，如企业过往历史记录等；主体行为特征即动态特征，如税金下降、税负下降等。置信系数由纳税人的可信度决定，如果该企业纳税人内控机制比较完善，则置信程度度较高。[119]他建立的风险评估模型如下：

税收风险；$(R) = M_0 \times P_0 \times K_0 + \sum (m \times P_i + m \times P_j \times K_1) + x$ 　　　（2-1）

注：P_i 表示静态特征概率，用 P_i 表示动态特征概率，用 K_0 表示置信系数，用 K_1 表示动态特征的调整系数，用 M_0 表示规模，用 P_0 表示战略层面做出的风险概率判断，用 m 表示风险强度计算单位，用 x 表示风险度特别值（适用于涉及虚开、走逃等重大情形）。这一建模思想对大企业税收风险评估模型的建立有着重要的借鉴意义。

第三章

广东大企业生产经营与纳税分析

本书所指的广东大企业指在现阶段纳入总局千户集团、省级百户集团及市级大企业管理名单内的在粤企业（不含深圳，下同）。其中，千户集团由国家税务总局选定，省级百户集团和市级大企业由广东国地税联合选定。截至2016年年底，广东三级大企业（含成员企业）共有12434户，其中有56户总局千户集团总部企业，106户省级百户集团总部企业，广东大企业70%分布在珠三角地区，其中单广州一地大企业数量占总体的33.8%，具体组成及分布情况见表3-1。2015年，广东三级大企业缴纳国地税税款①合计4021亿元（其中，国税税款2660亿元，地税税款1360亿元），占2015年度广东国地税所组织税收收入总和的39.5%；2016年，广东三级大企业缴纳国地税税款合计4117亿元（其中，国税税款2919亿元，地税税款1197亿元），占2016年度广东国地税所组织税收收入总和的37.8%。

由于广东三级大企业户数上万，数据采集、分析的工作量巨大，为便于课题研究的开展，本书选取了"关键的少数"企业作为分析研究对象。本次调研对象限定为广东省国税或地税年税收规模在1亿元以上，且属于总局千户集团、省局百户集团及市级大企业范畴的企业。数据分析年度为2008至2015年度②，数据主要源于税收核心征管系统中的税收申报数据和向企业采集的财务报表数据。通过对符合条件企业2008至2015年的相关数据进行筛选，本书最终选取广东省大企业有效样本总量578户，采集财务会计及税收征管指标55个③。入选样本的578户企业（占三级大企业总样本量的4.6%）基本是纳税排名靠前的大

---

① 统计的税款不含海关代征部分，下同。
② 企业所得税年度汇算清缴期为次年5月，因此目前无法获得企业2016年度申报数据。
③ 在样本数据的采集过程中得到广东省国地税大企业管理部门的大力支持。

企业，在 2015 年度入库税款占三级大企业总入库税款的 84%，占国地税总体入库税款（剔除深圳、海关代征部分）的比重为 33%。

表 3-1　广东省（总局、省局、市局）大企业名册统计汇总表

序号	地市	总局千户集团			省级大企业		市级大企业(含成员企业)	总计
		总部在广东		总部不在广东的在粤成员企业	总部	成员企业		
		总部	成员企业					
1	广州	36	994	1809	57	1263	46	4205
2	珠海	5	147	273	3	85	121	634
3	汕头	1	39	235	3	29	31	338
4	佛山	1	133	682	11	172	22	1021
5	韶关	1	81	268	1	54	36	441
6	河源	0	49	192	1	22	36	300
7	梅州	1	66	242	1	31	22	363
8	惠州	4	60	410	1	56	12	542
9	汕尾	1	26	112	0	16	15	170
10	东莞	2	46	607	14	143	69	881
11	中山	1	45	305	7	77	32	467
12	江门	1	30	368	2	66	12	479
13	阳江	0	68	141	0	23	12	244
14	湛江	1	158	322	1	46	107	635
15	茂名	0	49	133	1	32	49	264
16	肇庆	0	62	315	0	79	32	488
17	清远	0	54	185	0	63	29	331
18	潮州	0	8	122	2	13	24	169
19	揭阳	1	39	137	0	24	20	221
20	云浮	0	15	132	1	46	47	241
	合计	56	2169	6990	106	2340	774	12424

　　从图 3-1 可以看出，578 户样本企业的发展趋势与整个广东 GDP 的趋势是吻合的，对其进行税收经济分析，以重要局部来判断广东总体经济情况是有数据支撑和现实意义的。

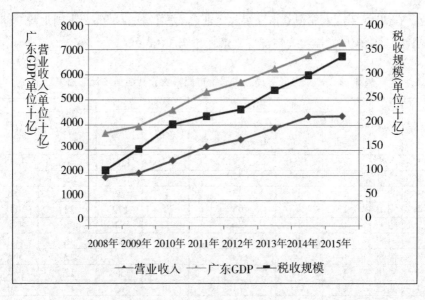

图 3-1　样本企业营业收入规模–税收规模–广东 GDP 关系图

第一节　广东大企业分类分布的总体情况

从地区分布来看，578 户样本企业 84% 分布在珠三角地区，主要集中在广州，有 212 户，与地级市 GDP 情况呈现相似的结构。

从所有制类型来看，民营企业占比过半，达 53%；其次是外资企业，约占总体的三分之一；国有企业占比相对较小。

从行业类型来看，样本企业主要分布在 9 个行业，其中制造业户数共 207 户，占比高达 36%；批发和零售业、房地产业、金融业占比均为 14%；电力、热力、燃气及水生产和供应业占比 12%。

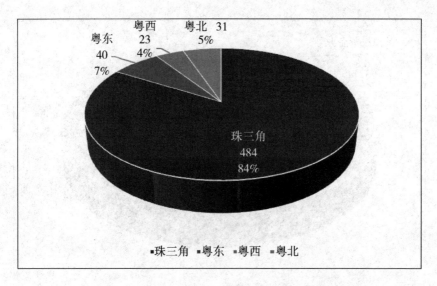

图 3-2 2008—2015 年样本企业各地区分布情况

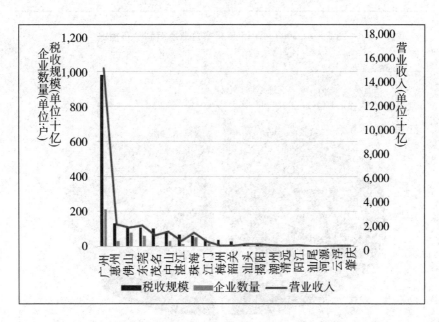

图 3-3 2015 年度样本企业税收规模、企业分布、营业收入情况

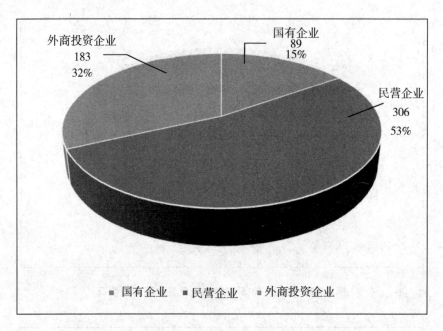

图 3 – 4　2008 – 2015 年样本企业所有制分布情况

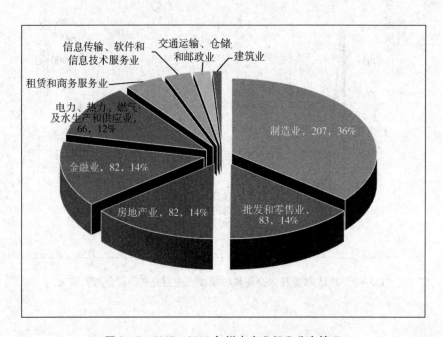

图 3 – 5　2008 – 2015 年样本企业行业分布情况

第二节　广东大企业生产经营状况

本书主要从企业盈利能力、运营能力、偿债能力、科技研发、社会贡献 5 方面对样本企业近 8 年生产经营状况进行分析。考虑到金融行业财务核算的特殊性，将单独对其进行分析。

一、广东大企业盈利能力

盈利能力是指企业获取利润的能力，也称为企业的资金或资本增值能力，通常表现为一定时期内企业收益数额的多少及其水平的高低。在企业盈利能力方面，本书主要选取营业收入及其增长率、营业毛利率、营业利润率三大指标进行考察。

（一）营业收入及其增长率

从 2008 年到 2015 年，样本企业整体营业收入在平稳上升。在所有制类型中，民营企业为广东经济发展贡献巨大。在行业类别中，制造业一直以来的营业收入优势十分显著，可以说是广东省第一大支柱产业；电力、热力、燃气及水生产和供应业关系国计民生，多年来表现良好；以批发零售业和信息服务业为代表的第三产业发展势头良好，批发零售业 2011 年开始赶超民生产业，排名跃升至第二名。房地产业因其主要以独立法人按项目公司方式分散经营，导致入选样本代表性不足，在本次统计中数据表现并不突出，但仍然呈现逐年上升势头。

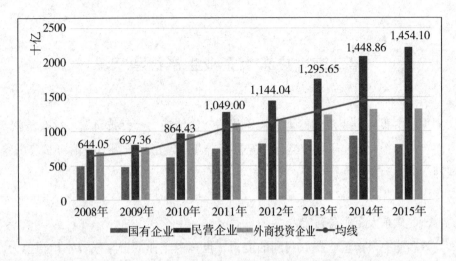

图 3－6　2008－2015 年各所有制样本企业营业收入情况

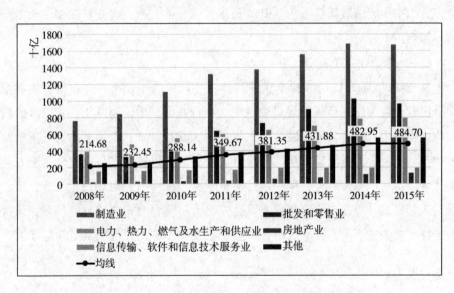

图 3－7　2008－2015 年各行业样本企业营业收入情况

8 年间，样本企业营业收入增长率波动较大。2010 年营业收入增长率均线曾达峰值 23.96%，而后下行至 2012 年低位。经 2013 年短暂加速后，2015 年营业收入增长率明显放缓，仅 0.36%。从所有制类型来看，以国有企业波动最大，2010 年增速接近 30%，而 2015 年则降低为－11%。从行业类型来看，房地产业增长率波动明显，并与整体波动均线有较大偏差。2012－2015 年间，总体营收增长率在下降，而房地产业的营收增长率仍表现强劲，一枝独秀。房地产业的健康发展应当引起重点关注。

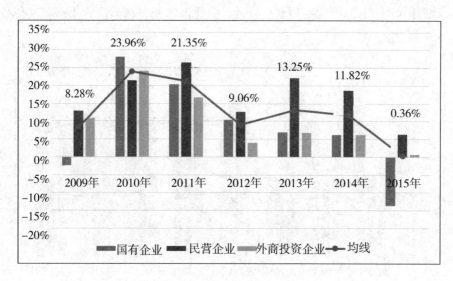

图 3 – 8　2009 – 2015 年各所有制企业样本企业营业收入增长情况

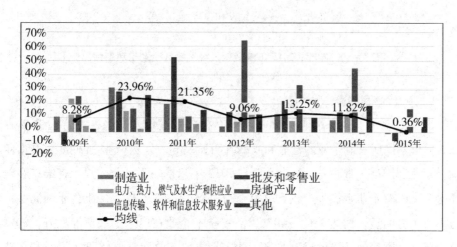

图 3 – 9　2009 – 2015 年各行业样本企业营业收入增长率情况

（二）营业毛利率

调查样本企业毛利率，在行业类别上，本书选择户数占比大且营业收入规模显著的制造业和批发零售业进行数据分析。图 3 – 10 可见，样本企业毛利率整体平稳，制造业维持在 20% 左右，批发零售业维持在 10% 左右。从企业所有制类型来看，外资企业由于品牌效应、内控管理到位、产地转移成本下降等有利因素，毛利率一直领先，基本在 25% 以上；国有企业自 2012 年来也不断改善，成绩喜人；民营企业毛利水平较低，但凭借薄利多销的经营策略，毛利率也呈平稳上涨趋势。

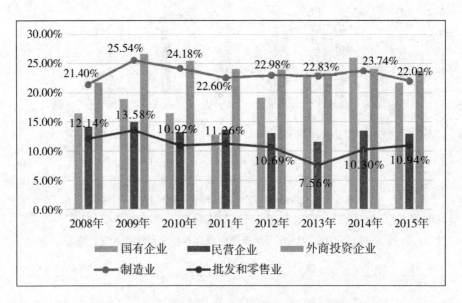

图 3－10　2008－2015 年制造业及批发零售企业毛利率情况

（三）营业利润率

样本企业（不含金融业）营业利润率整体发展比较平稳，维持在 11% ~ 12%，但不同所有制企业的营业利润率有明显差异。外资企业在 2008－2011 年间，营业利润率一直领先；国有企业自 2012 年超越外资企业，并一直维持在较高水平；民营企业则稳步上扬。就行业分类来看，信息技术行业营业利润率优势一直十分明显，高达 35% ~ 40%，高新技术企业在广东发展情况良好，淘汰落后产能，腾笼换鸟政策成效凸显；其次是房地产业和其他行业（商业和租赁服务业为主），营业利润率在 18% ~ 35% 之间。

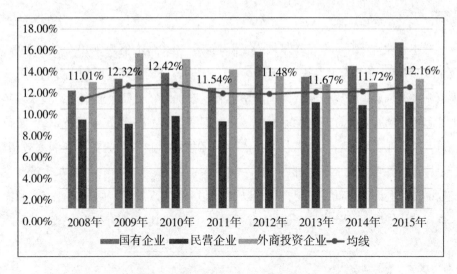

图 3 – 11   2008 – 2015 年各所有制样本企业营业利润率情况

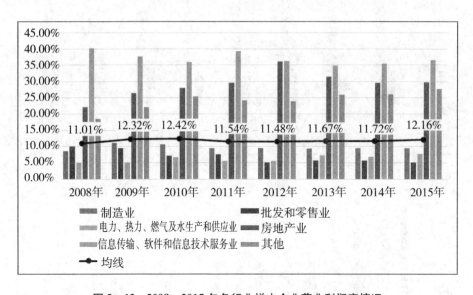

图 3 – 12   2008 – 2015 年各行业样本企业营业利润率情况

二、广东大企业运营能力

运营能力是指企业基于外部市场环境的约束，通过内部人力资源和生产资料的配置组合而对财务目标实现所产生作用的大小。在运营能力方面，本书选取了资产利润率、应收账款周转率和存货周转率三个指标进行分析。

（一）资产利润率

样本企业资产利润率整体呈缓慢下降趋势，均线最大值为 2010 年的 6.24%，及至 2015 年已降低为 4.71%。不同所有制、不同行业的企业差距均十分明显。从所有制类型来看，外资企业资产利润率占有绝对优势；民营企业次之，呈现逐年上涨态势；国有企业资产利润率最低，并有下滑趋势，在 2015 年跌破 2%，亟待改进。从行业类型来看，信息技术业、批发零售业、制造业的资产利润率较高，三个行业在各年均线水平上都多出了一倍有余；电力、热力、燃气及水生产和供应业的资产利润率偏低，多年在均线以下，2013 年实现突破；房地产业资产利润率同样在均线以下，8 年来，整体上升不明显，资产利用效率有很大的提升空间。

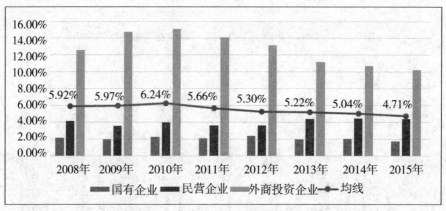

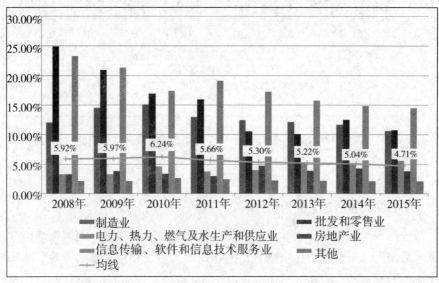

图 3 - 14　2008 - 2015 年各行业样本企业资产利润率情况

（二）应收账款周转率

样本企业应收账款周转率近年有下降趋势，说明企业的平均收现周期延长。从所有制类型来看，国有企业应收账款周转率总体保持领先水平，说明其应收账款账龄较短，坏账风险较低；民营企业应收账款周转率则逐年下降，或透露出民营企业被拖欠账款的现象日益严峻；而外资企业应收账款周转维持平稳状态，或与其普遍严谨的内控管理相关。从行业类型来看，电力、热力、燃气及水生产和供应业由于其行业特性，应收账款周转率最高，收回贷款的能力高；制造业整体的应收账款周转率较低，回款速度慢，直接影响了企业资金的使用效率，房地产业应收账款周转率在2012年达到峰值后有逐年下滑趋势。

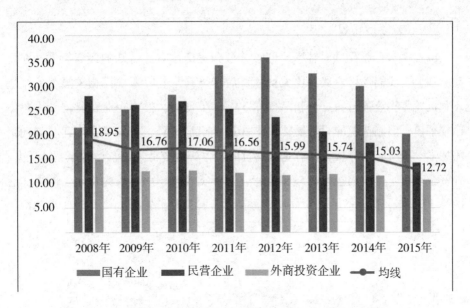

图 3 - 15　2008 - 2015 年各所有制样本企业应收账款周转率情况

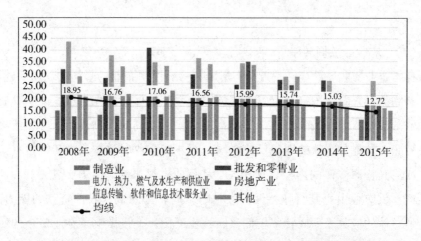

图 3 - 16　2008 - 2015 年各行业样本企业应收账款周转率情况

（三）存货周转率

调查样本企业存货周转率，鉴于金融和房产业有其特殊的经营特性，在行业类别上，我们选择户数占比大且存货周转与其营业收入规模相关显著的制造业和批发零售业进行数据分析。如图 3 - 17 呈现的，样本企业存货周转率总体比较平稳，但制造业的存货周转率在 2015 年有所下降，可见"去库存"导向仍需加强。按所有制分析，国有企业存货周转率一直较低，其营运效率亟待提升；外资企业由于普遍内控管理较为严密，其存货周转率一直较为稳定。值得注意的是 2015 年，民营企业存货周转率提高显著，超过了外企。

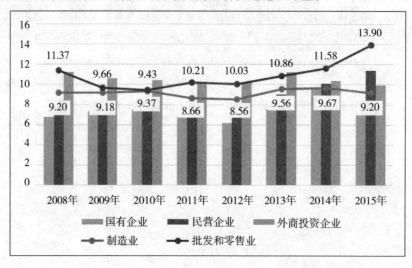

图 3 - 17　2008 - 2015 年制造业和批发零售业存货周转率情况

三、广东大企业的偿债能力

偿债能力是指企业用其资产偿还长期债务与短期债务的能力。企业有无支付现金的能力和偿还债务能力，是企业能否健康生存和发展的关键，对于确保应纳税款的安全也具有重要的参考价值。在企业偿债能力方面，本书主要选取了资产负债率和流动比率两大指标进行考察。

（一）资产负债率

样本企业（不含金融业）资产负债率整体比较平稳，控制在合理范围内。从所有制来看，国有企业从 2010 年起资产负债率明显高于其他所有制企业，近 3 年均超过 60%，负债水平偏高，或与其容易获得贷款有一定关系；民营企业次之。从行业分类来看，制造业比较健康；而房地产业负债率近 3 年来高达 80%，存在较大的财务风险，应列入供给侧改革"去杠杆"关注的主要对象。

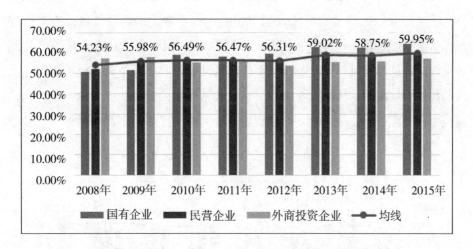

图 3 - 18　2008 - 2015 年各所有制样本企业资产负债率情况

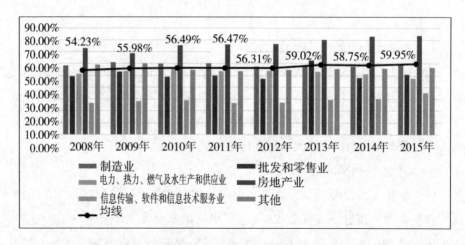

图 3 – 19　2008 – 2015 年各行业样本企业资产负债率情况

（二）流动比率

样本企业（不含金融业）流动比率近 8 年总体稳定，并保持在约 120% 的偏低水平（一般认为流动比率应大于 200%），表明企业的短期偿债能力有待提高。从所有制来看，外资企业一直处于均线以下；国有企业流动比率 2013 年跌破均线，并持续下滑；民营企业 8 年以来流动比率有缓慢提升，说明其财务风险防控能力在增强；从分行业来看，信息技术行业的流动比率下滑严重，其偿债能力状况应引起关注；电力行业和制造业的流动比率也不甚理想，一直处于行业均线水平以下。

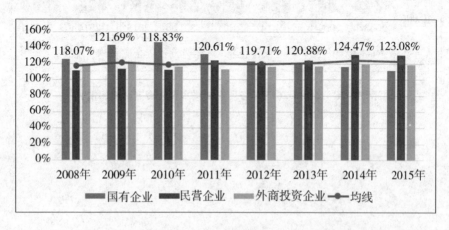

图 3 – 20　2008 – 2015 年各所有制样本企业流动比率情况

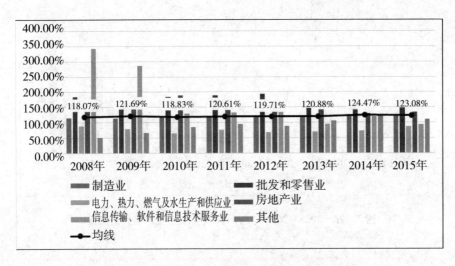

图 3 – 21　2008 – 2015 年各行业样本流动比率情况

四、广东大企业科技研发

在科技研发方面，本书主要依据研发费用①这一指标进行考察。样本企业研发费用整体偏低，但保持增长的势头。从所有制分类来看，民营企业和外资企业表现较为突出。从行业分类来看，制造业的研发投入远远领先于其他行业，特别是 2014 年增幅较大；但是，信息技术企业对科研投入费用较少，影响其核心技术研发和竞争力提升；其他行业科研投入水平较低，一方面或与其较为稳定的行业运营特点相符，但另一方面也说明各行各业亟须技术革新，积极转型，以实现新的增长动力。

_____

①　该数据来源，一是 2014 年以前，企业享受研发费用加计扣除申报情况，二是 2014 年起，企业填报高新技术企业总体研发费用。因此，研发费用应分为 2008 – 2013 年及 2014 – 2015 年两个考察期对照分析。

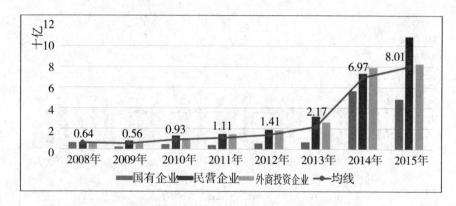

图 3 – 22　2008 – 2015 年各所有制样本企业研发费用情况

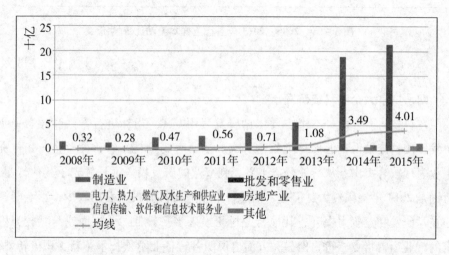

图 3 – 23　2008 – 2015 年各行业样本企业研发费用情况

五、广东大企业社会贡献

在社会贡献中，本书主要选取了综合利用资源收入和公益性捐赠两大指标，分别体现企业在环保和慈善方面的努力。

（一）环保：综合利用资源收入

样本企业 8 年间有效取得综合利用资源收入数据的，仅有 9 户，总量较预期少。其中，有两户民营企业为 2014 年新增享受优惠企业，表明随着环保意识的增强，积极配合环境保护的民企正逐渐增多。此外，各行业响应环保需求也有所差异。电力、热力、燃气及水生产和供应业在能源行业改革的要求中能够做到积极进行生产工艺的改进与转型，是综合利用资源的主力。

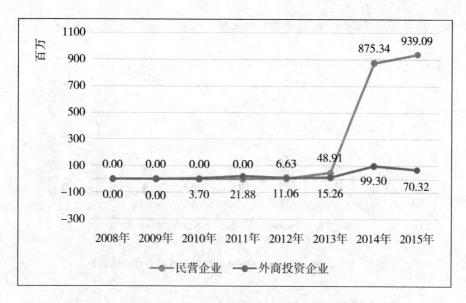

图 3 - 24 2008 - 2015 年各所有制样本企业综合利用资源收入情况

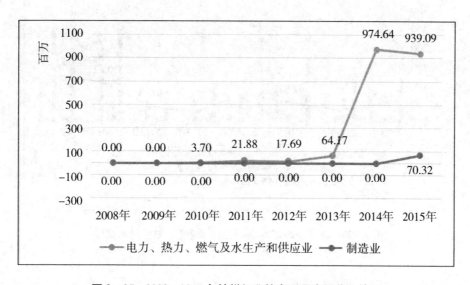

图 3 - 25 2008 - 2015 年抽样行业综合利用资源收入情况

(二)慈善：公益性捐赠

样本企业公益性捐赠金额整体不高，各年波动较大，尤其受到"红十字会"信任危机的影响，2012 年公益性捐赠均线跌至 8 年谷底。从所有制来看，国有企业一直落后于其他企业，而民营企业和外资企业则表现相当，近两年民企公益性捐赠数额上升较为显著。从行业分类来看，制造业和房地产业在公益捐赠方面表现突出，其他行业则稳定在较低水平。

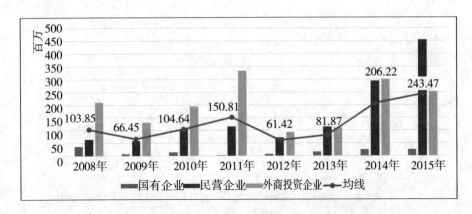

图 3 – 26　2008 – 2015 年各所有制样本企业公益性捐赠情况

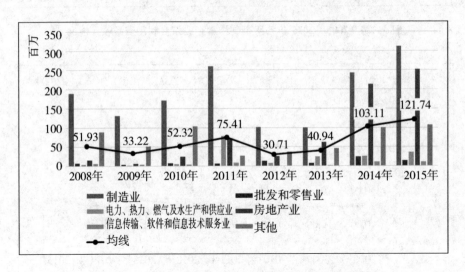

图 3 – 27　2008 – 2015 年各行业样本企业公益性捐赠情况

六、广东金融大企业经营状况

本书选取广东省金融业大企业的有效样本总量 27 户，企业类型属于省级集团总部企业。根据金融业的行业核算特性，采集财务会计及税收征管指标 10 个（资产总额、负债总额、净资产总额、营业收入、营业成本、管理费用、职工工资薪金、利润总额、营业税、印花税）。

金融业是指经营金融商品的特殊行业，包括银行业、保险业、信托业、证券业和租赁业。金融业具有指标性、垄断性、高风险性、效益依赖性和高负债经营性的特点。受本次样本量和财务核算指标的局限,本书不细分金融子行业,通过选取的指标,从广东金融大企业的总体发展规模、盈利能力、偿债能力三方面分析样本企业的 2008－2015 年的经营状况。

（一）广东金融大企业总体发展规模

作为国民经济发展的晴雨表,金融业的发展状况与国家经济发展息息相关,近八年来,广东金融大企业以空前未有的速度和规模在成长,新型金融产品、金融组织和金融业态不断涌现。从图 3－28 中可以看到:2008－2015 年期间,金融业的资产总额从 9149 亿元上升到 33209 亿元;行业的资产和负债均在 2015 年达到了近年的顶峰;总体上看,金融业资本实力近年得到了大幅提升,行业规模明显增大,信用等级提高,国际竞争力逐年增强。

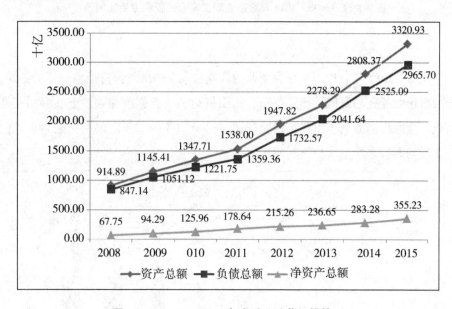

图 3－28 2008－2015 年金融业运营规模情况

2008－2015 年,广东金融大企业的职工薪酬呈逐年上升状态,职工薪金是金融业成本费用的主要组成部分,金融业的薪酬组成包括:工资薪金、其他人工费用、劳务外包费等,样本企业的职工收入占管理费用比例稳中有升,增幅达 13.14%（如图 3－29）,表明金融业行业规模不断发展壮大。

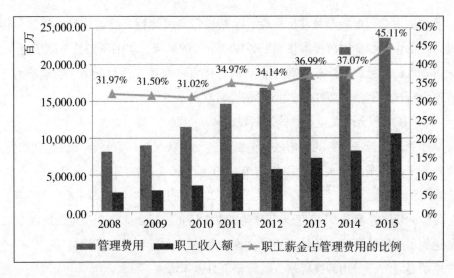

图3-29 2008-2015年金融业职工薪金占管理费用比例情况

（二）广东金融大企业的盈利能力

2008-2015年，广东金融大企业的营业收入总体增长保持平稳，势头良好，金融市场业务蓬勃发展，债券投资、新型资金类业务创收显著；金融商品交易活跃，金融机构盈利能力强，营业利润率处于31%~52%之间，明显高于其他行业平均利润率水平（11%~12%）。

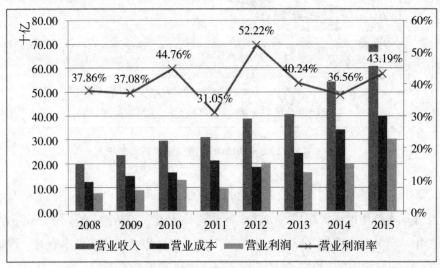

图3-30 2008-2015年金融业营业利润率情况

按照细分行业特性来看，银行业高峰表现在2014年，证券业是2015年，保险业是2016年。

（三）广东金融大企业的偿债能力

2008年全球金融危机，广东金融大企业的资产负债率达到顶峰（92.60%），杠杆率跌破8%（资本充足率最低点），经历金融危机后，受《新巴塞尔协议》影响，资产负债率和杠杆率逐年向好调整，截至2015年，广东金融大企业资产负债率从92.60%降到89.30%，杠杆率从7.40%上升到10.70%，反映了广东金融大企业遵循国际金融规则，经营状况明显好转，逐步提高资本质量和抗风险能力，减少资本套利空间，盈利能力持续增加，带动企业的偿债能力持续增强。

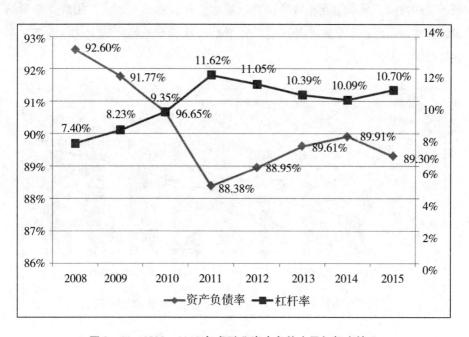

图3-31 2008-2015年金融业资产负债率及杠杆率情况

第三节 广东大企业纳税状况

为了全面研究广东大企业的纳税状况，本书选取了企业税收收入及其增长率、税收负担率、资产税收贡献率三大指标进行分析，综合反映广东大企业八年来的税收增长变动情况及其企业运营与税收变化之间的关系。

一、广东大企业税收收入及其增长率

从所有制类型来看，广东大企业税收收入总量稳步增加，各年增长率总体呈 M 字形。其中，民营企业的税收收入增长幅度最为明显，自 2009 年来均保持 10% 以上的较高增长速度，并在 2015 年首次在税收总量上超过外商投资企业，显示出民营企业增长动力十足；国有企业的税收增幅波动较为明显，2015 年更呈现出负增长，与其营业收入变动率曲线一致，盈利能力受到考验。另外，值得注意的是从 2014 年起，广东大企业营业收入增长趋势与税收收入增长趋势出现一定的背离，显示企业税收负担有所增加。从行业分类来看，制造业是缴纳税款的绝对主力；而金融业和房地产业缴纳税款的增长幅度较大，是近年广东省税源的主要增长点。

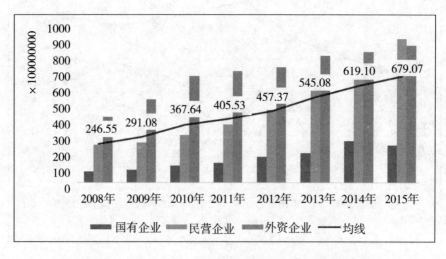

图 3-32　2009-2015 年各所有制样本企业税收增长情况

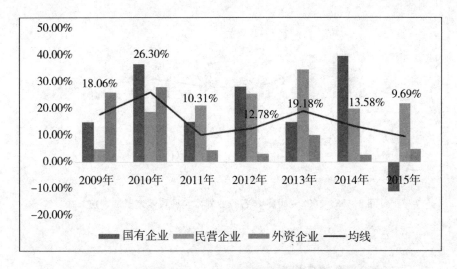

图 3 - 33　2009 - 2015 年各所有制样本企业税收增长率情况

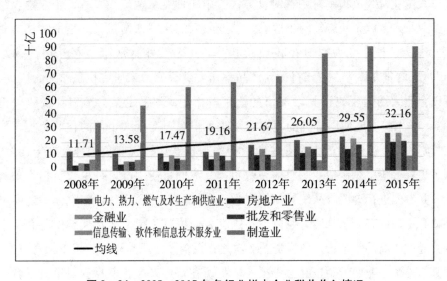

图 3 - 34　2008 - 2015 年各行业样本企业税收收入情况

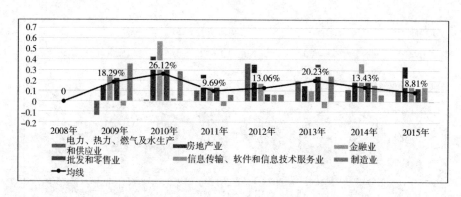

图 3 – 35　2008 – 2015 年各行业样本企业税收增长率情况

二、广东大企业税收负担率

大企业税收负担率有两种测度方法，第一种是从宽口径来看，企业税收源于营业收入，以企业缴纳的税收占其营业收入的比率来衡量，这是最常见的测度方法，本书定义为宽口径税收负担率①；第二种是从窄口径来看，杨斌（1998）的研究认为，应该将剩余产品率作为负税能力来研究税负水平，因此，可以企业缴纳的税收占其增加值的比率来衡量，本书定义为窄口径税收负担率②。本书将主要使用常见的宽口径税收负担率来衡量大企业的税收负担，如无特别说明，本书中的大企业税收负担率均指宽口径税收负担率。在第四章，为了更好分析广东制造业的整体税收负担，我们将使用窄口径税收负担率来衡量，并专门进行说明。从统计结果来看，广东宽口径税收负担率整体呈现稳定中略有增长的态势。从所有制来看，国有企业税收负担率在三大类型所有制中一直处在较高的水平；外商投资企业次之；民营企业虽然税收负担率相对较低，但其与外资企业的差距正在逐渐变小。从所在行业来看，税收负担率前三名分别是金融业、房地产业、租赁和商业服务业；税收负担率最低的是建筑业，其税收贡献率常年在 1% ~2% 之间。值得注意的是房地产企业近年来的税收负担率有下滑趋势。

---

① 宽口径税收负担率 = 税收/营业收入。
② 窄口径税收负担率 = 税收/增加值。

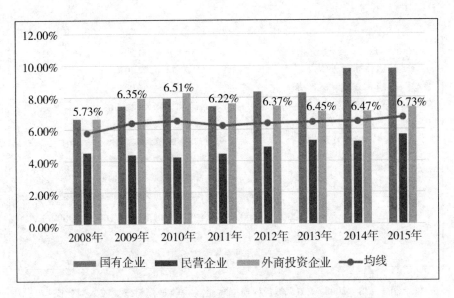

图 3 – 36 2008 – 2015 年各所有制样本企业税收负担率情况

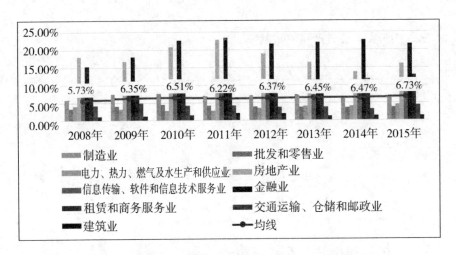

图 3 – 37 2008 – 2015 年各行业样本企业税收负担率情况

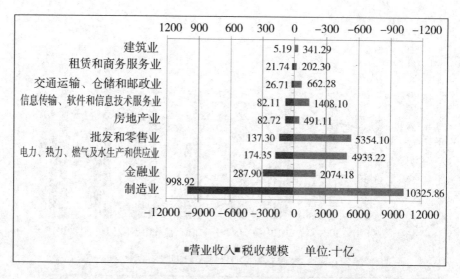

图3-38   2008-2015年各行业样本企业税收规模与营业收入对比图

三、广东大企业资产税收贡献率

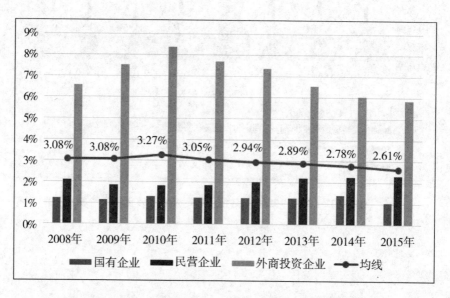

图3-39   2008-2015年各所有制样本企业资产税收贡献率情况

在三大类型所有制的广东大企业中，外商投资企业的资产税收贡献率①尽管呈现下降趋势，但仍常年占据最高位，且远高于国有企业和民营企业；民营企业的资产税收贡献率则呈现缓慢上升趋势；国有企业资产税收贡献率则一直处在较低的水平，仅为1%。

第四节　研究结论

一、宏观面整体良好，微观处存在隐忧

广东省大企业整体发展态势良好，不论从营收总额还是缴税总额来看，广东省大企业整体营收及纳税总额都呈现逐年不断上升的态势。大企业的资产投入、人力资源投入和研发投入也呈现不断增长的趋势。但是从一些微观的财务指标来分析，广东大企业无论是营收增长率还是税收增长率都呈现 M 型波动走势，近年来有下降趋势，相应的企业成本、费用变动率的走势也与之相似，显示大企业的资本、人力资源和研发投入的边际效益在降低，后续发展情况存在隐忧。

二、制造行业潜力大，商业服务待扶持

制造业企业占样本企业数量的36%，其营收占样本企业总量的45%，税收贡献占样本企业总量的49%，如计算与制造业关联度最大的电力、供水等公共产业，其营收和税收都超过总体样本的六成，不论从 GDP 贡献还是税收贡献上来看，制造业都是广东经济发展的绝对主力。从微观财务指标来看，制造业的盈利能力和运营能力虽然略有下降，但整体平稳，保持在健康范围，从资产负债率等指标来看，制造业的偿债能力也属于健康水平。制造业的资本、研发和人力资源投入的边际效益依然显著，广东省制造业大企业仍具备良好的发展潜力。以批发零售业为代表的第三产业近年来发展迅速，其中批发零售业总营收呈现不断增长的态势，但批发零售业的毛利率和利润率普遍偏低，税收贡献率

---

① 资产税收贡献率＝税收/资产总额。

也长期在 2%左右的低位徘徊，而与批发零售密切相关的租赁和商务服务业却一直维持高达 10%的税收贡献率。研究显示很可能是商业地产的租赁成本偏高挤占批发零售企业的利润空间，导致其经营发展状况欠佳。另外，电商平台的低固定成本低税负的经营方式，也可能对传统批发零售业企业造成较大的冲击。

三、民营企业发展快，国有企业进步慢

民营企业占样本企业数量的 53%，营业收入从 2008 年占样本企业总收入的 42%逐年上升到 2015 年的占比 54%，税收收入从 2008 年占比 33%逐年上升到占比 45%，民企已经成为广东省 GDP 和税收贡献的主力。相对于从事垄断行业的国企和具备技术和管理优势的外企，民企的盈利能力普遍偏低，大多开展薄利多销的业务经营。但是民企的运营能力和偿债能力都明显优于国企，资产利润率、资产税收贡献率、库存周转率和资产负债率等财务指标的表现都明显优于国企。值得注意的是，民企近两年来非常重视在研发方面的投入，投入金额甚至高于外企，其资产的流动性表现在 2015 年也超过了外企，整体显示出很强的发展后劲。外企也是广东经济发展的重要支柱，营业收入从 2008 年占样本企业总收入的 49%逐年下降到 2015 年的占比 38%，税收收入从 2008 年占比 57%逐年下降到占比 43%，总体呈现缓慢收缩的态势。但外企由于其技术和管理方面的优势，其运营能力和偿债能力都是最强的，各项相关财务指标也较国企和民企表现优秀，在技术研发方面能持续增加投入，在经济放缓的大环境下展示出较强的抗风险能力和可持续发展能力。国企大企业对广东经济和税收的整体贡献度不高，其营业收入八年来占比一直维持在 8%～9%，税收收入占比维持在 9%～14%。因从事石油炼化和电力、供水、电信等垄断行业经营，国企整体盈利能力表现较好，应收账款周转率、税收贡献率较高。但国企的运营能力和偿债能力都表现较差，尤其是其资产运营能力，资产利润率、存货周转率等财务指标表现远逊于外资企业，资产负债率水平整体偏高，存在偿债能力不足的经营风险。值得注意的是，2015 年国企整体营业收入出现下滑，税收占比也有所下降，企业在研发、公益等方面的投入相对较少，持续发展能力存在隐忧。

四、金融行业效益好，房地产业负债高

广东省金融企业近年来不论营业收入还是税收收入都呈现快速增长的势头，

其营业利润率高而且较为稳定，资产负债率有所下降，杠杆率保持健康水平，资产盈利能力和偿债能力都得到了加强，成了广东经济增长的热点，为广东经济增长注入了新的活力。广东省房地产业的发展势头迅猛，不论是营业收入增长还是税收贡献率等指标都名列各行业的前列，整体利润较高且稳定，因去库存政策的带动，其库存周转率也有所提升。但其资产负债率普遍高达80%，严重超出了警戒水平，数据显示，房产企业近年应收账款周转率呈现逐年下降的态势。考虑到房地产业属于资金密集型产业，跟金融业密切相关，房产企业如出现债务危机则可能引发金融业的整体危机。

五、结构优化初见成效，供给侧改革要加强

从广东省大企业各项税收及财务指标的整体表现以及依据大企业发展指数初步测算的大企业排名情况来分析，广东省产业结构优化升级成效显著。主要表现在：一是制造业和第三产业发展势头良好，营业收入和税收收入均逐年增长，盈利能力和运营能力也处于较为良好的状态，特别是第三产业的整体营业收入近年来不断增长，呈现良好的发展态势；二是二产和三产大企业几乎占据了入选样本的全体，唯一入选的一产企业温氏食品集团股份有限公司也属于现代农业产业化改革和集约化生产的标杆，显示广东省经济发展的主要支柱和税源的结构良好，可持续发展预期乐观；三是大企业的研发费用投入呈现逐年增长的态势，大企业营业收入、利润和税收收入的增长速度也高于职工人数的增长速度，显示广东省大企业产业升级改造成效显著，产业格局呈现由以低附加值的劳动密集型产业为主逐步上升到以高附加值的技术密集型产业为支柱的良好趋势。但是，广东大企业的整体库存周转率、应收账款周转率和资产利润率近两年来平稳中稍有下滑趋势，大企业的资产负债率呈现上升趋势，显示涉及供给侧改革重点内容的去库存、去杠杆和提效益等方面仍需进一步努力加强。

六、珠三角区中心突出，粤东西北亟待发展

从广东省大企业区域分布情况来看，84%的入选样本企业分布在珠三角区，其中212户大企业集中在广州，主要税源分布情况也基本与大企业数量分布趋同，珠三角区和中心城市对广东经济的拉动效应显著。从大企业的分布质量来看，在珠三角和中心城市的大企业，偏向于高附加值或技术密集型的企业，整

体盈利水平偏高，资产运营能力较强。在欠发达区域的大企业多以电力、石化、烟草、水泥、建材等类型企业为主，相对珠三角区的大企业而言，粤东西北欠发达区域的大企业更加偏向劳动力密集型，能耗较高，污染较大，整体盈利能力偏低，资产运营能力较弱。

第五节　政策建议

一、优化营商环境，提高纳税服务

省里要不断优化营商环境，适当运用积极的货币和财政政策引导和扶持大企业的发展；税务机关积极做好大企业的政策辅导和纳税服务，简化大企业办税流程，提高大企业办税效率，减少和控制对大企业的税收检查，降低大企业税收奉行成本，促进大企业减负增效。

二、加大制造业科技扶持，降低批发零售业成本

要加大对制造业大企业的扶持，引导资本进入优质的制造业大企业，鼓励制造业大企业加大技术研发力度，扶持高新技术企业的发展；要重视批发零售业的发展，采用适当的货币和财政政策抑制对商业地产的炒作，切实降低批发零售业在物业租赁方面的固定成本，提升批发零售业的经济效益。税务机关要切实落实研发费加计扣除、高新技术企业资格等税收优惠政策，及时办理外向型制造业的出口退税，打击通过电商渠道偷税漏税的行为，切实支持制造业和批发零售业的发展。

三、扶持民营企业，深化国企改革

加大对民营企业的扶持力度，全面减少对民营企业经营的行政限制和行政干预，积极引导资本进入优秀民营企业扩大再生产，为民营企业提供公平的营商环境；要进一步深化国企改革，强化对国企经济效益和社会效益的考核，引进外企先进的管理制度和方法，引进管理和科技创新人才，切实提升国企资产利润率，盘活国企资产，提升国企经营效益。税务机关要积极帮助民营企业建

立科学合理的税收风险内控制度,优化内部管理,进一步减少对民企的税务检查和税务审计,支持民企持续健康发展;积极搜集第三方数据及互联网信息,及时关注涉及大企业的大额股权变动事件,切实避免涉及股权转让的税款流失。

四、房产企业去库存去杠杆,金融企业投资实体经济

对于房产企业不健康的财务状况应予以高度重视,加大房产企业去库存去杠杆的力度,降低企业资产负债水平,避免发生系统性金融危机;应大力支持广东金融业的发展,引导和鼓励金融业投资实体经济,降低金融业的进入门槛,鼓励民营银行的建立和发展,放宽对外资银行的限制,切实增强广东省金融业的竞争实力。税务机关要切实加强对房地产公司涉税风险的管控,强化与国土、房管等部门的合作,加大税收检查力度,严格防止房地产业的税收流失;要加快保险业的退税进度,进一步降低金融企业的税收成本,提高企业的资金使用效益。

五、落实减税降费,促供给侧改革

应继续深化供给侧改革,完善市场规则,提高政策透明度和可预期性,维护市场秩序,发挥市场力量,稳定宏观经济,促进就业和引导居民消费升级;进一步减少地方性规费,切实减轻企业负担,促进企业发展提速增效。税务机关应当加强营改增后的政策宣传和解释,及时传达最新的营改增政策,解决企业营改增后遇到的涉税问题,切实落实国家减税政策,促进深化供给侧改革。

六、调整区域产业布局,加强税收风险管理

对全省各地的经济结构现状进行深入调研,找准各个地市的定位和比较优势,制定有效政策合理调整产业布局,避免低效能的产业重复建设;发挥中心城市的人才、技术和资金优势以及欠发达地区的资源和环境优势,促进资源的合理流动和配置,提升整体经济发展效率。税务机关应加强税收征管和税收风险监控,避免发达地区欠缺管控以及欠发达地区以违规税式减免或财政返还为手段而造成的财政收入流失,切实保证各地企业的税负公平;加强对高新技术企业资格的认定和管理,避免一些欠发达地区对一些未达到认定资格甚至是高能耗、高污染的企业获得高新技术企业资格,从而避免税收流失。

第四章

广东制造业大企业税收负担

广东省作为经济第一大省和制造业大省,实体经济发展水平始终处于全国前列。2016 年,广东实现地区生产总值 79512.05 亿元,同比增长 7.5%,经济总量连续 28 年稳居全国第一位。规模以上工业增长 6.7%,月度累计增速中规模以上工业增加值累计增速运行在 6.4% ~6.9% 区间。广东省经济形势呈现出平稳发展趋势。自 2012 年以来,在整体经济增速趋缓的形势下,广东省先进制造业增速不断加快,呈现逆势增长的态势。随着制造业转型升级步伐的加快,广东省先进制造业占工业比重逐年增加,制造业优化升级的成效愈发显著。而从投资规模来看,2016 年,广东工业投资总量突破万亿元,共完成 1.1 万亿元,同比增长 8.9%。其中,先进制造业完成投资 4329.19 亿元,占工业投资比重达 39.17%,同比增长 11%,增幅较全省工业投资增长率高 2.1%。①

我国正在深化供给侧结构性改革,建设现代化经济体系,税制改革要服务于实体经济发展。2016 年,广东实施"三去一降一补"改革政策,其中,压减钢铁落后和过剩产能 307 万吨,淘汰 9.66 万吨落后造纸产能,规模以上工业企业产成品存货同比仅增长 3.0%,规模以上工业企业资产负债率为 55.97%,同比下降 1.2 个百分点;规模以上工业企业每百元主营业务收入中的成本为 84.46 元,同比减少 0.18 元。

先进制造业是地区综合经济实力和国际竞争力的重要体现,在全球范围内"脱虚向实"的产业发展态势下,作为我国制造业大省的广东,尽管整体经济下行压力不断加大,制造业转型升级步伐却不断加快,广东原来依靠资源及廉价劳动力的传统发展模式逐渐被淘汰,正在转向探索依靠高新技术、发展先进制造业以及推行机器换人战略的新型发展路径。2016 年,广东规模以上工业累计完成增加值达到 31917.39 亿元,其中,先进制造业和高技术制造业增速分别为

---

① 数据来源:国家统计年鉴。

9.5%和11.7%，高于规模以上工业增速7.7%；占规模以上工业比重分别为49.3%和27.6%，同比提升0.8个和0.6个百分点。广东省先进制造业成为推动我国实施"中国制造2025"战略的重要支撑力量。①

同样在2016年，天津财经大学李炜光教授提出"死亡税率"，批评中国征税过重，认为超过40%税负对企业意味着死亡。福耀玻璃董事长曹德旺认为，中国制造业综合税负比美国高出35%。企业税负话题成为舆论热点，全社会对税负的关注度空前高涨，这对税务部门依法征税产生了较大的负面影响。十九大报告指出，我国经济已由高速增长阶段转向高质量发展阶段，正处在转变发展方式、优化经济结构、转换增长动力的攻关期，建设现代化经济体系是跨越关口的迫切要求和我国发展的战略目标。具体来说，我国整体经济目前呈现出增长速度换挡、结构调整阵痛、前期刺激政策消化的重叠阶段，市场的优胜劣汰更加强烈，实体经济持续发展面临严峻挑战。但中国税负是否过重并制约实体经济发展，是否存在"死亡税率"也存在争议。

十年来，我国积极推行"两税合一""增值税转型"和"营改增"等减税政策，深化税制改革，减轻制造业企业税收负担，促进产业分工优化，鼓励转型升级。2012年，我国开始实施"营改增"试点改革；2016年，所有行业均完成"营改增"改革。通过完整增值税抵扣链条，消除重复征税，进一步降低制造业企业实际税负。在我国鼓励实体经济发展背景下，税制改革不断推动制造业企业增强竞争力，促进国民经济持续健康发展。要进一步推动税制改革，使我国税制更加完善，对企业税负研究提出更多要求。例如，目前"营改增"等减税政策针对增值税的调整仍存在税收档次过多，部分行业因可抵扣进项难以获得而产生税负增加。税种结构、税收负担尤其税收减免对经济引导与支持仍存在优化空间。

基于上述原因，根据数据可得性，本书选取企业缴纳的税收占其增加值的比率（即窄口径税收负担率）来全面分析广东制造业大企业的税收负担，并针对代表性的制造业大企业进行深入案例研究。在此基础上，本书第五章选取207家广东制造业大企业2008－2015年的面板数据进行计量分析，分析制造业大企业税收负担率及其经济发展效应，并提出税制改革政策建议。

---

① 数据来源：广东统计信息网。

第一节 广东制造业大企业税收负担水平

本节以翔实数据实证分析广东制造业大企业税负（窄口径税收负担率）结构和水平，通过横向、纵向比较研究，全面分析广东省制造业大企业税收负担情况。其中，纵向比较包括对近年来税制改革前后制造业企业的税负比较；横向比较包括对不同区域制造业企业的税负进行比较，对其不同税种税负进行比较，并与其他行业大企业税负进行比较。

一、广东制造业整体税负水平

考察期内，广东省制造业税负波动中保持稳定并趋下降，一线城市拉动效力存在差异。

2006年至2016年，广东省制造业税收收入保持持续增长，制造业增加值在前几年也一直保持稳定增长，直到2012年，在经济新常态下，受内外需明显减弱、生产成本上升双重压力的影响，广东制造业生产速度大幅放缓，制造业增加值也回落，但此后再次逐年上升（详见图4-1）。

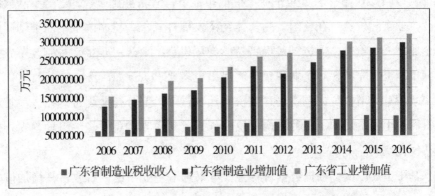

图4-1 2006-2016年广东省制造业税收收入与增加值①

2006至2016年，以广东制造业税收收入与制造业增加值的比值来计算的制造业税负水平在波动中有所上升，税负水平下降出现在2010年、2013年和2014

---

① 数据来源：中国税务年鉴、广东省统计年鉴、广州市统计年鉴、深圳市统计年鉴。

年三个时点，十年间税负平均水平为19.24%。税负下降最快的是2010年，这显然是生产型增值税转型为消费型增值税的结果；税负增加最快的是2012年，原因在于"营改增"试点并未降低制造业税收，税收收入稳定增长，而增加值因为经济新常态而呈负增长，税负与前一年相比增加了4.33%。十年间，税负水平从2006年的18.86%波动上升至2015年的23.09%，但在2016年又下降至21.51%，证明全面营改增有效地降低了制造业税负。总的来说，广东省制造业税负整体变化幅度不大，呈现出波动中保持稳定并趋下降的趋势。（详见图4-2）

由于数据可得性限制①，我们最终选取了工业增加值替代行业增加值来比较广州、深圳这两个一线城市与全省制造业税负的差异。可以看出以工业增加值与行业增加值计算的税负差异较小，变化趋势较为一致。可以作为横向比较参考指标。

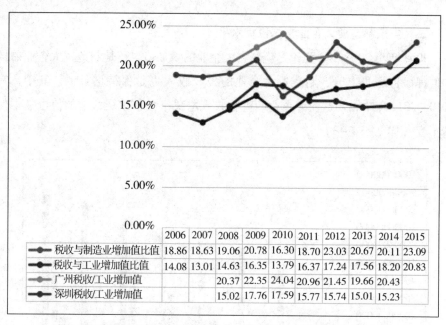

	2006	2007	2008	2009	2010	2011	2012	2013	2014	2015
税收与制造业增加值比值	18.86	18.63	19.06	20.78	16.30	18.70	23.03	20.67	20.11	23.09
税收与工业增加值比值	14.08	13.01	14.63	16.35	13.79	16.37	17.24	17.56	18.20	20.83
广州税收/工业增加值			20.37	22.35	24.04	20.96	21.45	19.66	20.43	
深圳税收/工业增加值			15.02	17.76	17.59	15.77	15.74	15.01	15.23	

图4-2　2006-2015年广东省与广州、深圳制造业整体税负情况②

① 广东制造业税收和增加值只更新到2015年，缺少广、深的制造业增加值，因此广、深税负计算值使用了工业增加值。广州制造业税收只更新到2014年，故未能算出2015年和2016年税负。

② 数据来源：2006-2015、广东制造业税收收入（含深圳）、2006-2015广东制造业增加值、2006-2015广东工业增加值、2008-2014广州制造业税收收入、2008-2014广州工业增加值、2008-2014深圳制造业税收收入、2008-2014深圳工业增加值。

　　根据可获得数据计算的结果来看，2008 年到 2014 年间，广州制造业税负高于深圳，且二者走势基本相同。从三者税负对比来看，2008 年到 2010 年间，全省税负低于广州和深圳，而此后四年里，全省税负逐渐上升，并且超过了深圳，但仍低于广州。从考察期内指标观察，广州的制造业税收负担对于广东省制造业整体税负是起拉动作用的，而深圳仅在 2010 年以前有拉高全省税收负担作用。

　　广州与深圳不同的产业结构决定了广、深两市呈现出不同的制造业税负拉动效果。长久以来，广州的三大支柱产业分别是汽车、电子产品和石油化工，而深圳则在近年逐渐形成了以高新技术制造业、金融、物流与文化等为支柱的产业格局。由于深圳主要产业集中于高新技术制造业和现代服务业，能享受较多税收政策优惠，整体税负较低。相比之下，属于传统制造业的汽车、电子产品和石化行业的税负更高，使广州制造业税负水平持续高于全省平均税负水平。

二、广东制造业大企业整体税负水平

　　2008 年至 2015 年，无论是广东省大企业的增加值，还是制造业大企业的增加值都保持稳步上升，制造业大企业的税收收入也是保持增长的。其中，在 2010 - 2012 年中，制造业大企业的税收收入增长率大幅放缓，增加值也基本保持不变（详见图 4 - 3）。

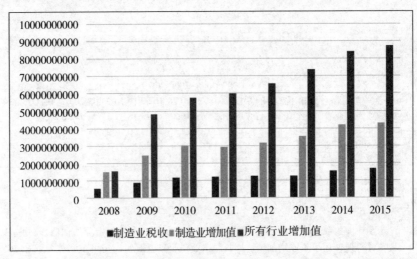

图 4 - 3　2008 - 2015 年广东省大企业制造业税收收入与增加值①（单位：元）

---

　　① 数据来源：中国税务年鉴、广东省统计年鉴、广州市统计年鉴、深圳市统计年鉴。

2008 至 2015 年，以广东制造业大企业税收收入与制造业增加值的比值来计算的制造业税负水平在波动中有所下降，其中，2012 年和 2013 年税负的下降较快，证明营改增试点后，有效地降低了制造业税负，但 2014 年税负水平又有所回升。税负水平的变化相对平稳，8 年均值高达 37.89%，远远高于同期广东制造业 20.22% 的平均水平（详见图 4 - 4）。

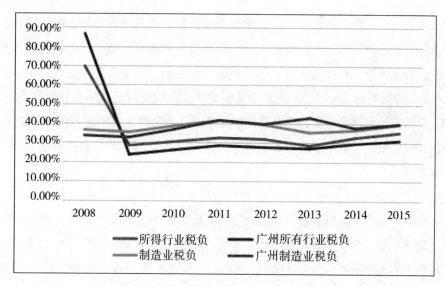

图 4 - 4　2008 - 2015 年广东省与广州制造业大企业整体税负情况①

同时，对比广东所有行业和制造业的大企业税负水平。发现所有行业的税负水平在 31% 左右波动。但是制造业的税负水平相对较高，最高达到 41.63%，并在 38% 左右波动。可见，在我国给中小企业尤其是小微企业减负的情况下，相对于制造业中小企业，制造业大企业的税收负担要高得多，比所有行业大企业的平均税负也要高一些。

广州是全省制造业大企业最为集中的城市。从广州与全省所有行业大企业的税负比较来看，2009 - 2015 年广州所有行业大企业的税负低于全省平均水平。但广州和广东的制造业大企业税负差距不大，"营改增"之前广州略低于全省平

---

①　数据来源：2006 - 2015 广东制造业税收收入（含深圳）、2006 - 2015 广东制造业增加值、2006 - 2015 广东工业增加值、2008 - 2014 广州制造业税收收入、2008 - 2014 广州工业增加值、2008 - 2014 深圳制造业税收收入、2008 - 2014 深圳工业增加值。

均水平，"营改增"之后高于全省平均水平，但广州的制造业大企业税负却一直远远高于广州所有行业大企业的税负。

第二节　广东制造业大企业不同区域与税种税负比较

本书对珠三角、粤东西北制造业大企业的税负进行比较分析，并选取国内增值税、企业所得税、个人所得税及其他各税进行税负比较，从不同税种角度分析制造业大企业税收负担水平与近年的变化趋势，把握制造业各税种的税负水平①。考察期内，通过对广东省制造业大企业不同区域与税种税负对比发现：珠三角制造业大企业税负相对其他地区更低；广东制造业大企业各税种税负中，增值税税负最重；近年来随着税制改革的深化，广东制造业大企业税收负担水平逐渐降低。

一、广东不同区域制造业大企业的税收负担

2008 - 2015 年，广东制造业大企业税收负担的平均水平为 37.89%。粤北地区税负平均水平最高，为 92.32%。粤西地区次之，平均水平为 55.59%。粤东地区税负平均水平第三，为 37.52%，与全省平均水平也最为接近。珠三角地区税负最轻，平均水平为 32.85%。

从年度具体税负来看，粤北地区 2008 年税负高达 108.91%，是所有年度数据中税负最重的，2013 年税负 80.77%，达到了历年的最低值，但仍然远高于其他地区。粤北地区制造业大企业大多是烟草企业、工矿企业和建材企业，由于需要交纳消费税、增值税和资源税等税种，增加值又比其他地区低，因此税负最高。粤西地区 2008 年税负高达 74.42%，2009 年后大幅下降，但仍高于 40%，2012 年回升至 60.50%，然后波动下降。粤西着力打造珠江西岸制造产业带，发展传统机械、装备制造企业，税收优惠较少，地区税负水平较全省平均水平要高。粤东地区制造业大企业 2008 年税负水平为 41.25%，2013 年"营改增"后大幅下降到 27.15%，是历年的最低值，其余年份税负波动不大，都在

---

① 制造业所得税税负 = 所得税额/制造业增加值，制造业流转税税负 = 流转税额/制造业增加值。

37%上下。近年来,粤东制造业大企业转型升级效果明显,积极运用国家扶持高新技术企业的税收优惠等政策,抓住"营改增"契机进行筹划,降低税收负担,税负接近全省平均水平。珠三角地区的税收负担在考察期 8 年间(2008 - 2015 年),有 7 年略高于30%,2008 年为29.72%,是所有年度数据中税负最轻的。珠三角制造业大企业中,通信设备、计算机及其他电子设备制造业和电气机械及器材制造业等行业比例较高,产业结构和技术水平都较高,适用的税收优惠政策较多,因此税收负担最轻。

表 4 - 1 广东省制造业分地区税负①

年度 \ 地区	广东省	粤北	粤东	粤西	珠三角
2008	36.47%	108.91%	41.25%	74.42%	29.72%
2009	35.39%	96.25%	43.06%	42.42%	30.97%
2010	38.67%	89.59%	38.36%	50.38%	34.07%
2011	41.63%	87.74%	37.19%	53.63%	36.59%
2012	39.41%	96.83%	35.33%	60.50%	34.07%
2013	35.36%	80.77%	27.15%	49.22%	31.02%
2014	36.55%	89.00%	37.60%	55.25%	31.83%
2015	39.60%	89.45%	40.23%	58.92%	34.50%
8 年均值	37.89%	92.32%	37.52%	55.59%	32.85%

---

① 地区税负 = 税收收入/地区第二产业增加值。
此处采用城市数据统计,由于数据可得性,采用地区第二产业增加值为分母衡量地区税负。

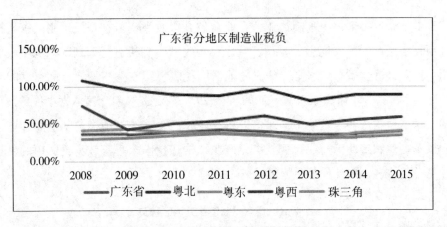

图4-5 广东省分地区制造业税负

二、广东制造业大企业不同税种的收入结构①

2008-2015年，广东省制造业大企业税收收入逐年上升，但每年增长速度波动下降。从各税种的收入结构来看，增值税所占比例最大，2008年高达42.84%，2009年增值税转型后，大幅下降至35.22%，2010年回升至38.91%，2012年"营改增"试点后继续下降至32.51%，后又波动回升至2015年33.14%。从企业所得税所占比例来看，2008年为14.78%，2009年和2010年下降约2个百分点，2011年后逐渐上升，2015年为16.64%。再从制造业大企业代扣代缴的个人所得税所占比例来看，2008年为3.17%，2009年和2010年分别下降至1.97%和1.95%，2011年个人所得税费用扣除标准拟调至3500元后，个税比例逐渐回升，2015年达到3.03%。可见，2009年后，税制改革的综合结果使得"双主体税种"的地位得以加强。其他各税所占比例2008年只有39.21%，2009年增值税转型后，大幅上升至50.14%，后波动下调，2015年为47.19%，即除了增值税和所得税双主体税种之外，其余14种税的比例从1/3强上升到接近1/2，地位也日益重要。

---

① 制造业所得税收入结构=所得税额/制造业税收收入，制造业流转税收入结构=流转税额/制造业税收收入。

表4-2　2008—2015年广东省制造业主要税种收入结构情况①

年份	制造业税收收入	增值税	比值	所得税		比值		其他各税	比值
				所得税	个人所得数	所得税	个人所得税		
2008	53577946468	22955452328	42.84%	7917339825	1698355876	14.78%	3.17%	21007912810	39.21%
2009	92361370705	32534270275	35.22%	11702744382	1818208268	12.67%	1.97%	46309991271	50.14%
2010	117565598231	45739248387	38.91%	15242031199	2290530979	12.96%	1.95%	54291793263	46.18%
2011	122337398467	42726124311	34.92%	17319780668	2942487121	14.16%	2.41%	59345871996	48.51%
2012	123101729183	40023164308	32.51%	19900160617	2758669038	16.17%	2.24%	60418328683	49.08%
2013	144872542619	50696923022	34.99%	24594586765	3334329417	16.98%	2.30%	66250213739	45.73%
2014	146907680521	54146410677	36.86%	26039683524	3954562399	17.73%	2.69%	62758961118	42.72%
2015	164259285120	54432786908	33.14%	27333930029	4970455900	16.64%	3.03%	77513956648	47.19%

① 数据来源：2008年—2011年税收统计资料，2012—2016年税收统计资料。

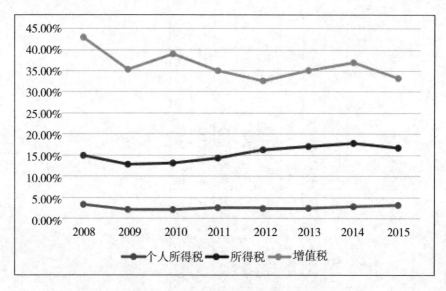

图 4-6 2008-2016 年广东省制造业主要税种收入结构图

三、广东制造业大企业不同税种的税收负担

从制造业大企业各税种的税收负担来看，增值税的税负最重，2008 年高达 15.34%，2009 年增值税转型后，下降至 13.45%，2010 年回升至 15.29%，2012 年"营改增"试点后继续下降至 12.61%，2015 年保持至 12.71%。从企业所得税税负来看，2008 年为 5.29%，2009 年下降至 4.84%，2010 年后逐渐上升，2013 年最高达 6.95%，2015 年下降至 6.38%。从制造业大企业代扣代缴的个人所得税税负来看，2008 年为 1.13%，2009 年和 2010 年分别下降至 0.75% 和 0.77%，2011 年个人所得税费用扣除标准拟调至 3500 元后，个税税负回升，2011 年达到 1.01%，2015 年上升至 1.16%。2008 年，其余 14 种税的税负为 15.84%，后波动上升至 2012 年的 21.04%，再下降至 2015 年的 14.08%。综合比较，增值税和所得税双主体税种的税收负担占了总体税负的一半左右，与其余 14 种税的税收负担相当。

增值税是制造业大企业税负最重的税种，但近年来出现下降的趋势，除了 2009 年增值税转型外，2012 年"营改增"试点后，制造业可抵扣进项范围扩大，承接了很多服务业的抵扣项，也是税负降低的原因。另外，国家采取一系列政策鼓励支持实体经济发展，广东省制造业也在不断转型升级，供给侧改革的成效也影响了不同税种的税负。

表 4 – 3 2008—2016 年广东省制造业主要税种税负情况①

	制造业增加值	增值税	税负	所得税		税负		其他各税	税负
				所得税	个人所得数	所得税	个人所得税		
2008	149690618160	22955452328	15.34%	7917339825	1698355876	5.29%	1.13%	23715553268	15.84%
2009	241850737214	32534270275	13.45%	11702744382	1818208268	4.84%	0.75%	41355805122	17.10%
2010	299071794111	45739248387	15.29%	15242031199	2290530979	5.10%	0.77%	54680465423	18.28%
2011	291638502654	42726124311	14.65%	17319780668	2942487121	5.94%	1.01%	61363636260	21.04%
2012	317490756039	40023164308	12.61%	19900160617	2758669038	6.27%	0.87%	65211850499	20.54%
2013	353879921375	50696923022	14.33%	24594586765	3334329417	6.95%	0.94%	49843665636	14.08%
2014	420296211231	54146410677	12.88%	26039683524	3954562399	6.20%	0.94%	73442820430	17.47%
2015	428223706672	54432786908	12.71%	27333930029	4970455900	6.38%	1.16%	87801911353	20.50%

① 数据来源：广东统计信息网 http：//www. gdstats. gov. cn/tjsj/gy/zyhygyzjz/

73

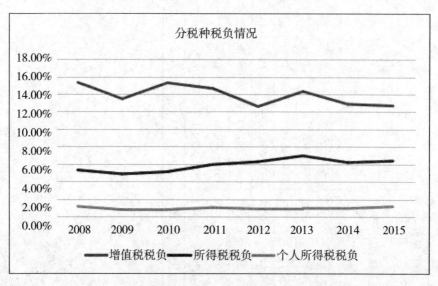

图 4 - 7　2008 - 2015 年广东省制造业主要税种税负比较①

第三节　广东制造业大企业与其他行业大企业税负比较

本书选取与制造业上下游产业相关且具有代表性的建筑业、批发零售业和房地产业作为对比，在考察期（2008 - 2015 年）内，分别对总休税负水平、企业所得税和增值税的税负进行比较分析，从而更准确地判断广东制造业大企业的税负结构与水平。

一、广东制造业大企业与其他行业大企业总体税负比较

2008 - 2015 年，广东制造业大企业的税负水平总体变化相对平稳，平均税负水平 37.89%，低于房地产业，但远远高于批发零售业、建筑业。2008 年税负为 36.47%，2009 年下降至 35.39%，说明增值税转型后固定资产进项可以全部抵扣，使得制造业税负下降。但是，制造业本身有着环节多、产业链复杂的特

①　数据来源：广东统计信息网 http://www.gdstats.gov.cn/tjsj/gy/zyhygyzjz/

点，除原材料和投资成本外还有多项成本影响增值额，2010 年税负又有回升，并在 2011 年升至最高点 41.63%。2012 年"营改增"试点后，税负降至 39.41%，2013 年进一步降至税负最低点 35.36%，证明"营改增"试点改革的效应开始显现。广东是"营改增"改革试点地区，2012 年首批改革领域包含交通运输业、研发和技术服务业、物流辅助服务业等。其中，交通运输业的"营改增"举措，不仅改变了本行业的税收格局，也间接影响了制造业税收负担。从长远来看，交通运输业"营改增"改革不仅降低本行业的税收负担，而且减轻行业生产成本，降低交通运输产品价格。而且，由于制造业购买交通运输服务可以进行进项抵扣，所以降低了制造业的成本和税负。2013 年，制造业税收收入相对下降，行业增加值稳步增长，使得税负下降，"营改增"试点形成了"改在服务业，利在工商业"的良好局面。

虽然制造业税负因享有多项政策红利而下降，但在"营改增"减税效应逐步结束后，制造业税负仍在 2014 年和 2015 年出现反弹，分别升至 36.55% 和 39.60%。另外，广东省工业增加值近几年增长缓慢，也对制造业税负产生了上行的压力。相关数据显示，广东省近年工业增加值增长速度从 2011 年的 10.5% 下滑到 2016 年的 6.4%，2015 年增长速度低于税收增长[1]。尽管制造业税负存在上行风险，但 2016 年起，我国全面实行"营改增"，将更多制造业上下游行业纳入增值税的征收范围，有助于制造业打通生产抵扣链，有效降低企业税负。

房地产业大企业税负 8 年平均水平为 44.47%，是四个行业中最高的，其中 2008 年至 2012 年，房地产业大企业税负均超过了 46%，但在"营改增"试点后，2013 年大幅下降至 36.32%，2014 - 2015 年则在 40% 左右波动。可见，虽然房地产业尚未"营改增"，但相关行业试点可以降低其成本，增加增值额而降低税负，从而享受税制改革的红利。

批发零售业大企业税负 8 年平均水平为 26.65%，居第三位。由于商贸企业特点，其税负波动较小，税负比较稳定。

建筑业大企业税负 8 年平均水平为 15.96%，是四个行业中最低的。2008 年，为了应对金融危机和支持"汶川地震"灾后重建，国家采取了一系列包括营业税和所得税的优惠政策，建筑业大企业受惠，税负仅为 2.34%，2009 年和

---

[1] 数据来源：2016 年广东国民经济和社会发展统计公报。

2010 年分别大幅上升至 8.09% 和 24.08%，2011 年微调至 21.23% 后，2012 年上升至最高水平 24.87%，"营改增"试点后连续三年下降，2015 年为 14.13%。尽管当年建筑业尚未"营改增"，大企业不能直接享受增值税转型的好处，但"营改增"试点后，增值额增加，企业税负又发生了明显下降（见表 4-4）。

表 4-4　2008-2015 年广东省大企业制造业与其他行业总体税负情况①

年度 行业	2008	2009	2010	2011	2012	2013	2014	2015	8 年均值
制造业税负	36.47%	35.39%	38.67%	41.63%	39.41%	35.36%	36.55%	39.60%	37.89%
房地产的税负	47.81%	46.84%	46.71%	57.76%	46.52%	36.32%	35.21%	38.62%	44.47%
建筑业的税负	2.34%	8.09%	24.08%	21.23%	24.87%	18.75%	14.22%	14.13%	15.96%
批发和零售业的税负	27.25%	23.34%	28.72%	24.97%	25.62%	26.29%	26.95%	30.07%	26.65%

二、广东制造业大企业与其他行业大企业所得税税负比较

2008 年起，我国内外资企业所得税法合二为一，并采取了"产业优惠为主、地区优惠为辅"的税收优惠原则。其中，地区优惠主要集中在西部地区、民族自治地区和上海自贸区等。因此，考察广东不同行业所得税税负主要反映不同产业间的所得税税负差异，有助于比较分析制造业税负结构与相对水平。在 2008 年"两税合一"后，除了建筑业外，制造业、房地产业、批发和零售业均出现了所得税税负下降的态势，随后均有所回升，2012 年"营改增"试点后，又在波动中有所下降。

具体而言（见表 4-5），房地产业大企业所得税税负水平最高，8 年平均为 15.99%。其中，2008 年为 17.30%，2009 年下降至 15.59% 后波动上升，但低于其整体税负增长，2012 年"营改增"试点改革后，所得税税负又连续两年下降，2015 年降至 14.81%。对于内资房地产企业而言，新企业所得税的税率从 33% 下降至 25%，税负下降，导致行业所得税税负下降。但广东房地产外资企

① 数据来源：2005-2015 国家税务年鉴，2005-2015 广东省统计年鉴，广东省统计信息网工业分行业增加值快报 2016 广东国税分行业分税种表，2016 广东地税分行业分税种表。

业较多，2008 年"两税合一"使得外资房地产企业的地方优惠政策消失，从而外资房地产企业所得税税负骤升，拉动了行业所得税税负上升。2012 年，广东省首批"营改增"包括交通运输业、研发和技术服务业、物流辅助服务业等与房地产相关的行业，虽然房地产业没有包括在内，但相关行业可能对房地产业产生联动效应，使得其增值额提高，而所得税税负水平降低。

表 4 - 5　广东制造业与其他行业的所得税税负比较①

年度 行业	2008	2009	2010	2011	2012	2013	2014	2015	8 年均值
制造业的所得税税负	5.29%	4.84%	5.10%	5.94%	6.27%	6.95%	6.20%	6.38%	5.87%
房地产的所得税税负	17.30%	15.59%	19.06%	16.67%	16.45%	14.43%	13.64%	14.81%	15.99%
建筑业的所得税税负	1.23%	3.36%	10.74%	13.87%	13.93%	14.34%	15.14%	16.00%	11.08%
批发和零售业的所得税税负	11.69%	11.34%	12.98%	9.67%	8.72%	12.63%	11.48%	8.45%	10.87%

建筑业大企业 8 年所得税的平均税负为 11.08%，排在第 2 位。其中，2008 年我国对"汶川地震"灾后重建采取一系列优惠政策，税负仅为 1.23%，后逐年上升，在 2015 年上升至最高点 16.00%。为了应对全球金融危机，我国实施了一系列以流转税为主的减税政策。但为了弥补不断增大的财政赤字，也不断加强征管力度。过去，建筑业一直是我国税收征管比较薄弱的行业，征管加强也是其税负不断上升的重要原因。

批发和零售业大企业 8 年所得税的平均税负为 10.87%，排在第 3 位。2008 年"两税合一"后，其税负为 11.69%，2009 年下降至 11.34%，但 2010 年又大幅反弹至 12.98%，之后便开始波动下降。我国税制改革不断推进结构优化，批发零售业的税收结构逐渐由增值税向所得税和增值税并重的方向转变，在增值税降税的情况下，批发零售业所得税税负也出现先升后降趋势。

制造业大企业 8 年所得税的平均税负为 5.87%，远远低于其他三个行业。2008 年，其所得税税负为 5.29%，2009 年先下降至 4.84%，后逐渐回升至 2013 年 6.95%，再下降至 2015 年 6.38%。税制改革对制造业大企业税负的影响表现

---

① 数据来源：2006 - 2015 国家税务年鉴，2006 - 2015 广东省统计年鉴 2016 广东国税分行业分税种表，2016 广东地税分行业分税种表

为 2008 年"两税合一"后，其所得税负担下降。2012 年后，"营改增"试点减税作用逐渐显现，但交通运输行业的普通发票不再能抵扣，而许多运输企业核算不健全、开不出专用发票，导致制造业企业增值税负又有所增加，并通过影响成本核算而影响所得税负担。2014 年后，总体税负和所得税税负才有不同程度的下降。

近年来，我国持续推行财税体制改革，不断深化所得税在财税体制中的作用。所得税是直接税，相比于增值税为代表的间接税，更加能够调节收入，促进公平。要提高所得税地位，不断完善我国税制建设，不断提升税制公平程度。

三、广东制造业大企业与其他行业大企业增值税税负比较

增值税是制造业大企业的主体税种，基于数据的可得性，本书选取批发和零售业的增值税税负与制造业进行税负比较。

2008 年，制造业大企业的增值税税负高达 15.34%；2009 年，在增值税从"生产型"转为"消费型"后，税负迅速下降至 13.45%，2010 年又回升至 15.29%，2011 年后逐渐下降，2015 年降至 12.71% 水平，相当于税负下降了 17%。国际金融危机后，广东制造业处在转型升级、淘汰落后产能的重大转折中，2009 年增值税转型降低了制造业大企业的税收负担，为企业发展提供动能。同时，为了实现转型升级，制造业的分工乃至跨行业的分工合作加强，这也导致商品流转环节增加、链条加长。为此，基于流通环节的其他税种税收负担增长，给企业带来税收压力，这也导致随后制造业大企业增值税税负有所增加。因此，"营改增"试点作为缓解流通链条增长带来重复税收问题的改革，由于环环抵扣的制度设计，使得增值税税负逐渐降低。在行业界限逐渐模糊的发展趋势下，全面的"营改增"对行业间的合作和分工行为友善，将促进制造业转型升级工作乃至整个社会的经济效率提高。

2008 年，批发和零售业的增值税税负为 14.32%。2009 年增值税转型后，税负下降至 11.81%。2010 年后，税负波动回升，2013 年达到 14.91% 最高位，2014 年和 2015 年，增值税税负连续下降为 12.94% 和 11.64%。总的来说，批发和零售业的增值税税负变化趋势与制造业相同，但税收负担略低于制造业。

表 4-6 广东制造业与其他行业的增值税税负比较①

	2008	2009	2010	2011	2012	2013	2014	2015
制造业	15.34%	13.45%	15.29%	14.65%	12.61%	14.33%	12.88%	12.71%
批发和零售业的增值税税负	14.32%	11.81%	14.29%	12.82%	11.43%	14.91%	12.94%	11.64%

第四节 广东制造业大企业税负案例分析

在广东制造业大企业中，电子制造业、汽车制造业和家电制造业是最具有代表性的三大重点制造业，本节选取三大重点制造业中 8 家具有代表性的大企业进行制造业企业税负的案例分析，包括国有、外资和民营三类大型企业，对企业所有制、规模（以员工人数、营业收入与资产总额作为标准）、税收总负担、所得税负担以及流转税负担等数据进行统计和对比。在通信制造业，本节选取 DGFW 和 HZSX 为例，分析不同所有制类型大企业的税负差别。在汽车制造业，本节选取同为中外合资的四家大型企业，分析企业不同管理战略下的税负差异。在家电制造业，本节选取 ZHKL 分析近年来税改下先进制造业税收逆增长的现象，研究其税收不降反增的原因。

一、广东电子制造业大企业税负案例分析

在电子终端制造业，本节选取 DGFW 有限公司和 HZSX 电子有限公司作为样本企业进行研究，对法人独资、中外合资公司两种不同所有制结构的企业税负进行分析。这两家公司都是电子终端制造业中的大型企业，具有可比性。从企业历史来看，HZSX 成立于 1992 年，DGFW 成立于 2012 年，相差 20 年。DG-FW 有限公司是法人独资有限责任公司，HZSX 有限公司为中外合资有限公司，本节研究产业背景相同而所有制不同的两家公司近年来的税负情况。

---

① 数据来源：税务局统计资料，报表，2006－2016 广东省统计年鉴。

表 4 - 7　DGFW 与 HZSX 财务指标（2011 - 2016 年）

企业名称	年度	员工人数	税收收入（万元）	总资产（万元）	营业收入（万元）	利润总额（万元）
DGFW 有限公司	2011	0	-	-	-	-
	2012	0	-	50,023.34	-	- 11
	2013	0	1,271.12	1,419,467.51	965,777.46	- 144,894.35
	2014	3058	49,540.24	2,225,333.59	6,159,733.18	161,764.16
	2015	4041	285,186.06	4,124,916.54	8,599,365.99	295,696.32
	2016	6300	311,759.13	7,793,893.19	15,716,715.71	329,675.79
	平均值	4466	161,939.14	3,122,726.83	7,860,398.08	128,446.16
HZSX 电子有限公司	2011	6403	55,570.09	1,617,018.38	4,863,544.85	3,060,371,485.99
	2012	8344	80,128.02	1,905,815.50	8,620,139.02	5,267,689,910.58
	2013	10235	172,733.47	2,641,852.00	12,714,049.90	7,622,329,596.06
	2014	8837	162,492.19	2,808,939.57	10,056,995.71	6,611,222,508.08
	2015	6946	114,419.05	3,469,842.27	10,003,502.16	7,764,498,696.33
	2016	5005	423,634.30	3,576,150.63	7,417,279.19	5,722,988,244.02
	平均值	7628	168,162.85	2,669,936.39	8,945,918.47	6,008,183,406.84

DGFW 成立于 2012 年，享受新开办高新技术企业的税收优惠，2013 年、2014 年和 2016 年企业税收负担率均低于中外合资的 HZSX，只有 2015 年高于HZSX；2014 - 2016 年，HZSX 的流转税负担均低于 DGFW，但所得税负担高于DGFW。2008 年"两税合一"前，我国实行内外资两套不同的所得税制度，合资企业享有多种税收优惠，税收负担远低于内资企业。2008 年后，合资企业优惠取消，尤其五年过渡期之后，所得税制已经与内资企业完全并轨，故税收负担高于 DGFW。在调研中发现，HZSX 为了适应这一变化，在五年的过渡期中，在税务部门的辅导和帮助下，通过合理安排库存，获得足够进项抵扣，降低流转税负担。另外，HZSX 为纯加工厂，产品按固定利润率提供给 SX 销售公司，

不参与销售利润分成，努力降低所得税负担率。而 DGFW 兼具生产和销售，利润高，流转税负担也高一些，但作为新开办的企业享受一定税收优惠，且可抵扣成本多，所得税负担降低。

表 4 - 8　DGFW 与 HZSX 2011 - 2016 企业税负率

企业序号	企业名称	所有制	年度	企业税收负担率	企业所得税负担	企业流转税负担
4	DGFW 有限公司	法人独资有限责任公司	2011	0	0	0
			2012	0	0	0
			2013	0.13%	0.00%	0
			2014	0.80%	0.26%	0.34%
			2015	3.32%	1.38%	1.70%
			2016	1.98%	0.95%	0.87%
			平均	1.56%	0.86%	0.97%
5	HZSX 电子有限公司	中外合资有限责任公司	2011	1.14%	1.03%	0.08%
			2012	0.93%	0.90%	0.01%
			2013	1.36%	1.10%	0.24%
			2014	1.62%	1.48%	0.11%
			2015	1.14%	1.08%	0.05%
			2016	5.71%	5.65%	0.04%
			平均	1.98%	1.87%	0.09%

二、广东汽车制造业大企业税负案例分析

在汽车制造业，本节选取四家中外合资企业进行税负分析。GQFT、GQBT 是两家中日合资汽车制造企业，FSDZ 是中德合资汽车制造企业分公司，DFRC 是中日合资汽车制造企业分公司。从 2011 年 - 2016 年的年均水平来看，GQFT 员工 9181 人，资产总额接近 170 亿元，营业收入 512 亿元，缴纳税收 40 亿元，利润总额 51.7 亿元，利润率 10.1%；GQBT 员工 8946 人，资产总额接近 239 亿元，营业收入 587 亿元，缴纳税收 19.6 亿元，利润总额 42 亿元，利润率 7.17%；FSDZ 员工为 5356 人，资产总额接近 174 亿元，营业收入 220 亿元，缴纳税收 11.3 亿元，利润总额 31 亿元，利润率 14.05%。DFRC 员工 17243 人，资产总额 388 亿元，营业收入 994 亿元，缴纳税收 30.3 亿元，利润总额 54 亿元，利润率 5.42%。从员工数量、营业收入以及资产价值总额来分析企业规模，两家中日合资企业规模稍大于 FSDZ 分公司，但低于 DFRC 分公司。

表 4 - 9　三家汽车制造企业规模比较

企业名称	所有制	年度	员工（人）	营业收入（万元）	缴纳税收（万元）	利润总额（万元）（利润率%）	资产总额（万元）
GQFT汽车有限公司	中外合资有限责任公司	2011	8262	5,074,899.97	378,432.00	546,747.70（10.77%）	1,691,616.60
		2012	8076	4,532,421.21	392,967.33	379,444.42（8.37%）	1,334,531.30
		2013	8964	5,238,621.24	456,024.97	496,768.03（9.48%）	1,801,629.11
		2014	10221	5,387,895.51	450,356.24	536,341.59（9.95%）	1,820,801.16
		2015	9917	5,200,219.92	363,311.35	581,703.84（11.19%）	1,740,433.51
		2016	9647	5,283,485.76	368,011.72	561,054.19（10.62%）	1,781,746.08
		平均值	9181	5,119,590.60	401,517.27	517,009.96（10.1%）	1,695,126.29
GQBT汽车有限公司		2011	7737	4,977,951.17	240,546.33	491,211.10（9.87%）	1,929,047.85
		2012	7608	4,322,398.74	147,756.60	284,244.51（6.58%）	1,628,697.96
		2013	8243	5,839,380.55	168,683.85	454,770.93（7.79%）	2,421,635.97
		2014	9981	5,976,184.22	174,880.93	360,068.69（6.03%）	2,682,982.03
		2015	10046	6,934,036.12	212,281.08	440,637.34（6.35%）	2,620,119.14
		2016	10063	7,141,602.54	231,484.32	491,165.50（6.88%）	3,038,670.41

续表

企业名称	所有制	年度	员工（人）	营业收入（万元）	缴纳税收（万元）	利润总额（万元）（利润率%）	资产总额（万元）
FSDZ汽车分公司	中外合资股份有限公司分公司	平均值	8946	5, 865, 258.89	195, 938.85	420, 349.68（7.17%）	2, 386, 858.89
		2011	0	–	–		–
		2012	0	–	–		–
		2013	–	27, 620.13	6, 534.32	–52, 197.91（–189%）	860, 725.26
		2014	4934	2, 628, 728.35	110, 833.12	516, 955.88（19.67%）	2, 196, 294.23
		2015	5755	2, 653, 384.16	138, 506.70	250, 072.72（9.42%）	2, 150, 173.54
		2016	5380	3, 510, 141.96	196, 659.69	524, 002.14（14.93%）	1, 752, 188.24
DFRC汽车分公司		平均值	5356	2, 204, 968.65	113, 133.46	309, 708.21（14.05%）	1, 739, 845.32
		2011	13979	12, 914, 003.81	549, 468.09	1, 312, 341.45（10.16%）	4, 592, 082.16
		2012	15940	9, 880, 972.90	279, 186.50	596, 827.97（6.04%）	3, 174, 296.65
		2013	17976	7, 793, 547.08	168, 894.56	145, 498.44（1.87%）	4, 927, 820.72
		2014	19185	8, 754, 447.91	237, 351.31	516, 756.87（5.9%）	3, 281, 391.87
		2015	18521	9, 751, 863.02	347, 825.96	485, 030.55（4.97%）	3, 471, 776.91

企业名称	所有制	年度	员工（人）	营业收入（万元）	缴纳税收（万元）	利润总额（万元）（利润率%）	资产总额（万元）
DFRC汽车分公司	中外合资股份有限公司分公司	2016	17860	10,523,263.08	232,864.69	172,658.83（1.64%）	3,804,686.62
		平均值	17243	9,936,349.63	302,598.52	538,185.69（5.42%）	3,875,342.49

　　首先，本节比较同为中日合资汽车制造企业的 GQFT 和 GQBT 的税收负担。GQFT 以建设"FT 全球模范工厂"为目标，秉承 FT 数十年汽车制造之精义，引进全球最先进的生产设备和工艺。GQFT 对冲压、焊装、树脂、涂装和总装等五大工艺进行合理布局，其中，冲压车间装配了全球领先的伺服压力机，辅以高速的零部件搬运，使加工速度达到了世界领先水平，劳动生产率提高 20% 以上。焊装车间采用最新的焊接机器人，自动化程度高达 47.6%，尤其是率先引进的多轴蛇型机器人和新型焊枪，能以更小的空间占用和更低的能耗，实现世界领先的焊接品质。FT 领先的"灰尘感应器"和"防尘水帘"等高科技装备的导入，使得车辆油漆的各项技术指标遥遥领先。总装车间的创新零件分拣系统使得零件区与装配区分离，工厂被极大地简洁化。优化的物流系统使物流线路更短，生产效率更高。GQBT 也将创新研发放在了重要地位，将产品的节能环保放在首位。GQBT 为了向顾客持续提供二氧化碳排放最少的产品，一直在持续提升现有产品燃油经济性和清洁排放性能。GQBT 在计划导入更为经济环保的车型，并将这种绿色延伸到了整个产业链上。一方面，大力推进绿色采购，通过与供应商的沟通，要求他们削减零件及材料中有毒害化学物质的使用，推进物流供应商实现绿色配送。另一方面，还在大力推进绿色特约店项目，到 2015 年，已经全部通过认证。而这也反过来促进了 GQBT 效率的提高，推动了 GQBT 整个绿色环保工作走向"正循环"。

　　从税负水平看，GQFT 的税负水平总体高于 GQBT，这主要是由两家公司研发和产品结构不同造成的。国家有专门的税收优惠鼓励节能环保，GQBT 节能的产品结构使得其流转税负担小于 GQFT。从研发投入来看，两家公司在营业收入差距不大的情况下，GQBT 在研发投入上明显高于 GQFT。研发投入在计算企业所得税时可以加计扣除,从而降低了 GQBT 的企业所得税负担。另外,研发投入也会影响两家企业成本结构,从而影响两家企业的税收负担水平。

表 4 – 10 三家汽车制造企业税负率

企业序号	企业名称	所有制	年度	企业税收负担率	企业所得税负担	企业流转税负担
2	GQFT 汽车有限公司		2011	7.46%	2.53%	4.72%
			2012	8.67%	3.37%	5.09%
			2013	8.71%	2.57%	5.94%
			2014	8.36%	3.07%	5.05%
			2015	6.99%	2.62%	4.23%
			2016	6.97%	3.22%	3.59%
			平均	7.86%	2.90%	4.77%
3	GQBT 汽车有限公司	中外合资有限责任公司	2011	4.83%	4.01%	0.63%
			2012	3.42%	2.57%	0.66%
			2013	2.89%	1.66%	1.06%
			2014	2.93%	1.78%	0.94%
			2015	3.06%	1.88%	1.03%
			2016	3.24%	2.29%	0.78%
			平均	3.39%	2.37%	0.85%
15	FSDZ 汽车分公司		2011	0.00%	0.00%	0.00%
			2012	0.00%	0.00%	0.00%
			2013	23.66%	22.17%	0.00%
			2014	4.22%	0.75%	3.39%
			2015	5.22%	1.48%	3.62%
			2016	5.60%	1.45%	4.04%
			平均	9.67%	6.46%	3.68%

企业序号	企业名称	所有制	年度	企业税收负担率	企业所得税负担	企业流转税负担
16	DFRC 汽车分公司	中外合资股份有限公司分公司	2011	4.25%	0.94%	3.24%
			2012	2.83%	1.12%	1.60%
			2013	2.17%	0.60%	1.42%
			2014	2.71%	0.54%	2.02%
			2015	3.57%	0.67%	2.77%
			2016	2.21%	0.65%	1.44%
			平均值	3.05%	0.75%	2.08%

表 4-11　两家汽车制造企业研发投入与营业收入

企业名称	年份	研发投入（万元）	营业收入（万元）
GQFT 汽车有限公司	2011	74.90	5,074,899.97
	2012	1,016.17	4,532,421.21
	2013	3,495.23	5,238,621.24
	2014	4,868.23	5,387,895.51
	2015	2,784.62	5,200,219.92
	均值	2,447.83	5,086,811.57
GQBT 汽车有限公司	2011	157,707.00	4,977,951.17
	2012	148,063.00	4,322,398.74
	2013	157,662.76	5,839,380.55
	2014	156,572.50	5,976,184.22
	2015	170,786.74	6,934,036.12
	均值	158,158.40	5,609,990.16

其次，本节对 GQBT、GQFT 和 FSDZ 汽车分公司的税收负担进行比较。FS-DZ 汽车分公司和两家中日合资汽车公司不同，主要是以生产基地为主：华南基地是 YQDZ 倾力打造的"完美工厂"，也是国内汽车行业首个获得中国绿色建筑委员会授予的"绿色工业建筑"三星认证的工厂，多种车型就是在这样一座工厂中诞生。但 FSDZ 税收负担明显高于两家中日合资汽车公司。FSDZ 在 2011 和

2012 年都处在亏损状态以外，2013 年虽然亏损但按税法调整后开始缴纳企业所得税，且 2014 - 2016 年利润率明显高于其他三家企业，这是其税负偏高的原因。公司治理结构不同也可能是造成企业税负不同的原因：两家中日合资汽车公司都是独立品牌，FSDZ 为分公司，以制造基地为重，更多受总公司控制，这也造成它们在管理成本控制上有显著差别，从而造成其税负差别。

最后，本节将同为生产基地的 DFRC 汽车分公司与 FSDZ 汽车分公司进行税负比较，DFRC 汽车分公司由花都工厂、襄阳工厂、郑州工厂、大连工厂，以及发动机分公司和研发中心组成，总部花都工厂作为母工厂，立足广州总部，可以向国内各省客户开具增值税发票，各类投资和生产要素聚集突出，襄阳工厂、郑州工厂、大连工厂定位各不相同，由此使企业价值链与区域资源实现最优空间组合，实现"总部经济"，使得其整体税负水平低于 FSDZ 汽车分公司。

三、广东家电制造业大企业税负案例分析

ZHKL 电器股份有限公司是一家产值超千亿的国际化电器制造企业，并将向以手机串联的智能家居全面服务转变，进行多元化发展及家电、智能家居、新能源跨界整合。2015 年，ZHKL 公司名列全球家用电器类榜单第一名，首次进入全球 500 强企业。目前，产品已进入全球 200 多个国家和地区，在全球拥有 3 亿用户，企业规模逐步扩大（见表 4 - 12）。同时，也可以看到，在营业收入不断提高的情况下，ZHKL 的税负率一直呈现上升趋势（见表 4 - 13）。

表 4 - 12　ZHKL 电器股份有限公司 2011 - 2016 企业规模

企业序号	企业名称	所有制	年度	员工人数（人）	税收收入（万元）	营业收入（万元）	资产总额（万元）
1	ZHKL 电器股份有限公司	大型国有控股股份制企业	2011	32559	232,174.72	7,998,138.41	6,797,874.98
			2012	27496	237,795.58	9,481,161.39	9,120,200.61
			2013	25002	472,521.13	11,294,563.28	11,366,898.17
			2014	25002	873,931.29	13,024,153.39	13,671,489.98
			2015	26206	737,951.21	9,350,476.23	14,045,368.20
			2016	27640	723,108.65	10,008,068.29	16,044,983.33

表 4 – 13 ZHKL 电器股份有限公司 2011 – 2016 税负率

企业序号	企业名称	所有制	年度	员工人数（人）	税收收入（万元）	营业收入（万元）	资产总额（万元）
1	ZHKL 电器股份有限公司	大型国有控股股份制企业	2011	2.90%	1.14%	1.68%	
			2012	2.51%	0.79%	1.69%	
			2013	4.18%	1.74%	2.41%	
			2014	6.71%	2.09%	4.58%	
			2015	7.89%	4.62%	2.74%	
			2016	7.23%	3.17%	3.91%	
			均值	5.24%	2.26%	2.84%	

究其原因，我们认为：第一，ZHKL 电器注重研发，全产业链生产，成为重资产公司，大部分零部件都是自己生产的，从而缴纳增值税增加。第二，近年来出口退税总指标有限，调库增加就意味着外贸企业退税的减少，也可能出现 ZHKL 电器由于免抵调库税负增加的情况。第三，ZHKL 总部在珠海，销售遍布各地，异地销售预缴增值税也会导致纳税增加。第四，ZHKL 响应国家"一带一路"倡议，加快海外业务拓展的步伐，利润的增加，回国缴税也随之增加。这表明，广东制造业大企业生产经营能力不断增强，在营业收入和利润增长的同时，纳税能力也增加，为国家贡献了更多税收，实现税收超经济增长。在结构性减税的税收红利下，大部分企业的税负下降。但是，对于 ZHKL 等先进、高端制造业，税收不降反增，但并未影响企业发展和成长。

第五章

广东制造业大企业税负的经济效应

广东是"中国制造"的大省，以制造业为主的第二产业 GDP 占全省 GDP 的 46.3%。广东省（除深圳外）年税收规模在 1 亿元以上的 578 户大企业中，制造业企业有 207 家，占大企业总数的 36%，2015 年入库税款 999 亿元，占 578 户大企业税收收入的 55%。从税收负担来看，制造业税负和所有行业的平均税负基本吻合，为 6.5% 左右。① 我们在原广东省国税局和地税局的帮助下，经过半年多的努力，通过系统取数和问卷调查等方法，获取 207 家制造业大企业 2008 - 2015 年的面板数据进行计量分析。

本章在前面广东制造业企业税负结构与水平的基础上，采集企业面板数据，获取第一手材料，建立计量模型，分析企业税负对其职工就业、新增固定资产、劳均资本、营业利润和研发投入等方面的效应，分析企业税负水平对于制造业企业经营业绩、投资决策、就业工资与研发创新等方面的影响，结合近年来主要税改政策，分析税改政策前后企业税负与税收经济效应变化，评价税收政策效果，并提出切实可行的政策建议。

在分析企业税收经济关系时，应重视经济指标的历史变化规律（尤其是上期变化情况），所以研究税负影响时，模型需要将因变量滞后项作为解释变量。将因变量滞后项作为解释变量，从而有可能导致解释变量与随机扰动项相关，如果使用传统估计方法进行估计时必将产生参数估计的有偏性和非一致性，从而使根据参数而推断的经济学含义发生扭曲。动态面板模型 GMM 估计方法可以很好地解决这个问题。我们重点对广东制造业大企业进行税收负担的经济效应分析，通过 Stata 软件采用动态面板的 GMM 模型进行参数估计，研究税负对企

---

① 本章采用宽口径税收负担研究广东制造业大企业税负的经济效应，税收负担 = 本期缴纳税款合计/营业收入。

业行为和绩效的影响。

第一节　广东制造业大企业税负的就业投资效应

一、就业投资效应模型设计

为了研究广东制造业大企业税负的就业投资效应，我们设计估计方程为：

$$y_{it} = \beta_0 + \alpha y_{it-1} + \beta_1 TaxBurden_{it} + \gamma X_{it} + \lambda D_{it} + \mu_i + \varepsilon_{it}$$

其中，y_{it}表示因变量，β_0为截距项，y_{it-1}表示上期因变量，$TaxBurden_{it}$为关键解释变量，我们关心的就是企业税负对因变量的影响系数，X_{it}表示其他控制变量，D_{it}表示引入的虚拟变量，μ_i为个体效应，ε_{it}为扰动项。

本书借鉴聂辉华等（2009）的研究，在模型设计中分别选取就业数量、固定资产投资和资本劳动比作为模型的因变量建立三个模型，并分别用职工人数（模型1）、新增固定资产（模型2）和劳均资本（模型3）来度量三个因变量，选取资本结构、企业规模和利润作为控制变量X_{it}，分别用资产负债率、资产总额和利润总额度量D_{it}，并设置了国有企业和外资企业两个虚拟变量。我们用资产负债率、资产总额对数和利润总额对数分别对税负回归，均没有发现显著的相关性，故回归税负的系数是无偏的，指标设计无须做出调整。

二、实证结果分析

在实证回归之前，本书对涉及的变量做了缩尾处理。在回归时，对职工人数、劳均资本、资产总额和利润总额取自然对数，对新增固定资产、资产总额和利润总额更改了数量单位，单位由元改为万元，从而使计量结果更为清晰美观。回归结果如下：

表 5 - 1　制造业税负影响实证结果表

	因变量		
	（1）	（2）	（3）
	职工人数	新增固定资产	劳均资本
上期因变量	0.325 ***	0.00470	0.641 ***
	(0.0669)	(0.00792)	(0.0657)
税负	− 0.0417 *	− 503.8	0.131 ***
	(0.0230)	(698.3)	(0.0455)
资产负债率	− 0.0148	19025.9 **	0.356 *
	(0.135)	(9697.1)	(0.208)
资产总额	0.146 ***	0.0137 *	0.215 ***
	(0.0426)	(0.00751)	(0.0497)
利润总额	− 0.00554	0.0371 **	0.0161
	(0.0109)	(0.0157)	(0.0178)
国有	− 12.18	1030372.5 ***	− 1.824
	(7.851)	(138542.2)	(2.994)
外资	1.812 **	− 563898.4 ***	− 0.371
	(0.735)	(196265.4)	(0.430)
常数项	1.363	281596.4 **	− 0.385
	(0.899)	(123015.9)	(1.263)
观测值	1153	1085	1149

（一）广东制造业大企业税负的就业效应

（1）制造业大企业就业需求具有一定连续性。上期职工人数每增加 1%，本期职工人数增加 0.325%，估计结果在 1% 的水平下显著，意味着制造业大企业提供就业岗位有一定稳定性，原有岗位需求是新增就业机会的基础。

（2）减税对促进制造业大企业增加就业岗位有显著效果。税负每减少 1%，职工人数增加 0.0417%，估计结果在 10% 的水平下显著。

（3）资产规模越大的制造业大企业，越能吸收更多的就业。资产总额每增加 1%，职工人数增加 0.146%，估计结果在 1% 的水平下显著。资产规模越大的制造业大企业，越需要更多的管理层、技术和生产人员，符合企业运行规律。

（二）广东制造业大企业税负的投资效应

（1）制造业大企业税负降低并不能带来新增固定资产的显著增加，尽管系数符号为负，但显著性不强。根据实地调研，广东许多制造业大企业的市场规模和利润比较稳定，长期集中于其品牌产品的生产经营，也曾经尝试过增加固定资产投资扩展其他业务，但均因亏损而关闭。基于企业谨慎投资策略，近年来减税对许多制造业大企业固定资产的投资促进效果并不明显。

（2）资产负债率越高，新增固定资产越高。资产负债率每增加一个百分点，新增固定资产增加19025.9万元，估计结果在5%的水平下显著。资产负债率越高，越倾向于增加固定资产投资。

（3）资产规模越大、利润总额越高的制造业大企业，新增固定资产越多。资产总额每增加1万元，新增固定资产增加0.0137万元，估计结果在10%的水平下显著。利润总额每增加1万元，新增固定资产增加0.0371万元，估计结果在5%的水平下显著。制造业大企业资产规模越大、利润越高，越有扩大固定资产投资的能力和需求，符合企业运行规律。

（4）在控制了资本结构、企业规模和利润总额等变量后，同等税负条件下，国有制造业大企业新增固定资产高于民营企业，民营企业又高于外资企业，可能和政府相关扶持政策有关。

（三）广东制造业大企业税负的劳均资本分析

（1）制造业大企业劳均资本具有一定稳定性。上期劳均资本每增加1%，本期劳均资本增加0.641%，估计结果在1%的水平下显著。意味着制造业大企业平均每位员工对应的资本存量是相对稳定的。

（2）减税会显著地降低制造业大企业的劳均资本。税负每减轻1%，劳均资本减少0.131%，估计结果在1%的水平下显著，这意味着减税降低了企业的资本有机构成。这说明，减税对新增固定资产的增加效应小于减税对就业的增加效应。

另外，我们比较分析税负对制造业、金融业和房地产业劳均资本的影响。研究发现，对于金融业和房地产业而言，减轻税负对其劳均资本有显著的提升作用。这意味着，如果实施减负政策，制造业的人均固定资产会降低，制造业会倾向于用劳动力替代资本，而金融业和房地产业会倾向于用资本替代劳动力。究其原因，金融业和房地产业大企业垄断性强，存在超额利润空间，扩大投资可以获取更多的利润回报。而制造业竞争激烈，降低税收负担可以吸收更多就业。

表 5 - 2　税负影响劳均资本实证结果行业对比表

	制造业	金融业	房地产业
	劳均资本	劳均资本	劳均资本
上期劳均资本	0.641***	0.496***	0.651***
	(0.0657)	(0.00590)	(0.0567)
税负	0.131***	- 0.351***	- 0.0340*
	(0.0455)	(0.0804)	(0.0198)
资产负债率	控制	控制	控制
企业规模	控制	控制	控制
利润	控制	控制	控制
国有	控制	控制	控制
外资	控制	控制	控制
常数项	- 0.385	2.833***	- 0.219
	(1.263)	(0.480)	(2.108)
观测值	1149	192	299

（3）资产负债率越高，劳均资本越高。资产负债率每增加一个百分点，劳均资本增加0.356%，估计结果在10%的水平下显著。资产负债率越高，负债扩张的可能性越大，越倾向于增加固定资产投资。

（4）资产规模越大，劳均资本越高。资产总额每增加1%，劳均资本增加0.215%，估计结果在1%的水平下显著。意味着企业投资规模越大，越倾向于用资本代替劳动。

（5）在同等条件下，制造业大企业劳均资本并不因所有制性质的不同而存在显著差异。

对制造业税负影响的模型检验结果如下，模型的估计均通过了 Sargan 检验、Arellano - Bond AR（1）检验和 Arellano - Bond AR（2）检验，表明模型选择的工具变量是有效的，残差项也不存在一阶和二阶序列相关，结论是稳健的。

表 5 - 3　模型检验结果

	模型（1）	模型（2）	模型（3）
Sargan 检验	0.0701	0.5193	0.0550
Arellano - Bond AR（1）	0.0377	0.0354	0.0007
Arellano - Bond AR（2）	0.7674	0.4247	0.7364

第二节　广东制造业大企业税负的营利研发效应

一、营利研发效应模型设计

除了研究职工人数、新增固定资产、劳均资本三方面的税负经济效应以外，本书同时关注制造业税负对企业营业利润和研发投入的影响，并针对这两方面设计了更多分析维度的动态 GMM 方程，模型估计方程为：

$$y_{it} = \beta_0 + r y_{it-1} + \beta_1 x_{it,1} + \beta_2 x_{it-1,1} + \beta_3 x_{it,2} + \beta_4 x_{it-1,2} + \beta_5 x_{it,3} + \beta_6 x_{it-1,3} + \beta_7 x_{it,4}$$
$$+ \beta_8 x_{it-1,4} + \beta_9 x_{it,5} + \beta_{10} x_{it-1,5} + \beta_{11} x_{it,6} + \beta_{12} x_{it-1,6} + \beta_{13} D_1 + \beta_{14} D_2 + \beta_{15} D_3 + \beta_{16} D_4 +$$
$$\beta_{17} D_{110} + \beta_{18} D_{120} + \beta_{19} D_{210} + \beta_{20} D_{220} + \beta_{21} D_{310} + \beta_{22} D_{320} + \beta_{23} D_{410} + \beta_{24} D_{420} + \mu_i + \varepsilon_{it}$$

y_{it}：企业 t 期营业利润或 t 期研发费用

β_0：截距项

y_{it-1}：企业 t-1 期营业利润或 t-1 期研发费用

$x_{it,1}$，$x_{it-1,1}$：企业 t 期，t-1 期税负 = 当期缴纳税款合计/营业收入

x_{it-2}，$x_{it-1,2}$：企业 t 期，t-1 期资产总额

x_{it-3}，$x_{it-1,3}$：企业 t 期，t-1 期固定资产进项抵扣额

x_{it-4}，$x_{it-1,4}$：企业 t 期，t-1 期广告费用

x_{it-5}，$x_{it-1,5}$：企业 t 期，t-1 期职工数

x_{it-6}，$x_{it-1,6}$：企业 t 期，t-1 期职工平均收入数

D_1：国有企业虚拟变量

D_2：外资企业虚拟变量

D_3：高新技术企业虚拟变量

D_4：上市公司企业虚拟变量

D_{110}：国有企业虚拟变量 × 企业 t 期税负

D_{120}：国有企业虚拟变量 × 企业 t − 1 期税负

D_{210}：外资企业虚拟变量 × 企业 t 期税负

D_{220}：外资企业虚拟变量 × 企业 t − 1 期税负

D_{310}：高新企业虚拟变量 × 企业 t 期税负

D_{320}：高新企业虚拟变量 × 企业 t − 1 期税负

D_{410}：上市公司企业虚拟变量 × 企业 t 期税负

D_{420}：上市公司企业虚拟变量 × 企业 t − 1 期税负

μ_i：个体效应

ε_{it}：扰动项

在模型设计中，我们选用营业利润和研发费用作为被解释变量建立两个模型进行研究，重点研究企业税负对营业利润和研发支出的影响，相对应地设计了国有企业、外资企业、高新技术企业和上市公司四个虚拟变量。变量选取同样符合上述模型要求。

二、实证结果分析

在实证回归之前，同样对涉及的变量做了缩尾处理。在回归时，对营业利润、资产总额、研发费用、固定资产进项抵扣额、广告费用更改了数量单位，单位由元改为万元，并对营业利润、研发费用、资产总额、固定资产进项抵扣额、广告费用和职工人数取自然对数。

表 5 – 4   回归结果

	盈利	研发
	lOperating_ profit	lRD_ expenses
L. lOperating_ profit	0. 554 ***	
	(0. 139)	
L. lRD_ expenses		− 0. 290 ***
		(0. 0790)
lTax_ burden	2. 008 ***	− 0. 254 *
	(0. 467)	(0. 143)

续表

	盈利	研发
L. lTax_ burden	− 1. 105 ***	− 0. 862 ***
	(0. 351)	(0. 215)
lAsset	0. 659 ***	0. 762 ***
	(0. 219)	(0. 250)
L. lAsset	− 0. 331	0. 239
	(0. 223)	(0. 162)
lDeductible_ fixed_ assets	0. 0726	− 0. 0846 **
	(0. 0557)	(0. 0393)
L. lDeductible_ fixed_ assets	− 0. 0780 **	− 0. 00848
	(0. 0378)	(0. 0323)
lAdvertising_ costs	0. 0720 *	0. 0582 **
	(0. 0400)	(0. 0276)
L. lAdvertising_ costs	− 0. 00993	− 0. 0227
	(0. 0540)	(0. 0314)
lNumber_ of_ Staff	− 0. 192	0. 139
	(0. 182)	(0. 120)
L. lNumber_ of_ Staff	0. 150	0. 189
	(0. 124)	(0. 124)
lStaff_ income_ ave	− 0. 0627	0. 137 ***
	(0. 199)	(0. 0468)
L. lStaff_ income_ ave	0. 138	0. 0987
	(0. 176)	(0. 0714)
D1	− 4. 253 ***	2. 223
	(1. 534)	(1. 922)
D2	− 2. 581 **	− 0. 114
	(1. 078)	(1. 324)
D3	− 0. 846	1. 370 *
	(0. 627)	(0. 773)
D4	− 0. 417	1. 850
	(1. 665)	(1. 484)

	盈利	研发
D110	-1.215*	0.837**
	(0.674)	(0.380)
	盈利	研发
	lOperating_profit	lRD_expenses
D120	-0.0832	0.00340
	(0.587)	(0.444)
D210	-0.365	0.232
	(0.487)	(0.290)
D220	-0.267	0.141
	(0.372)	(0.289)
D310	-1.207**	-0.0965
	(0.482)	(0.189)
D320	0.715*	0.555**
	(0.400)	(0.237)
D410	-0.155	-0.0345
	(0.576)	(0.316)
D420	-0.0231	0.447
	(0.495)	(0.365)
_cons	2.753	-6.760**
	(2.860)	(2.942)
N	260	135

（一）广东制造业大企业税负的营利效应

制造业大企业经营状态有一定稳定性。上期营业利润每增加1%，本期营业利润增长0.554%，估计结果在1%的水平下显著。从计量结果来看，近年来广东制造业大企业的盈利能力具有持续性。

减税对改善制造业大企业经营有显著效果。上期税负每减少1%，本期营业利润增加1.105%，估计结果在1%的水平下显著。而本期营业利润越高，需要承担的税负会越重，估计结果在1%的水平下显著为正。

实证结果还表明，制造业大企业当年的资产规模越大，广告费用越高，营业利润越高。本期资产总额的参数估计结果在1%的水平下显著为正，本期广告费用的参数估计结果在10%的水平下显著为正。可见，如果制造业大企业有能力购置更多的资产，扩大生产规模，则当年营业利润越高。如其有能力提高广告预算，加大宣传力度，当年营业利润也越高。另外，上期固定资产进项抵扣额越高，本期营业利润越低。意味着上期固定资产投资增加，尽管生产能力增强、增值税进项增加而减轻增值税负担，但也造成折旧成本和营业成本上升，且固定资产投资效果存在滞后性，本期营业利润降低。

在同等税负条件下，国有企业和外资企业的营业利润低于民营企业，证明广东省制造业大企业民营企业的盈利能力更强。在上期税负对本期营业利润的影响系数方面，高新技术企业比非高新技术企业高0.715%。即上期承担相同税负，高新技术企业的本期营业利润高于非高新技术企业，说明制造业中获得高新技术认证的大企业经营业绩受税负影响更小一些。

（二）广东制造业大企业税负的研发效应

与制造业大企业的盈利能力持续性相反，企业本期研发投入和上期研发投入存在显著负相关关系。上期研发费用每增加1%，本期研发费用减少0.29%，估计结果在1%的水平下显著。说明制造业大企业如果在上期已投入较高的研发费用，会在本期适当减少研发费用的投入。

降低税负能促进企业增加研发投入，增加研发投入能降低税负，实现良性循环。上期税负每减少1%，本期研发费用增加0.862%，估计结果在1%的水平下显著。而本期税负每减少1%，研发投入增加0.254%，估计结果在10%的水平下显著为负。说明为制造业大企业减负，企业会增加研发投入，而且跨期效果更明显，有利于企业的转型升级；而企业加大研发投入和转型升级，能进一步获得更多的税收优惠政策，减轻企业税负，使企业发展进入良性循环。

实证结果还表明，制造业大企业资产规模越大，广告费用越高，研发投入越多，估计结果分别在10%和5%的水平下显著为正。资产规模越大和广告费用越高的制造业大企业，收回投资和竞争压力也越大，研发的投入也越多。本期固定资产抵扣额的参数估计结果在5%的水平下显著为负，说明制造业大企业本期固定资产投资越大，资金占用增加，研发投入会相应减少。本期职工平均收入的参数估计结果在1%的水平下显著为正，制造业大企业员工平均收入越高，说明制造业企业劳动力素质越高，制造业层次越高端，相应研发投入越大。

　　在同等税收条件下，不同所有制企业的研发投入不存在显著差异，但高新技术企业的研发投入则明显高于非高新技术企业。在上期税负对本期研发投入的影响系数方面，上期承担相同税负，高新技术企业的本期研发投入高于非高新技术企业。说明制造业中获得高新技术认证的大企业研发投入受税负影响较小，研发投入对于高新技术企业的重要性得到体现。

第六章

广东制造业大企业税收激励政策效应

税收激励指为了配合国家在一定时期的政治、经济和社会发展总目标，政府利用税收制度，对生产、投资、研发等经济活动和行为所给予的税收优惠。税收激励可以分为国内生产经营一般激励、特别激励和对外经济贸易激励等。国内生产经营一般激励主要是指对企业给予的开业初期免税期、减税、加速折旧等；特别激励指对特殊产业或地区的企业给予的特殊税收待遇，如对新兴产业企业、高新技术企业给予的特殊减免税待遇等；对外经济贸易激励主要是指通过退税等税收措施鼓励商品出口和对外投资。

本书重点探讨广东制造业大企业税收减免的激励政策效应，广东是中国制造的第一大省，研究税收减免促进广东制造业大企业转型升级的机理和效果，进而探索出精准施策办法，具有重要的理论和现实意义。

第一节　广东制造业大企业研究样本与行业减免税

在广东省（除深圳外）国税或地税年税收规模在 1 亿元以上的大企业中，制造业有 207 家，占大企业总数的 34.9%，其中，先进制造业（包括金属制品业、普通机械制造业、专用设备制造业、交通运输设备制造业、电气机械及器材制造业、电子及通信设备制造业、仪器仪表及文化办公用品机械制造业等）有 158 家，占制造业大企业总数的 78%。

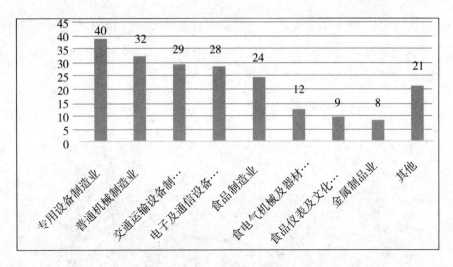

图6-1　广东省（除深圳外）制造业大企业的二级行业分类

从制造业大企业的营收增长率来看，2009年至2015年，出现波动下降。2009年增长率为10%左右，受4万亿拉动和增值税转型等利好的刺激，2010年大幅上升至25%左右；但2011年下跌至17%左右，并在2012年大幅下跌至1%左右；2012年，实施了"营改增"试点等改革，2013年增长率又回升至10%左右，但在2014年跌至8%，并在2015年出现约1%负增长。

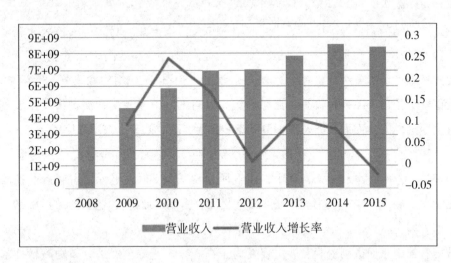

图6-2　广东省（除深圳外）制造业大企业营业收入及其增长情况

从制造业大企业的研发费用增长率来看，制造业大企业的平均研发投入也出现较大波动。2009 年，研发费用增长率接近于 0，但 2010 年上升至 7%，2011 年又下降至 2%，2012 年微升至 3%，2013 年上升至 5%，2014 年大幅上升至 24%，但 2015 年又大幅下降至 1%。

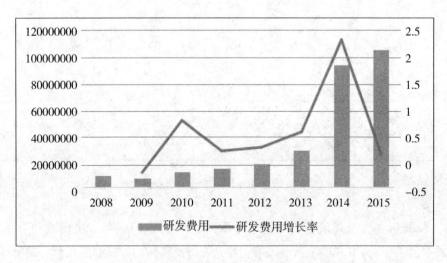

图 6 – 3　广东省（除深圳外）制造业大企业的研发费用及其增长情况

2009 年，增值税转型政策开始实施，生产型增值税改革为消费型增值税，进一步消除重复征税因素，降低企业设备投资税收负担，鼓励企业技术进步，促进产业结构调整。2012 年，"营改增"试点方案开始实行，进一步减轻企业税负，调动各方积极性，促进服务业尤其是科技含量高的高端服务业的发展，促进产业和消费升级，培育经济增长新动力，深化供给侧结构性改革。近年来，我国陆续推出一系列税收减免激励政策，其目的从改善民生、促进研发拓展到社会生活的方方面面，涉及税种范围逐步扩大，税收政策也在不断完善。

2015 年，广东制造业税收减免总额为 426.8 亿元，占全省税收减免总额（1281.0 亿元）的 33.3%，其中，企业所得税减免 200.3 亿元，占制造业税收减免总额的 46.9%；消费税减免 122.6 亿元，占制造业税收减免总额的 28.7%；增值税减免 100.3 亿元，占制造业税收减免总额的 23.5%。从 2015 年税收减免数据看，广东促进制造业发展主要发力于高新技术和绿色经济，鼓励高新技术税收减免 151.3 亿元，占制造业税收减免总额的 35.4%，支持成品油生产、农业机械、节能环保装备等绿色经济的税收减免额总额为 162.5 亿元，占制造业税收减免总额的 38.1%。广东是中国制造第一大省，从产业生产总值分布来看，第二产业（包含制造业）占全省生产总值的 46.3%。广东制造业大企业是全省国民经济的支柱，也是税收减免政策实施的重要着力点。通过特定税收减免激励大企业做大做强，带动就业和推动创新，促进广东社会经济的可持续发展。

第二节　广东制造业大企业税收激励政策效应

一、研究方法

由于广东制造业大企业享有各种税收减免，这些减免产生了何种效应，是否达到了预期目的，如何优化具体减免政策，具体需要分析大企业的经营状况与发展前景。因此，既要研究税收减免对大企业营业能力（即乘数效应）的影响，又要研究其对企业创新能力（即创新效应）的作用，还要研究其是否促进企业健康高效发展（即分配效应）和是否有效增加劳动就业（就业效应）。因此，本书借鉴霍尔和范里嫩（Hall & Van Reenen，2000）的研究思路，建立了四个对数线性的面板数据实证模型，分别研究税收减免的乘数效应、就业效应、分配效应、创新效应四个方面，来分析广东省制造业大企业的税收激励政策效应。

本书采集广东省（除深圳外）国税或地税年税收规模在 1 亿元以上的大企业 2008 年至 2015 年的相关数据，经过筛选，最终有效制造业企业数为 158 家，对样本六个大类指标（总体地域行业信息、盈利状况、资产负债状况、科技创新、社会贡献、纳税情况）数据进行计量分析，并分国有企业和非国有企业进行比较分析。InTaxEx 企业所得税减免额、VaTaxEx 增值税减免额、TotalSalary 劳动力工资总额、AveSalary 企业工资水平、R 企业的营业利润等指标直接采用数据样本对应指标。K 资本投入用企业资本存量近似代替，L 劳动力数量即各企业在职员工数量，RD 研发投资采用企业年度研发支出表示，Output 企业产出由营业收入减去产品的材料成本得到。

二、税收减免的乘数效应

1. 乘数效应模型

根据前述的研究思路，我们建立乘数效应模型如下：

$$\ln R = \beta_0 + \beta_1 \ln(\ln TaxEx_{it}) + \beta_2 \ln(VaTaxEx_{it}) + \beta_3 \ln K_{it} + \beta_4 \ln(TotalSalary_{it}) + \mu_{it}$$

上式中，下标 i 和 t 分别表示企业 i 和年度 t。被解释变量 lnR 表示企业的营收增长率。解释变量分别为：InTaxEx 企业所得税减免额，VaTaxEx 增值税减免额，K 资本投入，TotalSalary 劳动力工资总额，纳入这些变量是为了控制资本投入、劳动力投入对企业营收增长的影响。μ 为随机干扰项。模型中，企业所得税减免额、增值税减免额、资本投入、劳动力工资总额都取了自然对数值，表示企业所得税减免额、增值税减免额、资本投入、劳动力投入的百分比变化。

2. 计量结果分析

根据模型（4）实证结果，在税收减免对企业营业收入影响中，企业所得税减免对营业收入有正向作用，并在 0.1 水平上显著，企业所得税减免增加 1% 时，企业收入增加 0.023%。但增值税减免对营业收入影响整体水平上不显著。

根据模型（5）对国有企业实证结果，企业所得税减免对国有企业存在负面作用，并在 0.05 水平上显著，企业所得税减免增加 1% 时，国有企业营业收入减少 0.111%。但增值税减免效应同样不显著。

根据模型（6）对非国有企业实证结果，企业所得税减免额与增值税减免额在 0.1 显著水平上均对营业收入有影响。其中，企业所得税减免额增加 1%，非国有企业营业收入增加 0.028%；而增值税减免额增加 1%，非国有企业营业收入减少 0.0165%。

总体而言，税收减免中增值税减免对企业营业收入影响不大，对非国有企业还产生负面作用；企业所得税对企业营业收入总体上具有较明显正向作用，但对国有企业也具有较明显的负面作用。

表6-1 乘数效应计量结果数据

	(1)	(2)	(3)	(4)	(5)	(6)
ln_ K	0.703***	0.613***	0.711***	0.477***	1.180***	0.426***
	(0.0419)	(0.0267)	(0.0435)	(0.0391)	(0.110)	(0.0416)
ln_ TotalSalary	0.307***	0.0754***	0.0918***	0.158***	-0.0195	0.214***
	(0.0326)	(0.0203)	(0.0325)	(0.0350)	(0.0379)	(0.0408)
ln_ InTaxEx		0.00997		0.0231*	-0.111**	0.0280**
		(0.0102)		(0.0120)	(0.0532)	(0.0123)
ln_ VaTaxEx			0.00422	-0.0134	0.0180	-0.0165*
			(0.0110)	(0.00932)	(0.0190)	(0.00970)
_ cons	0.670	6.653***	4.573***	8.121***	-2.110	8.116***
	(0.669)	(0.451)	(0.850)	(0.716)	(1.997)	(0.743)
N	1446	846	639	388	33	355
R^2	0.456	0.612	0.475	0.595	0.881	0.601

Standard errors in parentheses

$^*p < 0.1, ^{**}p < 0.05, ^{***}p < 0.01$

三、税收减免的就业效应

1. 就业效应模型

根据前述的研究思路，我们建立就业效应模型如下：

$$\ln(L) = \alpha_0 + \alpha_1 \ln(\text{lnTaxEX}_{it}) + \alpha_2 \ln(\text{VaTaxEx}_{it}) + \alpha_3 \ln K_{it} + \alpha_4 \ln R_{it} + \alpha_5 \text{AveSalary}_{it} + \mu_{it}$$

上式中，下标 i 和 t 分别表示企业 i 和年度 t。被解释变量中 L 表示企业的劳动力数量。解释变量分别为：InTaxEx 企业所得税减免额，VaTaxEx 增值税减免额，K 资本投入，R 企业的营业收入，AveSalary 企业工资水平，纳入这些变量是为了控制资本投入、企业营业收入以及企业工资水平对劳动力数量的影响。μ为随机干扰项。以上的企业所得税减免额、增值税减免额、资本投入、营业收入都取了自然对数值，表示所得税减免额、增值税减免额、资本投入、营业收入变化的比率。

2. 计量结果分析

根据模型（10）实证结果，从总体情况来看，企业所得税减免和增值税减免分别对企业雇佣员工有负面和正面作用，且系数均在 0.01 显著水平上显著，表明企业所得税减免增加 1% 时，企业就业人数减少 0.0408%；增值税减免增加 1% 时，企业就业人数增加 0.0276%。

根据模型（11）对国有企业实证结果，企业所得税与增值税减免均对企业雇佣员工有正面作用，但两者在显著性水平要求中均不显著。

根据模型（12）对非国有企业实证结果，企业所得税减免在 0.01 显著水平上对企业雇佣员工有负面影响，企业所得税减免增加 1%，员工雇佣人数会减少 0.0585%。增值税减免则在 0.05 显著水平上对企业雇佣员工有正面影响，增值税减免增加 1%，员工雇佣人数会增加 0.0292%。

国有企业员工人数相对稳定，有相对固定的人事编制，税收减免对其影响有限。相反，税收减免对非国有企业影响显著，并且增值税减免具有正面影响，可通过提高增值税减免水平增加非国有企业员工雇佣水平。

表 6-2　就业效应计量结果数据

	(7)	(8)	(9)	(10)	(11)	(12)
ln_ K	0.508***	0.525***	0.301***	0.253***	-0.00500	0.304***
	(0.0359)	(0.0625)	(0.0732)	(0.0724)	(0.362)	(0.0719)
ln_ R	0.221***	0.205***	0.208***	0.330***	0.214	0.413***
	(0.0220)	(0.0690)	(0.0604)	(0.0909)	(0.284)	(0.0922)
ln_ AveSalary	-0.575***	-0.678***	-0.464***	-0.481***	-0.0259	-0.722***
	(0.0430)	(0.0575)	(0.0651)	(0.0601)	(0.0480)	(0.0728)
ln_ InTaxEx		-0.0442**		-0.0408**	0.00915	-0.0585***
		(0.0185)		(0.0181)	(0.0742)	(0.0182)
ln_ VaTaxEx			-0.0147	0.0276**	0.00138	0.0292**
			(0.0145)	(0.0140)	(0.0245)	(0.0142)
_ cons	-1.983***	-0.0676	1.771	0.738	3.278	0.747
	(0.571)	(0.940)	(1.167)	(1.316)	(2.602)	(1.336)
N	1446	846	639	388	33	355
R^2	0.374	0.255	0.178	0.271	0.201	0.359

Standard errors in parentheses

$^*p < 0.1, ^{**}p < 0.05, ^{***}p < 0.01$

四、税收减免的分配效应

1. 分配效应模型

根据前述的研究思路，我们建立分配效应模型如下：

$$\ln(TP) = \gamma_0 + \gamma_1 \ln(\ln TaxEx_{it}) + \gamma_2 \ln(VaTaxEx_{it}) + \gamma_3 \ln K_{it} + \alpha_4 \ln L_{it} + \mu_{it}$$

上式中，下标 i 和 t 分别表示企业 i 和年度 t。被解释变量 TP 表示企业的利润总额。解释变量分别为：InTaxEx 企业所得税减免额，VaTaxEx 增值税减免额，K 资本投入，L 劳动力数量，纳入这些变量是为了控制资本投入、劳动力数量对企业营业利润的影响。μ 为随机干扰项。以上的企业所得税减免额、增值税减免额、资本投入和劳动力数量都取自然对数值，表示它们变化的比率。

2. 计量结果分析

根据模型（16）实证结果，从总体情况来看，企业所得税减免对企业利润无显著影响，但增值税减免额对企业利润存在显著正面影响，增值税减免增加 1%，企业利润增长 0.0974%。

根据模型（17）对国有企业实证结果，企业所得税减免的影响仍不显著，增值税减免却对企业利润存在显著负面影响，增值税减免增加 1%，企业利润减少 0.354%。

根据模型（18）对非国有企业实证结果，企业所得税减免对其利润水平无显著影响，但增值税减免对企业利润在 0.01 水平上有显著正面影响，增值税减免增加 1%，企业利润将增加 0.105%。

可见，相比企业所得税而言，增值税更加显著地影响企业利润，且总体情况上呈现正面影响。由于国有企业样本较小，出现负面影响原因有待进一步考察或模型修正。

表6-3　分配效应计量结果数据

	(13)	(14)	(15)	(16)	(17)	(18)
	ln_ TP	ln_ TP	ln_ TP	ln_ TP	ln_ TP	ln_ TP
ln_ K	0.909 ***	0.876 ***	0.796 ***	0.751 ***	1.244 ***	0.750 ***
	(0.0360)	(0.0708)	(0.0429)	(0.0864)	(0.255)	(0.0908)
ln_ L	0.0151	-0.0298	-0.0316	0.0436	0.160	0.0436
	(0.0308)	(0.0626)	(0.0371)	(0.0972)	(0.398)	(0.101)
ln_ VaTaxEx		0.00566		-0.0115	0.0359	-0.0165
		(0.0189)		(0.0249)	(0.0417)	(0.0267)
ln_ InTaxEx			0.0959 ***	0.0974 ***	-0.354 ***	0.105 ***
			(0.0195)	(0.0314)	(0.119)	(0.0328)
_ cons	-0.398	0.589	0.781	1.227	-3.647	1.189
	(0.704)	(1.528)	(0.862)	(1.860)	(4.584)	(1.958)
N	1370	617	827	383	32	351
R^2	0.406	0.263	0.406	0.284	0.607	0.285

Standard errors in parentheses

$^* p < 0.1, ^{**} p < 0.05, ^{***} p < 0.01$

五、税收减免的创新效应

1. 创新效应模型

根据前述的研究思路，我们建立创新效应模型如下：

$$\ln (RD) = \delta_0 + \delta_1 \ln (\ln TaxEx_{it}) + \delta_2 \ln (VaTaxEx_{it}) + \delta_3 \ln (K_{it}) + \delta_4 \ln (Tp_{it}) + \alpha_5 \ln (L_{it}) + \mu_{it}$$

上式中，下标 i 和 t 分别表示企业 i 和年度 t。被解释变量 RD 表示企业的研发投入。解释变量分别为：InTaxEx 企业所得税减免额，VaTaxEx 增值税减免额，K 资本投入，TP 利润总额，L 劳动力数量，即控制资本投入、企业利润和劳动力数量对企业研发投资的影响。μ 为随机干扰项。

2. 计量结果分析

根据模型（22）实证结果，从总体情况来看，企业所得税减免对其研发支出无显著影响，但增值税减免对其研发支出在 0.1 显著水平上有显著正面影响，增值税减免增加 1%，研发投入将增加 0.0561%。

根据模型（23）对国有企业实证结果，企业所得税减免与增值税减免均不对研发投入产生显著影响。模型（24）对非国有企业实证结果表明，企业所得税减免在0.1显著水平上对其研发支出有显著负影响，企业所得税减免增加1%，其研发投入会减少0.157%。增值税减免则对企业研发投入在0.05显著水平上有正面影响，增值税减免增加1%，研发投入将增加0.0654%。

可见，减免税对非国有企业研发投入有显著影响，增值税减免促进企业科研支出增加，而企业所得税减免的影响是负面的。

表6-4　创新效应计量结果数据

	(19)	(20)	(21)	(22)	(23)	(24)
	ln_ RD	ln_ RD	ln_ RD	ln_ RD	ln_ RD	ln_ RD
ln_ K	0.371***	0.385*	0.447***	0.527**	3.280**	0.433**
	(0.114)	(0.204)	(0.123)	(0.212)	(1.426)	(0.218)
ln_ L	−0.0606	−0.131	−0.0415	−0.299**	0.0283	−0.309**
	(0.0520)	(0.0822)	(0.0629)	(0.145)	(0.790)	(0.149)
ln_ T	0.873***	1.066***	0.868***	1.061***	−0.859	1.104***
	(0.122)	(0.218)	(0.125)	(0.216)	(1.184)	(0.223)
ln_ TP	0.0595	0.174*	0.0678	0.229*	−0.747	0.343**
	(0.0628)	(0.0884)	(0.0768)	(0.118)	(0.442)	(0.133)
ln_ VaTaxEx		0.0163		0.0561*	0.109	0.0654**
		(0.0302)		(0.0296)	(0.0913)	(0.0318)
ln_ InTaxEx			−0.128**	−0.0927	−0.140	−0.157*
			(0.0514)	(0.0734)	(0.271)	(0.0828)
_ cons	−7.663***	−13.45***	−7.287***	−14.85***	−23.32**	−14.66***
	(1.296)	(2.405)	(1.316)	(2.387)	(8.900)	(2.507)
N	586	276	499	239	32	207
R^2	0.448	0.499	0.486	0.565	0.601	0.584

Standard errors in parentheses

$^*p < 0.1$, $^{**}p < 0.05$, $^{***}p < 0.01$

六、税收政策改革有效性分析

为研究2009增值税转型政策带来的经济效应，我们通过构建2008年作为基准年，2009 年至 2015 年作为对比年份设置年度虚拟变量为 1，并构建年度虚拟变量与企业所得税减免、增值税减免相乘的交互项，判断 2009 年前后是否出现显著差异。根据计量结果，我们发现，两项交互项与年度虚拟变量并未出现显著变化，说明企业所得税减免与增值税减免在 2009 年前后无显著差异。但由于数据年份有限，2009 年前的基准数据只有 2008 年一年，可能对计量结果具有一定影响。同时，我们也不排除，2009 年消费型增值税改革前后，税收减免的四项经济效应并无显著变化，保持稳定状态。

表 6 - 5　计量结果年度对比（2009 年前后对比）

	模型一	模型二	模型三	模型四
	ln_ R	ln_ L	ln_ TP	ln_ RD
ln_ K	0.492***	0.237***	0.731***	0.537**
	(0.0407)	(0.0753)	(0.0917)	(0.212)
ln_ TotalSalary	0.158***			
	(0.0354)			
ln_ InTaxEx	-0.0304	-0.0916	0.0137	-0.309
	(0.0434)	(0.0649)	(0.114)	(0.300)
ln_ VaTaxEx	-0.00686	0.00466	-0.118	-0.126
	(0.0331)	(0.0497)	(0.0873)	(0.114)
Year09	-0.950	-0.823	-1.931	-5.035
	(0.685)	(1.030)	(1.806)	(4.695)
ln_ InTaxEx09	0.0560	0.0530	0.0903	0.230
	(0.0431)	(0.0649)	(0.114)	(0.294)
ln_ VaTaxEx09	-0.00422	0.0209	0.109	0.193
	(0.0338)	(0.0508)	(0.0892)	(0.117)
ln_ R		0.327***		
		(0.0912)		

	模型一	模型二	模型三	模型四
ln_ AveSalary		-0.488^{***}		
		(0.0602)		
ln_ L			0.0229	-0.286^{**}
			(0.0971)	(0.145)
ln_ T				1.045^{***}
				(0.216)
ln_ TP				0.233^{*}
				(0.120)
_ cons	8.669^{***}	2.034	3.635	-10.23^{*}
	(0.927)	(1.605)	(2.396)	(5.421)
N	388	388	383	239
R^2	0.599	0.283	0.301	0.576

Standard errors in parentheses

$^{*} p < 0.1, ^{**} p < 0.05, ^{***} p < 0.01$

2012 年开始，我国营业税改增值税试点方案开始实施。为了研究"营改增"效果，我们同样将 2008 年至 2011 年作为基准年，2012 年至 2015 年作为对比年份，并同样构建企业所得税减免、增值税减免相乘的交互项。根据计量结果，我们可以发现，在模型一设定中，2012 年起企业所得税减免对企业营收的影响在 0.05 的显著水平上增强了 0.0479%，增值税减免对企业营业收入无显著变化。在模型二中，2012 年后企业所得税减免对企业雇佣员工的影响力在 0.05 显著水平上降低了 0.07%，增值税减免同样无显著变化。在模型三中，企业所得税减免对企业利润的影响力在 0.01 显著水平上增强了 0.112%。而在模型四中，企业所得税与增值税减免均无显著变化。

可见，2012 年开始的"营改增"试点对企业减免税影响力的冲击主要通过企业所得税减免表现，"营改增"改革后增值税减免对企业发展的影响效应尚不显著。

表 6-6 计量结果年度对比（2012 年前后对比）

	模型一	模型二	模型三	模型四
	ln_ R	ln_ L	ln_ TP	ln_ RD
ln_ K	0.439 * * *	0.157 * *	0.780 * * *	0.494 * *
	(0.0434)	(0.0763)	(0.110)	(0.215)
ln_ TotalSalary	0.140 * * *			
	(0.0363)			
ln_ InTaxEx	-0.00959	0.0276	0.000907	-0.165
	(0.0225)	(0.0337)	(0.0607)	(0.131)
ln_ VaTaxEx	-0.00557	0.0421 * *	-0.00178	0.0604
	(0.0122)	(0.0181)	(0.0327)	(0.0449)
Year11	-0.658 *	1.576 * * *	-1.825 *	-1.173
	(0.375)	(0.558)	(1.015)	(1.659)
ln_ InTaxEx11	0.0479 * *	-0.0702 * *	0.112 *	0.0766
	(0.0222)	(0.0334)	(0.0602)	(0.107)
ln_ VaTaxEx11	-0.00754	-0.0270	-0.0133	0.00243
	(0.0150)	(0.0224)	(0.0403)	(0.0554)
ln_ R		0.312 * * *		
		(0.0911)		
ln_ AveSalary		-0.513 * * *		
		(0.0611)		
ln_ L			0.0667	-0.289 *
			(0.0983)	(0.149)
ln_ T				0.999 * * *
				(0.231)
ln_ TP				0.228 *
				(0.120)
_ cons	9.716 * * *	2.156	2.008	-11.96 * * *
	(0.906)	(1.634)	(2.302)	(3.491)
N	388	388	383	239

续表

	模型一	模型二	模型三	模型四
R2	0.610	0.306	0.294	0.570

Standard errors in parentheses

$^*p < 0.1, ^{**}p < 0.05, ^{***}p < 0.01$

第三节 广东发展现代制造业的税收激励政策建议

一、增加非国企所得税优惠，拉动经济增长

根据计量实证结果，税收减免中增值税减免对企业营业收入影响不大，仅在国有企业中发挥不显著正向作用；企业所得税对企业营业收入具有较明显正向作用，但对国有企业也具有较明显的负面作用。在经济下行压力较大的新常态下，政府可以发挥企业所得税优惠的作用，更多给予在竞争性行业发挥主导作用的非国有企业所得税优惠，拉动经济增长。而增值税的税收优惠力度可向高新技术企业进一步倾斜，提高税收减免效果，提升财政税式支出的效率。

二、增加非国企增值税优惠，扩大就业人数

根据计量实证结果，国有企业是吸收制度性就业的重要机构，但税收减免对其影响较小，且其他因素的影响也并不显著，应该完善国有企业的人才管理制度建设，使得人力资源和企业资产等生产要素相互匹配，实现人力资源效率最大化。

而对于非国有企业，增值税减免对其就业人数有显著正面影响，模型中的其他因素也对就业人数有显著影响，比如企业资产和营业利润。故为促进就业，在制订税收减免政策时，应综合考虑各个税种之间的配合，通过增值税减免直接拉动就业，通过其他措施促使企业增加其资产投入和提升营业利润，实现增加就业效应。

三、落实"营改增"减负，提高企业效益

根据计量实证结果，增值税更加显著地影响企业利润，且总体情况上呈现

正面影响。因此，应发挥增值税减免在促进企业利润增长中的积极作用，尤其对非国有企业的显著正面作用。目前，我国流转税的负担较重，"营改增"目的是减轻企业税收负担，但实践中部分行业税负不减反增，应该在改革中测算企业实际税负的变化，更大力度地实施增值税减免政策，提高企业的经济效益。

四、加大非国企研发支出增值税减免力度，推动科技创新

根据计量实证结果，减免税对非国有企业研发投入才有显著影响，总体水平上增值税减免促进企业研发支出增加，推动科技创新。因此，通过减轻企业税负增加研发投入时应考虑到税种之间的搭配。在年份对比中，增值税和所得税减免均对企业研发支出无显著变化，可以认为企业研发有相对较长期规划，短时间内受税收减免的冲击较小。为了提升广东先进制造业的技术水平，一方面，税收减免具体政策可继续实行研发支出加计扣除的所得税优惠政策；另一方面，加大对企业尤其是在竞争性领域主导地位的非国有企业研发支出增值税方面的减免，提高广东现代制造业的科技水平。

第七章

"营改增"对广东第三产业大企业固定资产投资与盈利影响

1994 年，我国实行分税制改革后，营业税和增值税成为主要流转税税种。营业税是国家对传统商品劳务按照全部营业额征收的一种税，主要是对第三产业征税。但由于营业税是全额征收，不管是同为服务业还是服务于生产制造业，均需全额征税无法抵扣，存在着严重的重复征税。而增值税则是按照销售额征税后允许扣除进项已缴纳的税款，即只对差额的增值部分征收，能够有效解决传统营业税重复征税的问题。自从法国 1954 年开征增值税以来，因其有效解决了传统营业税重复征税的问题，在欧洲及欧洲以外的许多国家迅速得到推广。目前为止，世界上有 100 多个国家实行增值税。

我国自 1979 年开始试行增值税，1994 年实行分税制改革以来，增值税一直是第一大税种。但是，我国增值税属于生产型增值税，即在计算应纳税额时，不允许扣除任何外购固定资产的进项，作为课税基数的增值额除包括纳税人新创造的价值外，还包括当期计入成本的外购固定资产价款部分，在当时我国经济过热的宏观环境下有助于抑制投资膨胀（杨志勇，2009）[120]。但是，随着我国经济的进一步发展，生产型增值税开始暴露出对扩大投资、技术进步和设备更新的抑制作用。目前，世界大多数国家采用的是消费型增值税，消费型增值税允许在购入环节将固定资产增值税进项税额全部进行抵扣。因此，我国的生产型增值税不能很好地与国际接轨，企业税负重，影响经济发展。2004 年，我国启动了由生产型增值税向消费型增值税转型的改革，开始在东北三省部分行业率先进行试点。经历了长达 5 年的试点期之后，于 2009 年在全国范围内施行。

随着第三产业的飞速发展，营业税和增值税两税并行的现象所带来的问题越发严峻，不仅使得产业链条中的抵扣中断，业务交叉，重复征税加重了企业税负，资源配置不均衡，且由于行业与行业之间的税负不公平，产业的直接利益链条无法打通，严重阻碍了我国第三产业的发展及其与工商业之间的均衡协调发展，营业税改征增值税迫在眉睫。

2011年11月16日，财政部和国家税务总局发布了经国务院同意的《营业税改征增值税试点方案》，从2012年1月1日起，在上海交通运输业和部分现代服务业开始试点。2012年8月1日，财政部和国家税务总局颁布《关于在北京等8省市开展交通运输业和部分现代服务业"营改增"试点的通知》，将试点范围扩大至北京市、江苏省、安徽省、福建省、广东省、天津市、浙江省、湖北省等8个省市。2013年8月1日，将试点的范围推广到了全国，同时，试点行业还增加了广播影视作品的制作、播映、发行等。2014年1月1日，邮政和铁路运输行业纳入试点。2016年3月18日，国务院召开常务会议，决定自2016年5月1日起，我国将全面推行"营改增"，将建筑业、房地产业、金融业、生活服务业全部纳入"营改增"范围。

经国务院批准，广东省于2012年11月1日起在全省范围内开展"营改增"试点，试点的行业范围具体为交通运输业（包括陆路运输服务、水路运输服务、航空运输服务及管道运输服务）和现代服务业（包括研发和技术服务、信息技术服务、文化创意服务、物流辅助服务、有形动产租赁服务及鉴证咨询服务）。根据国家税务总局的政策解读，"营改增"政策的目标不仅有宏观经济层面的考虑，更希望能够消除重复性征税问题，帮助企业降低固定资产投资的税收负担，进一步起到鼓励投资和扩大内需，促进企业的产业结构调整和技术进步，提高我国企业竞争力和抗风险能力。衡量一个国家经济水平的重要指标之一就是现代服务业的发展，在经济相对发达的广东省，第三产业对广东省经济发展具有重要作用。因此，研究"营改增"对广东省第三产业大企业税负、固定资产投资与盈利的影响具有重要理论价值和现实意义。本章将提出假设，选取样本、采集数据和建立模型，实证研究"营改增"前后企业税负的变化，并分析企业税负变化对企业固定资产投资的影响，并进一步研究企业税负变化对其固定资产投资效益的影响。

第一节 广东第三产业大企业"营改增"影响研究假设

金融危机爆发以来,我国企业投资环境发生巨大变化,"营改增"作为我国应对金融危机的一项重大税制改革,必然会对第三产业企业固定资产投资发生影响。已有文献的研究结果指出,不同的行业或区域,"营改增"对企业税负的影响是不同的。近年来,广东第三产业得到了迅猛发展,第三产业企业投资需求愈发强烈,内外部资金利用、投融资效率优化成为一种常态。但2008年全球金融危机爆发以来,国际经济持续下行,对我国经济发展、企业转型和生产经营均产生了较大的不利影响,国内投资环境也因此发生了很大变化。为了降低企业负担,调节资源配置,改善投资环境,国家在2009年实行增值税转型改革,随后又在2012年开始"营改增"试点,试图通过税制改革减轻国内企业的投资税负,稳定投资,从而对企业运营决策尤其是固定资产投资产生影响。广东作为沿海经济相对发达省份,这种影响显得尤为明显。那么,对于广东省第三产业大企业而言,"营改增"对其税负的影响如何?进而对企业固定资产投资和盈利的影响又如何?

我国的"营改增"政策是一项结构性减税政策,强调有选择性减税,着眼于税负总体水平降低,与全面的、大规模的减税政策存在区别,可能会出现某些行业或某些企业税负增加的情况。广东第三产业大企业属于重点发展的产业,"营改增"是为了消除重复征税,税负应该减轻。因此,提出本章第一个假设:

H1:"营改增"后,广东第三产业大企业平均税负下降。

同时,"营改增"进一步扩大了企业固定资产的进项全额抵扣范围,理论上既减轻了企业的税负,又增加了企业经营活动的现金流量,最终会刺激企业扩张投资规模。因此,"营改增"应该促进广东第三产业大企业固定资产投资。因此,提出本章第二个假设:

H2:"营改增"前后,企业税负变化与其固定资产投资存在显著相关。

企业投资主要目的是为了增加收益,企业增加固定资产投资也是为了从中能够获得长期或短期收益,只有在收益预期较高的情况下,企业才会持续追加投资。因此,除了考察"营改增"后企业固定资产投资增量的变化,更需要对固定资产投资变化为企业带来的效益进行分析。因此，提出第三个假设：

H3："营改增"前后，企业税负变化与固定资产投资效益显著相关。

第二节 广东第三产业大企业"营改增"影响的研究样本与方法

一、研究样本

本文根据数据完整性的情况，选取了广东省年税收规模在 1 亿元以上的 109 家第三产业大企业作为有效研究样本，采集这 109 家第三产业大企业 2008 年至 2015 年的面板数据，包括资产总额、负债总额、固定资产总额、利润总额、全年缴纳增值税、营业税、所得税等相关指标数据，利用 Stata 软件进行数据处理。

如表 1 所示，在这 109 家第三产业企业中，共有房地产业企业 29 家，交通运输、仓储和邮政业企业 9 家，金融业企业 22 家，批发和零售业企业 35 家，信息传输、软件和信息技术服务业企业 5 家，以及租赁和商务服务业 9 家。

如图 1 所示，按照企业的性质来分类，共有国有企业 15 家，占比 14%，民营企业 68 家，占比 62%，以及外商投资企业 26 家，占比 24%。

此外，按照企业所在地区来分类，共有 92 家企业位于珠三角地区，4 家企业位于粤东地区，3 家企业位于粤西地区，10 家企业位于粤北地区。

表 7 -1 样本中企业行业分布情况

行业大类	企业数量
房地产业	29
交通运输、仓储和邮政业	9
金融业	22
批发和零售业	35
信息传输、软件和信息技术服务业	5
租赁和商务服务业	9
总计	109

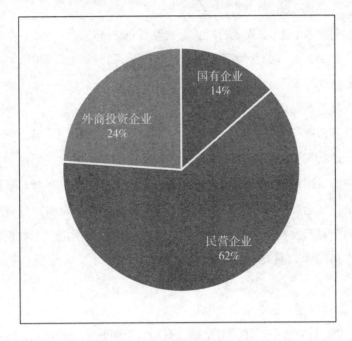

图 7－1 样本中企业性质构成情况

二、变量提取

为了研究"营改增"对广东第三产业大企业固定资产投资和盈利的影响，本文选定的解释变量为企业税负，被解释变量则是固定资产投资增量与固定资产投资效益，同时对可能影响企业税负及固定资产投资的一些相关变量作控制变量处理，纳入研究模型进行分析。

（一）被解释变量 1：固定资产投资增量（Increment）

根据经济学定义，投资便是资本形成。在经济学的研究中，企业的固定资产也常被视为企业实际投资的代表，通过固定资产投资的变化间接的考察企业实际投资情况。而"营改增"政策会直接影响到企业购进相应资产时得以抵扣进项，包括设备类的固定资产以及部分无形资产。

考虑到本章所采用的数据并非企业的现金流量表，无法将企业现金流量表中的"购建固定资产、无形资产和其他长期资产支付的现金"作为变量，衡量企业当期新增的固定资产投资。而是以 2008 年作为基期，选取了固定资产投资增量来反映企业当年的固定资产投资，即本期固定资产投资增量＝本期末固定资产总额－上一期末的固定资产总额。

（二）被解释变量 2：固定资产投资效益（Benefit）

企业投资的主要目的是为了增加收益。因此，分析"营改增"对企业固定资产投资影响时，除了考虑固定资产投资量的变化，需要进一步了解固定资产投资对企业效益的影响。

从财务的角度，投资效益指的是投资项目投入与产出相比较，能否得到预期的盈利，是从投资者的角度衡量投资活动是否值得。通常采用固定资产投资效益系数来衡量固定资产投资效益，但是固定资产投资效益系数是从国民经济角度和投资活动全程来综合来反映投资效益的指标，即特定时期国内生产总值增加额与固定资产投资额之间的比值。结合研究主题和所能获取数据，本章采用企业的净利润增长量与固定资产投资增量的比值作为固定资产投资效益的数值。

（三）解释变量：企业税负（Tax）

"营改增"对企业最直接同时也最直观的影响便是税负的影响，税负即税收负担，指的是纳税人因履行纳税义务所承担的一种经济负担。从绝对指标来看，税负是指纳税人缴纳的税款额；从相对指标来看，指的是纳税人缴纳的税额占计税依据的比率。税负高低应通过相对指标比较得出，若仅是企业纳税绝对指标，很难科学地进行准确评判，应当选择相对指标考察企业税负高低。

在现实生活中，大企业经营业务并非单一，企业不只是缴纳单一的营业税或者增值税，更多情况下是两种税款均有涉及。因此，本章在对"营改增"前后企业税负变化情况进行实证研究时，主要参照已有文献的研究经验，将受"营改增"政策影响最大的营业税、增值税与所得税三者合并，综合研究三者加总之后的企业税负水平的变化情况，并选择相对比率指标来考察企业的税负变化，即企业税负率＝企业整体税负额/营业收入。

（四）控制变量

企业在经营过程中，其投资决策会受到诸多因素的影响。对固定资产投资增量与固定资产投资效益的影响除了企业税负水平的变化外，还有其他多种因素可能会引起这两个指标发生变化。为了更好地分析"营改增"前后的税负变化对企业固定资产投资的影响，需要对其他影响因素进行控制，以排除它们的影响，从而保证检验结果的准确性。

在借鉴已有相关研究文献的基础上，本章将企业规模、负债状况及盈利能力等反映企业个体特征差异的变量进行控制。以下将分别对这几个控制变量进行解释。

（1）企业规模（lnAsset）

企业规模大小对其投资决策有着重大的影响。通常来说，企业规模会影响企业的资本结构，进而影响其投资决策。不同投资所需的资金量和所要承担的风险不同，对企业规模和实力的要求也不同。如果企业规模大、实力强，往往也具有资金充裕、产品成本低、市场占有率高及抗风险能力强的优势，同时为保证自己的优势地位，投资范围和规模也可能扩大；而如果企业规模较小，实力不强，在资金、成本、市场占有率和抗风险能力方面处于劣势，在投资决策上便须谨慎与量力而行。此外，胥佚萱（2011）等学者认为，在研究税制改革对企业投资影响时应控制企业规模的影响，并一般用企业期末资产总额的自然对数来表示企业规模，故本章也采用这一方法。

（2）负债状况（Debt）

由委托代理理论可知，当经理人和股东权益一致时，企业投资决策目标是股东财富的最大化，而非企业相关利益者价值最大化。当企业负债较大时，股东为了追求超额收益，往往会投资风险较高的项目，即使投资失败，债权人也会承担大部分的损失。当经理和股东利益不一致时，负债的存在在一定程度上会约束管理层的投资行为，特别是通过投资扩大企业规模的倾向。因为追求规模很可能导致企业现金流的不足，从而使企业面临财务危机。信号传递理论则指出，负债的存在一定程度上向企业外部人士传递了企业经营质量的信息，由此会导致再融资成本的变化，从而影响企业的投资。"营改增"会对企业的固定资产投资产生影响，从而带来一些企业负债的增加或减少。因此，本章将企业的资产负债率作为第二个控制变量纳入模型分析，用企业负债总额与资产总额的比值来反映企业的偿债能力，该指标的值越高说明企业的偿债能力越差。

（3）盈利能力（Profit）

企业的投资总量与企业的盈利能力息息相关。盈利能力越强的企业，一方面由于其投资收益率一般会高于资本市场的平均资本成本率，会使其具有较强的投资冲动和投资能力；另一方面，企业的盈利能力强，通常会具备较好的负债能力，在其投资所需资金的筹资方面具有现实性。因此，盈利能力越强，企业的投资规模会越大。本章的盈利能力用投资报酬率来衡量，即净利润与资产总额的比值，反映企业投入资金的获利能力。

最后，将所有变量情况汇总如下：

变量性质	变量名称	变量符号	计算公式或赋值方式
被解释变量1	固定资产投资增量	Increment	本期固定资产总额 – 上期固定资产总额
被解释变量2	固定资产投资效益	Benefit	净利润增量/固定资产投资增量
解释变量	税收负担率	Tax	（营业税 + 增值税 + 所得税）/营业收入
控制变量1	企业规模	lnAsset	资产总额的自然对数
控制变量2	负债状况	Debt	负债总额/资产总额
控制变量3	盈利能力	Profit	净利润/资产总额

三、研究方法

本章所采用的研究分析方法主要用两种，一是进行描述性统计分析，主要用变量的均值、极值等指标对变量的基本情况进行简单描述，再通过图表及均值的比较来对样本企业"营改增"前后的税收负担及固定资产投资情况进行统计分析，直观地了解样本企业在"营改增"前后税收负担和固定资产投资的变化情况。二是在描述性统计分析的基础上，利用面板模型对数据做进一步的检验分析，研究"营改增"所引起的企业税收负担变化对固定资产投资增量及固定资产投资效益的影响。

面板数据计量分析最常用的方法有三种，随机效应模型（random effect model）、固定效应模型（fixed effect model）以及混合数据最小二乘法（pooled OLS model）。本章采用专门的检验方法对三种模型优劣进行检验。首先，对于随机效应模型和固定效应模型，可以通过 hausman 检验来判定优选哪个模型，具体来说，如果检验结果拒绝原假设，则意味着两个模型有系统性差异，则固定效应模型优于随机效应模型；如果无法拒绝原假设，则随机效应模型优于固定效应模型。其次，对于随机效应模型与混合数据最小二乘法，可以通过 LM 检验来判断，如果拒绝原假设，则意味着随机效应模型优于混合数据最小二乘法。最后，对于固定效应模型和混合数据最小二乘法，可以通过 F 检验来判定。如果结果是拒绝原假设，则意味着固定效应模型优于混合数据最小二乘法。在本章的回归分析中，将分别利用这三种方法进行参数估计，同时利用以上检验，选取最优的方法。

第三节　实证分析与研究结果

本节对研究分析所需的相关变量进行描述性统计，以观察样本企业"营改增"后的税收负担、固定资产投资增量、固定资产效益的变化情况；再使用 Stata 软件对数据进行面板数据的多元回归分析，对前文所提的研究假设进行逐一检验。

一、计量模型设计

在研究企业税收负担变化对其固定资产投资的影响时，本章以固定资产投资增量（Increment）为被解释变量，企业税收负担（Tax）为解释变量，以企业规模（lnAsset）、负债状况（Debt）和盈利能力（Profit）为控制变量，建立计量模型一：

$$Increment_{it} = \alpha_0 + \alpha_1 Tax_{it} + \alpha_2 inAsset_{it} + \alpha_3 Debt_{it} + \alpha_4 Profit_{it} + \varepsilon_{it}$$

在研究企业税收负担变化对其固定资产投资效益的影响时，本章以固定资产投资效益（Benefit）为被解释变量，企业税收负担（Tax）为解释变量，以企业规模（lnAsset）、负债状况（Debt）和盈利能力（Profit）为控制变量，建立计量模型二：

$$Benefit_{it} = \alpha_0 + \alpha_1 Tax_{it} + \alpha_2 lnAsset_{it} + \alpha_3 Debt_{it} + \alpha_4 Profit_{it} + \varepsilon_{it}$$

二、描述性统计分析

（一）总体变量描述性统计

从表 7-2 可以看出，因变量固定资产投资增量一共有 758 个有效样本，其均值等于 2.1，大于 0，标准差等于 16.6，样本数据具有较为明显的离散性，取

值范围处于 - 13.4 和 263 之间；

固定资产投资效益共有 745 个有效样本，其均值等于 - 35.1，小于 0，标准差等于 1989.7，样本数据具有较为明显的离散性，取值范围处于 - 46596.1 和 18971 之间；

自变量税收负担率共有 814 个有效样本，其均值等于 14.6，大于 0，标准差等于 12.9，样本数据具有较为明显的离散性，取值范围处于 0 和 78.4 之间；

控制变量企业规模共有 872 个有效样本，其均值等于 22.2，远大于 0，标准差等于 1.8，样本数据离散性程度较小，取值范围处于 16.0 和 27.4 之间；

控制变量资产负债率共有 841 个有效样本，其均值等于 58.1，标准差等于 45，样本数据离散性程度较大，取值范围处于 1 和 862 之间；

控制变量盈利率共有 872 个有效样本，其均值等于 17.4，远大于 0，标准差等于 34.9，样本数据具有较为明显的离散性，取值范围处于 - 348 和 586 之间。

表 7 - 2　变量的描述性统计

变量名称	单位	观测值	均值	标准差	最小值	最大值
固定资产投资增量（Increment）	亿元	758	2.1	16.6	- 13.4	263
固定资产投资效益（Benefit）	比值	745	- 35.1	1989.7	- 46596.1	18971
税收负担率（Tax）	%	814	14.6	12.9	0	78.4
企业规模（lnAsset）	自然对数	872	22.2	1.8	16.0	27.4
资产负债率（Debt）	%	841	58.1	45	1	862
盈利率（Profit）	%	872	17.4	34.9	- 348	586

（二）变量相关性检验

相关性分析是对于变量之间联系的初步检验，为了进一步对各个变量的相关性有一个了解，本节求出每两个变量之间的 Pearson 简单相关系数，并对相关系数进行了显著性检验，得到的结果如表 7 - 3 所示。

从表 7 - 3 的相关性分析结果可以看出，在 1% 的显著性水平下，固定资产投资增量与企业规模存在显著地正相关；在 5% 的显著性水平下，固定资产投资增量与税收负担率和盈利率存在显著地正相关；而即使在 10% 的显著性水平下，固定资产投资增量与固定资产投资效益和资产负债率也不存在显著得相关性；在10%的显著性水平下，固定资产投资效益与其它变量并不存在显著地相关性。但是需要强调的是，Pearson 相关系数只是简单地考虑两个变量之间的相关性，并没有考虑其它变量的影响，因而要获取变量之间的合理的相关性，我们应该进一步做回归分析来进行研究。

表 7 – 3　变量的相关性检验

	固定资产投资增量	固定资产投资效益	整体税负率	企业规模	资产负债率	盈利率
固定资产投资增量	1.0000					
固定资产投资效益	0.0023	1.0000				
税收负担率	– 0.0746 **	– 0.0038	1.0000			
企业规模	0.2411 ***	0.0156	0.2386 ***	1.0000		
资产负债率	0.0067	– 0.0286	0.0363	0.1605 ***	1.0000	
盈利率	– 0.0494 **	0.0008	– 0.1213 ***	– 0.3625 ***	– 0.4179 ***	1.0000

（三）企业税收负担的描述性分析

本节对样本企业 2008 到 2015 年税收负担率进行描述性分析。从表 7 – 4 可以看出，广东第三产业大企业的平均税负水平在 2008 年为 12.1%，在 2009 年我国实行消费型增值税转型之后，平均税负水平下降至 11.9%，可能是增值税负降低的同时，盈利增加，所得税增加，使得税负水平下降不大。但此后却连续三年出现平均税负水平上升，2010 年为 14.9%，2011 年为 15.1%，2012 年为 16.1%。究其原因，可能是为了应对金融危机，我国在采取积极财政政策减轻中小企业税负的同时，加大了重点税源大企业的税收征管和清缴欠税的力度以保证积极财政支出。在 2012 年 8 月 1 日开始交通运输行业和现代服务业开始"营改增"试点后，又出现了三年税负下降，2013 年为 15.5%，2014 年为 15.0%，2015 年为 15.5% 有所回升，说明"营改增"试点一定程度上减轻了企业的税收负担，但幅度不大。从总体水平来看，每年企业税收负担率都大致处于 0 到 78% 之间，从标准差可以看出，各大企业税收负担率波动性差异并不明显。如图 1 所示，我们绘制出了 2008 年 – 2015 年企业税收负担率均值柱形图，以便更直观反应税负变化情况。由此可见，假设 1 部分成立。

表 7 - 4　2008 年 -2015 年企业税收负担率统计表（单位：%）

年份	观测值	均值	标准差	最小值	最大值
2008	95	12.1	13.3	0	71.8
2009	98	11.9	11.2	0	78
2010	102	14.9	13.3	0	71.4
2011	100	15.1	12.1	0	76.5
2012	104	16.1	14.0	1.0	76.1
2013	106	15.5	11.7	0	58.7
2014	104	15.0	13.8	1.0	78.4
2015	105	15.5	13.0	1.0	77.2

图 7 - 2　2008 年 -2015 年企业税收负担率均值

（四）面板数据时间效应检验

由于本章大企业样本 109 家，共有 8 年数据，故所采集的数据为短面板数据。而短面板时间维度 T 小，无法探讨扰动项的自相关性，一般假设扰动项独立同分布。不同企业的固定资产投资增量的时间趋势图如图 2 所示，不同企业的固定资产投资效益的时间趋势图如图 3 所示。

从图 7 - 2 和图 7 - 3 可以看出，不同企业的固定资产投资增量和固定资产投资效益的时间趋势看上去并无明显的相差。但为了严谨，我们增加时间效应检验，看模型中是否应该包括时间效应。经检验，接受"无时间效应"的原假设，模型中不应包括时间效应。

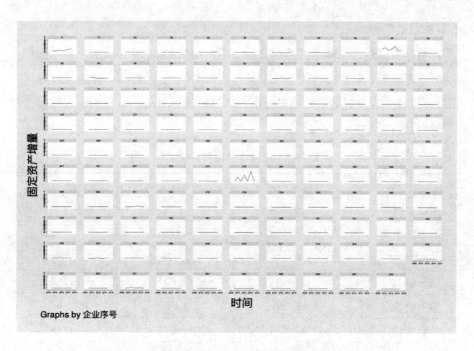

图 7 - 3 不同企业的固定资产投资增量的时间趋势图

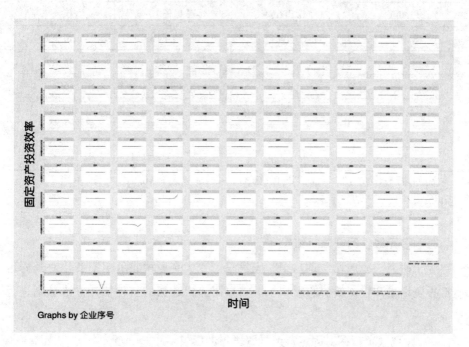

图 7 - 4 不同企业的固定资产投资效益的时间趋势图

（五）随机效应检验

对整体模型进行全样本的回归分析，得出结果如表7－5所示。根据回归结果对模型进行随机效应的检验，检验的原假设 H0 为：不存在个体随机效应（即用混合回归）。检验的结果拒绝原假设，然后再进行 Huasman 检验，最终接受随机效应回归。

表7－5　全样本的回归分析结果

	model_ ols	model_ re	model_ fe
税收负担率	－ 20.408	－ 8.529	－ 3.077
（Tax）	（－ 1.63）	（－ 1.66）	（－ 1.02）
企业规模	3.021*	2.221	1.199
（lnAsset）	（1.96）	（1.92）	（1.18）
资产负债率	－ 1.260	0.641	0.963
（Debt）	（－ 0.63）	（1.24）	（1.13）
盈利率	2.188	0.872	0.270
（Profit）	（0.286）	（1.13）	（0.83）
常数	－ 62.043*	－ 46.818	18.998
	（－ 1.96）	（－ 1.93）	（0.72）
N	694	694	694
R2			0.5749
F			
ll			

注：＊代表 P＜0.10，＊＊代表 P＜0.05，＊＊＊代表 P＜0.01

三、多元线性回归分析结果

为了研究"营改增"前后 109 家第三产业大企业税收负担率变化对其固定资产投资增量和投资效益的影响，下文采用面板数据的三种估计方法分别进行研究。

（一）税收负担率对固定资产投资增量的影响

首先，本章采用面板数据的三种估计方法对税制改革前后，109 家第三产业大企业税收负担率对其固定资产投资增量的影响进行回归分析，实证结果分别如表7-6和表7-7所示。表7-6和表7-7分别给出了2008-2012年"营改增"税制改革前和2013-2015年"营改增"税制改革后固定资产投资增量的三种回归分析结果：面板数据的混合效应（model_ OLS）、面板数据的随机效应（model_ re）和面板数据的固定效应（model_ fe）。我们对表7-6和表7-7的三种结果进行了检验（分别使用了F检验和Huasman检验），最后都得出随机效应（model_ re）最优。

表7-6 "营改增"税制改革前固定资产投资增量的回归分析结果

	model_ OLS	model_ re	model_ fe
税收负担率	-18.465	-90.295 *	-27.722
(Tax)	(-1.47)	(-1.48)	(-0.60)
企业规模	2.727 *	23.278 *	20.085
(lnAsset)	(1.88)	(1.88)	(0.96)
资产负债率	-0.181	7.729	11.556
(Debt)	(-0.16)	(1.45)	(0.93)
盈利率	1.545	8.285	3.715
(Profit)	(1.04)	(1.10)	(0.72)
常数	-55.619 *	-488.361 *	-165.532
	(-1.88)	(-1.88)	(-0.31)
N	388	388	388
R2	0.096		0.698
F	1.01		
ll			

注：*代表P<0.10，**代表P<0.05，***代表P<0.01

表7-7 "营改增"税制改革后固定资产投资增量的回归分析结果

	model_ OLS	model_ re	model_ fe
税收负担率	-22.492	-19.071 *	-1.950
(Tax)	(-1.65)	(-1.61)	(-0.67)
企业规模	4.383 **	4.213 **	-0.834
(lnAsset)	(2.09)	(2.06)	(-0.59)

	model_ OLS	model_ re	model_ fe
资产负债率	- 10. 201	- 9. 260	10. 249
(Debt)	(- 1. 54)	(- 1. 48)	(1. 64)
盈利率	4. 193	4. 105	3. 183
(Profit)	(1. 21)	(1. 27)	(0. 96)
常数	- 88. 520**	- 85. 705**	88. 286**
	(- 2. 09)	(- 2. 07)	(2. 40)
N	306	306	306
R2	0. 0942		0. 5195
F	1. 13		
ll			

注：＊代表 P < 0. 10，＊＊代表 P < 0. 05，＊＊＊代表 P < 0. 01

从表 7 - 6 和表 7 - 7 的估计结果可以看出，在 10% 的显著性水平下，税收负担率都对固定资产投资增量具有显著的影响，且影响系数为负，两者之间存在负相关关系，故假设 2："营改增"后，企业税收负担变化与其固定资产投资存在显著相关成立。

"营改增"前，在控制了企业规模、资产负债率和盈利率的情况下，企业税收负担率每增加 1%，固定资产投资增量则减少 90. 295 亿元。

"营改增"后，在控制了企业规模、资产负债率和盈利率的情况下，企业税收负担率每降低 1%，固定资产投资增量则增加 19. 071 亿元。

从表 7 - 6 和表 7 - 7 的结果对比来看，"营改增"前税收负担率提高对固定资产投资减少的影响程度明显大于"营改增"后税收负担率降低对固定资产投资增加的影响程度，说明"营改增"之后，税收负担率降低一定程度增加了大企业固定资产投资，效果有待提高。

（二）税收负担率对企业固定资产投资效益的影响

再者，本章采用面板数据的三种估计方法对"营改增"税制改革前后，109 家第三产业大企业税收负担率对其固定资产投资效益进行回归分析，得到的结果分别如表 7 - 8 和表 7 - 9 所示。表 7 - 8 和表 7 - 9 也分别给出了"营改增"前和"营改增"后固定资产投资效益的三种回归分析结果：面板数据的混合效应（model_ OLS）、面板数据的随机效应（model_ re）和面板数据的固定效应（model_ fe）。我们对上述两表的三种结果进行了检验（分别使用了 F 检验和 Huasman 检验），最后都得出随机效应模型（model_ re）最优。

表 7-8　税制改革前固定资产投资效益的回归分析结果

	model_ OLS	model_ re	model_ fe
税收负担率	−236.299	−220.498**	−220.552
（Tax）	（−1.55）	（−2.03）	（−0.58）
企业规模	5.455	3.903	−41.152
（lnAsset）	（0.95）	（0.63）	（−0.60）
资产负债率	−24.008	−24.834*	−46.334
（Debt）	（−1.31）	（−1.80）	（−1.41）
盈利率	−4.218	−6.520	−11.763
（Profit）	（−0.40）	（−0.66）	（−1.32）
常数	−87.558	−53.703	1097.094
	（−0.72）	（−0.42）	（0.62）
N	383	383	383
R2	0.0087		0.4149
F	0.81		
ll			

注：*代表 P<0.10，**代表 P<0.05，***代表 P<0.01

表 7-9　税制改革后固定资产投资效益的回归分析结果

	model_ OLS	model_ re	model_ fe
税收负担率	62.025	62.025	481.640
（Tax）	（0.13）	（0.13）	（0.36）
企业规模	91.922	91.922	−405.365
（lnAsset）	（0.74）	（0.74）	（−0.28）
资产负债率	−994.815	−994.815	−472.574
（Debt）	（−1.00）	（−1.00）	（−0.11）
盈利率	−400.304	−400.304	699.542

续表

	model_ OLS	model_ re	model_ fe
（Profit）	（−0.85）	（−0.85）	（0.19）
常数	−1525.698	−1525.698	10587.23
	（−0.59）	（−0.59）	（0.28）
N	304	304	304
R2	0.0062		0.3396
F	0.96		
ll			

注：＊代表 P < 0.10， ＊＊代表 P < 0.05， ＊＊＊代表 P < 0.01

从表 7 − 8 可以看出，"营改增"前，在 5% 的显著性水平下，税收负担率对固定资产投资效益具有显著的影响，且影响系数为负，两者之间存在负相关关系。在控制了企业规模、资产负债率和盈利率的情况下，企业税收负担率每增加 1%，固定资产投资效益则减少 220.498 个单位。即"营改增"之前，企业税收负担率的增加明显降低了固定资产投资效益。

但从表 7 − 9 中可以看出，即使在 10% 的显著性水平下，税收负担率对固定资产投资效益并不显著，这说明"营改增"后税收负担率的降低没有明显提高固定资产投资效益，假设 3 不成立。

四、稳健性检验

考虑到金融业作为现代经济的核心，在经济社会发展中的作用越来越重要，因此本文将第三产业中的金融业单独归为一类，将剩余的房地产业，交通运输、仓储和邮政业，批发和零售贸业，信息传输、软件和信息技术服务业以及租赁和商务服务业归为"非金融业"一类，再次进行分组的回归。这里同样采用随机效应模型进行回归，其中，关于改革前后税收负担对于固定投资增量的影响的检验结果见表 7 − 10、表 7 − 11，关于改革前后税收负担对于固定投资收益的影响的检验结果见表 7 − 12 和表 7 − 13。

从表 7 − 10 和表 7 − 11 的计量结果可以看出，在 10% 的显著性水平下，无论营改增之前还是之后，税收负担率都对固定资产投资增量具有显著的影响，且影响系数为负，两者之间存在负相关关系，这与之前的所有研究结论一致，只是在系数和显著性上有所改变,这说明前面研究结果的稳健性。故假设 2:"营改增"后,企业税收负担变化与其固定资产投资存在显著相关成立。

表 7 - 10 税制改革前固定资产投资增量的稳健性检验结果

	金融业	非金融业
税收负担率	- 0.741*	- 12.030*
(Tax)	(- 0.78)	(- 1.58)
企业规模	0.423***	4.037**
(lnAsset)	(2.81)	(1.97)
资产负债率	- 0.512	1.829*
(Debt)	(- 0.98)	(1.63)
盈利率	0.985	1.356
(Profit)	(1.09)	(1.14)
常数	- 9.035***	- 84.903**
	(- 2.86)	(- 1.97)
N	84	304

注: * 代表 $P < 0.10$, ** 代表 $P < 0.05$, *** 代表 $P < 0.01$

表 7 - 11 税制改革后固定资产投资增量的稳健性检验结果

	金融业	非金融业
税收负担率	- 2.068*	- 16.047*
(Tax)	(0.53)	(- 1.51)
企业规模	0.407	7.256**
(lnAsset)	(1.43)	(2.39)
资产负债率	- 1.891	- 2.486
(Debt)	(- 0.84)	(- 0.40)
盈利率	- 2.830	13.826*
(Profit)	(- 0.53)	(1.93)
常数	- 8.860*	- 157.297**
	(- 1.62)	(- 2.37)
N	65	241

注: * 代表 $P < 0.10$, ** 代表 $P < 0.05$, *** 代表 $P < 0.01$

然而，从表7-12和表7-13的计量结果可以看出，即使在10%的显著性水平下，无论营改增之前还是之后，税收负担率都对固定资产投资效益都不具有显著的影响。这与前面研究结论仍保持基本一致，也可验证前面研究结果具有稳健性。故假设3："营改增"后税收负担率的降低没有明显提高固定资产投资效益。

表7-12   税制改革前固定资产投资效益的稳健性检验结果

	金融业	非金融业
税收负担率	-48.110	245.162
(Tax)	(-0.20)	(1.02)
企业规模	75.878	1.862
(lnAsset)	(1.08)	(0.15)
资产负债率	-140.330	-2.764
(Debt)	(-0.50)	(-0.19)
盈利率	804.092	-10.240
(Profit)	(0.93)	(-0.58)
常数	-1781.438	-66.690
	(-1.15)	(-0.27)
N	84	299

注：*代表 $P<0.10$，**代表 $P<0.05$，***代表 $P<0.01$

表7-13   税制改革后固定资产投资效益的稳健性检验结果

	金融业	非金融业
税收负担率	-349.754	4274.727
(Tax)	(-0.68)	(1.27)
企业规模	90.808	-902.007
(lnAsset)	(1.22)	(-0.85)
资产负债率	581.784	-10114.38
(Debt)	(1.02)	(-1.41)
盈利率	4961.868	-9665.317

续表

	金融业	非金融业
(Profit)	(1.53)	(-1.17)
常数	-2852.711	25133.33
	(-1.36)	(0.94)
N	65	239

注：*代表 P<0.10，**代表 P<0.05，***代表 P<0.01

第四节 研究结论与政策建议

一、研究结论

（一）"营改增"后，广东第三产业大企业平均税负小幅下降

"营改增"后，第三产业大企业平均税负水平有所下降，但下降水平不大，原因可能有以下三点：

第一，"营改增"前后，企业缴纳税额的计税方式不同。首先，"营改增"前，第三产业企业所缴纳的营业税可以在企业所得税税前全额扣除；"营改增"后，企业缴纳增值税不能在税前扣除，导致企业应纳税所得额增加，企业所得税增加。其次，"营改增"之前，第三产业企业支付的运费或其他劳务费用，可作为企业的成本费用在税前扣除，同时运费一定比例可做进项扣除；"营改增"后，由于可以抵扣增值税的进项税额部分，不能再作为成本费用在企业所得税前扣除，导致企业所得税增加。再次，"营改增"前，由于第三产业企业购买的固定资产不能抵扣进项税额，因此企业外购的固定资产计税基础和入账价值是价税合计金额；"营改增"后，由于第三产业企业购买的固定资产能够抵扣进项税额，导致计入成本费用的固定资产累计折旧减少，进而使企业应缴所得税增加。

第二，"营改增"后，占第三产业企业营业成本比例较高的项目，多数未被纳入增值税抵扣项。其一，第三产业企业重人力资源，整体人工成本较高，但人工成本不能取得增值税的专用发票，在"营改增"中未能作为增值税的进项抵扣税额抵扣。其二，第三产业企业除了企业设备更新期可以抵扣固定资产进

项税额，日常经营性支出中的水电费、纸张费等材料成本的可抵扣进项较少，还有的因未取得增值税专用发票而不能抵扣。

第三，"营改增"后，购入的固定资产、设备等可以作为增值税进项抵扣额抵扣，企业便可利用减少的这部分税负资金来进行投资，但是如果固定资产的投资的资金成本规模小于该投资收入，那么可能增加企业应缴纳的所得税额，导致企业税负加重。

可见，在 2012 年 8 月广东省交通运输业和现代服务业实行"营改增"试点后，由于各种因素的相互作用，广东第三产业大企业税收负担并未出现明显下降，2015 年还有所回升。

（二）"营改增"后，广东第三产业大企业税负下降使其固定资产投资有所增加

从回归结果看，"营改增"后，企业税收负担对固定资产投资具有显著的影响，企业税收负担的下降会使固定资产投资增加，两者呈负相关。

根据 Hubbard（2002）关于税制改革和公司投资价值关系的新增投资假说，在企业应缴税收减少的情况下，新增资产的投资成本更低，其投资收益率高于现有资产投资收益率，相应会增加资产投资。丁明强，蓝常（2006）[47]；黄明峰、吴斌（2007）[56]；聂辉华（2009），李涛（2009）[50]；陈晓梅（2009）[57]以及王泽霞、李兰（2012）[59]等学者也通过实证研究分析得出税制改革所引起的企业税负变化与企业固定资产投资之间存在负相关关系，本章的研究结果也进一步验证了该结论。

但是，从"营改增"前后企业税收负担与固定资产投资的系数来看，"营改增"后企业税负的降低对固定资产投资增加的影响程度却是减弱了。这种情况出现的原因主要是：一方面，本章的研究对象为广东省第三产业大企业，企业设备更新及其他固定资产投资往往投资额大且具有一定的周期性，且若是大型设备投资一般周期较长，投资决策慎重，削弱了企业税负降低对促进固定资产投资的影响。另一方面，大多数企业会考虑"营改增"政策对增值税和企业所得税等方面综合影响，调整投资方案，提高企业效益，进而使企业税负变化对固定资产投资的影响程度减弱。

（三）"营改增"后，广东第三产业大企业税收负担的变化与其固定资产投资效益不存在显著影响

在上一节的回归分析中可以看到,"营改增"之前,企业税收负担率的增加不仅会使企业减少投资,还会使固定资产投资效益明显降低。但"营改增"之后,企业税收负担的变化对固定资产投资效益不存在显著的线性关系,说明"营改增"后企业税负的小幅下降并未使得固定资产投资效益明显提高,"营改增"的积极效果并不明显。

二、政策建议

(一)取得增值税专用发票进行抵扣。因此,在购买商品或服务时,在同等价格和服务质量的情况下,应尽可能选择能提供增值税专用发票的商家,这样就可以抵扣自己应缴纳的税款。但是,在取得增值税专用发票时,要坚持合法原则,综合分析法律、法规以及企业具体情况,以对预期收入和成本的对比为基础进行税收筹划和决策。

(二)逐步扩大试点范围,延伸增值税抵扣链条。从政府方面来说,对于第三产业企业,人力资本等占其成本比例较大,建议借鉴农产品增值税抵扣方法,将人力资本费用一定比例纳入进项税抵扣范围,进一步延伸增值税抵扣链条。而对于企业自己,要合理安排采购固定资产,从而降低企业所得税负担。

(三)切实落实财政扶持政策,细化和完善配套措施。在营改增后,还存在着部分企业的税负增加。政府要深入而全面的进行调研,了解在实施营业税改征增值税相关规定过程中出现的问题,认真分析,并针对所存在的问题给予一定的政府财政扶持。如上海市在试点过程中,出台了沪财税〔2012〕5号文件《关于实施营业税改征增值税试点过渡性财政扶持政策的通知》,文件规定,在营业税改征增值税试点以后,按照试点政策规定缴纳的增值税比按照原营业税政策规定计算的营业税确实有所增加的试点企业,可以申请过渡性财政扶持。

由于只获取"营改增"后3年数据,因此,影响效果的研究不够明显。本章所选取的样本企业基本上都是从2013年1月1日开始落实"营改增"政策,而本章的数据是从2008年至2015年,即样本企业的"营改增"落实时间仅有三年,企业仍处于新政策的适应和调整期,"营改增"实施效果并未能够完全凸显出来,进而可能导致研究结果出现一些偏差。

第八章

广东大企业慈善捐赠的税负效应与财务绩效

2008 年以来，为了应对国际金融危机冲击、保持经济平稳较快发展，我国先后采取了包括统一内外资企业所得税法、增值税转型、加大出口退税政策、成品油税费改革、逐步推行"营改增"在内的一系列结构性税制改革，以减轻企业税负，和其他政策相配套，有效地抵消了金融危机的影响。2010 年，我国GDP 总量首次超过日本，成为全球第二大经济体。然而，就在我国经济实力大增、人民生活水平显著提高的同时，国内的贫富差距却在持续扩大。按照世界银行的测算，我国的基尼系数已经上升到 0.47。国内学者的估算则认为，我国基尼系数在 2010 年已经达到 0.50，大大超过 0.40 的国际警戒线水平，且城乡收入差距在 3.3 倍左右。长期以来，中国经济在"高能耗、高投入、高污染"的粗放式增长格局下，环境污染问题日益突出，主要体现为日益严重的大气污染及水资源危机。根据 2006 年国家环保总局公布的数据，全国 118 个大中城市地下水的检测资料表明地下水也已普遍遭受污染，[①] 严重影响人民群众的生活和健康，"因病致贫、因病返贫"在现实生活中不时上演。根据西方社会的历史发展经验，扶贫济困、扶老助残、环保治理首先要靠政府的第二次分配和管制治理。因此，我国应根据公平和效率的原则，进一步改革相关税制，如个人所得税免税额的提高、税率和级距级次的设定、开征环保税等等。但是，政府的作用是有限的，有时还会出现政府失灵现象，这就需要企业、个人和慈善组织的公益慈善活动进行补充，通过社会不同成员之间的互相帮助、慈善组织的有效运作来解决贫困、灾害、医疗和环保等问题。

慈善是对人类的关怀，是仁爱、德行和善举的统一。慈善事业是人们在没

---

① 刘丹. 中国城市饮用水安全形势严峻 [N]. 科学时报，2007 - 09 - 04.

有外部压力的情况下自愿地奉献爱心与援助的行为和从事扶贫济困赈灾等慈善行为的一种社会事业，是政府主导下的社会保障体系的一种必要补充。社会分配机制可以分成三个层次，即初次分配、再分配、第三次分配。初次分配是按照各生产要素对国民收入贡献的大小进行的分配，主要由市场机制决定；再分配是指在初次分配的基础上，通过税收和社会保险系统对国民收入中的一部分进行重新分配，主要由政府调控机制主导；第三次分配是指动员社会力量，建立慈善捐赠、社会救助和志愿者行动等多种形式的制度和机制，是社会互助对于政府调控的补充，其中，企业慈善捐赠在第三次分配中具有极其重要的作用。

2016年，中国慈善捐赠总额高达近1458亿元，而企业法人作为捐赠主体占比高达70%左右，可以说，企业是我国公益捐赠的主体构成。而在我国公益捐赠的企业中，国有控股企业、民营企业、港澳台侨资、外资企业的捐赠额度占比分别为36.70%、49.65%、3.49%、10.16%，可见，民营企业慈善捐赠占了一半，并和国有企业共同构成了企业捐赠的主力①。企业参与公益的模式大概可以分为四种：第一种是直接捐助，即企业自发对受助对象进行捐赠或帮助。例如定点扶贫或者助学，直接帮助困难群体等。第二种是捐助基金会或者公益组织等专业机构，或通过与专业机构开展合作，完成公益项目。第三种是企业直接设计、运作公益项目，如国有企业派干部驻村、志愿者长期服务等，持续的时间和人力投入。第四种是企业将自有产品或技术向公益组织开放，以实现对公益事业的支持和提升。一些互联网企业，例如阿里巴巴和腾讯，以开发互联网产品的方式参与公益，成为大量公益组织的技术支持和公众参与平台。本书主要研究第一种和第二种的企业慈善捐赠行为。

---

① 杨团. 慈善蓝皮书·中国慈善发展报告（2018）［M］. 北京：社会科学文献出版社，2018.

第一节　企业慈善捐赠的税收政策

一、企业慈善捐赠的所得税政策

我国现行的《企业所得税法》规定，企业发生的公益性捐赠支出，在年度利润总额 12% 以内的部分，准予在计算应纳税所得额时扣除。并且规定，公益性捐赠是指企业通过公益性社会团体或者县级以上人民政府及其部门，用于《中华人民共和国公益事业捐赠法》规定的公益事业的捐赠。2016 年颁布的《慈善法》规定，慈善（公益）捐赠超过年度利润总额 12% 的部分，准予结转以后三年内在计算应纳税所得额时扣除。

在前述的四种企业公益模式中，第三种和第四种目前并不涉及税收问题和税前扣除问题，但在第一种模式中，因为企业自发对受助对象进行捐赠，没有通过公益性社会团体或者县级以上人民政府及其部门，因此，其捐赠尽管用于公益，但并不能在税前扣除。而第二种是捐助基金会或者公益组织等专业机构，只要基金会或者公益组织享有税前扣除的资格，其捐赠支出在年度利润总额 12% 以内的部分，可以税前扣除。另外，还有一些临时的优惠政策，如自 2008 年 5 月 12 日起至 2008 年 12 月 31 日，企业通过公益性社会团体、县级以上人民政府及其部门向汶川受灾地区的捐赠，允许在当年企业所得税前全额扣除。

Clotfelter（1985）通过利润最大化模型和效用最大化模型对公司捐赠的所得税税前扣除政策的短期效应和持久效应进行了分析①。通过利润最大化模型研究发现，在短期情况下，所得税政策对捐赠额无任何影响，最优捐赠额条件取决于捐赠对于销售的影响。如果捐赠可以税前扣除并对公司利润的影响是跨时期的，利润最大化的实现取决于不同时期边际税率的大小。通过效用最大化模型研究发现，税前扣除显然对捐赠会产生影响。只有当管理者对任何捐赠都没有偏好时，税收激励才不会起作用。当公司管理者有捐赠偏好时，公司所得税税率的上升会增加公司的捐赠额，税收对公司的长期捐赠水平产生影响，具有

---

① C. T. Clo tfelter. Federal Tax Po licy and Cha ritable Giving［M］. Chicag o ：Univer sity o f Chicag o Press ，1985

持久效应。

　　企业适用税率的变化会影响其捐赠价格，进而影响其捐赠的额度，这种影响可以分为捐赠价格变化的"收入效应"和"替代效应"。其中，"收入效应"表现为，边际税率提高引起的税后收入的下降所带来的捐赠额的减少；"替代效应"表现为，边际税率提高引起的捐赠价格的下降所带来的捐赠额的增加。Boatsman and Gupta（1996）采用公共管理机构对 212 个捐赠公司在 1984 – 1988 年的面板调查数据进行实证研究[29]，且由于选取数据的年度跨越了美国两次税制改革，因而可以考察同一公司面对不同税率时的捐赠变化情况。他们分别对横截面和时间序列混合模型、随机效应模型和固定效应模型进行了估计。研究表明，捐赠价格变化的"收入效应"超过了"替代效应"，公司捐赠额与边际税率成负相关关系，即税率的提高会引起捐赠额的减少。

　　国内学者黄桂香、黄华清（2008）指出，企业进行捐赠会考虑税收的效应和捐赠是否免税，针对不同的政策企业会有不同的捐赠行为[30]。实际上，我国目前实施 12% 的慈善捐赠税，政府对企业捐赠的鼓励，企业可以通过这种方式减少其税收的成本。黄琼宇（2016）在《税收政策与企业慈善捐赠》一文中通过对 A 股上市公司 2006—2014 年的数据进行分析后指出，企业所得税税率越高，企业的慈善捐赠支出越多，即"替代效应"超过了"收入效应"[33]。此外，企业慈善捐赠税前扣除比例越高，企业的慈善捐赠也会增多。税收优惠政策一定程度上会激励企业进行慈善捐赠，通过这种方式，企业可以减少其自身税收成本，也可以一定程度上起到广告效应，实现慈善营销。

二、企业慈善捐赠的流转税政策

　　我国税法的规定，企业将自产、委托加工和外购的原材料、固定资产、无形资产和有价证券（商业企业包括外购商品）用于捐赠，应分解为按公允价值视同对外销售和捐赠两项业务进行所得税处理。企业对外捐赠，除符合税收法律法规规定的公益救济性捐赠外，一律不得在所得税税前扣除。从流转税来看，企业对外捐赠物品时视同销售要缴纳增值税，即使拿到了慈善捐赠的证明，在企业所得税汇算清缴的时候可以部分抵扣，但企业在没有实际收入的前提下已经先缴纳了一部分增值税，还要在年终缴纳一定比例的企业所得税，对企业来说，实物捐赠税收负担较重，从而影响其实物慈善捐赠。但也有一些临时的优惠政策，如在汶川地震时期，政府为了激励企业实施实物捐赠，制定了临时的优惠政策，允许自 2008 年 5 月 12 日至 2008 年 12 月 31 日，将自产、委托加工或购买的货物通过公益性社会团体、县级以上人民政府及其部门捐赠给受灾地区的企业，免交增值税，而且进项税额不做转出处理。

企业进行慈善活动不仅可以捐款捐物，也可以捐赠自己的服务。尤其是对于第三产业企业来说，当服务资源过剩时，完全可以用于服务慈善事业，例如在地震灾害中，运输公司提供免费的运输服务，通信公司提供免费的通信服务等。再如前述的企业第四种公益模式，企业将自有产品或技术向公益组织开放，以实现对公益事业的支持和提升。目前，我国税法对于捐赠服务没有明确的规定，在实际实施中既很难得到税收优惠，也由于征管等原因往往处于税收真空状态。

三、企业慈善捐赠的财产行为税政策

企业慈善捐赠涉及的财产行为税主要有契税、土地增值税和印花税。《中华人民共和国契税暂行条例》规定，土地使用权赠与、房屋赠与，承受的单位和个人均为契税的纳税义务人。而土地增值税除了《关于土地增值税一些具体问题规定的通知》（财税〔1995〕48 号）规定的两种房地产赠与行为外，其他赠与行为都应按规定缴纳土地增值税。不征收土地增值税的房地产赠与行为包括两种情况：一是房产所有人、土地使用权所有人将房屋产权、土地使用权赠与直系亲属或承担直接赡养义务人的；二是房产所有人、土地使用权所有人通过中国境内非营利的社会团体、国家机关将房屋产权、土地使用权赠与教育、民政和其他社会福利、公益事业的。印花税相关法规规定，除了财产所有人将财产赠给政府、社会福利单位、学校所立的书据免征印花税外，产权的赠与所立的书据为应税税目。基于企业慈善捐赠的税收政策分析，本书提出第一个假设。

H1：广东大企业慈善捐赠与其税收负担存在负相关，税收负担越高，企业慈善捐赠越少。

第二节　企业慈善捐赠的成本－收益分析

企业社会责任是企业与社会的关系决定的。企业社会责任最核心的部分应

该是企业参与社会公益，包括企业自愿参与扶贫济困、环境保护、社区服务、劳工权益保护等慈善活动，企业如何更好地履行社会责任已成为其发展规划的重要组成部分。企业的慈善捐赠是其履行社会责任的具体体现，许多企业自愿将货币和非货币性资产无偿捐赠给与其没有直接利益关系的受赠者用于慈善公益目的。这种捐赠能有效解决很多市场失灵和政府难以解决的问题，又被称为"第三次分配"，它促进了我国和谐社会的建设。

管理大师迈克尔·波特（Michael E. Porter）利用竞争优势理论分析企业慈善行为，形成战略性企业慈善行为论。波特认为，企业开展慈善事业不仅仅有利于社会，同时好的企业慈善项目也有利于企业自身。但不是任何一项慈善项目都能够提高企业的竞争力，只有在企业的慈善行为能够同时兼具社会效益和经济效益时，才能被称为是一个好的慈善项目。波特尤其强调企业慈善对企业所处的竞争环境可能产生积极影响。基于波特竞争战略理论钻石架构模型，波特将企业竞争环境概括为 4 个方面：生产要素、需求情况、战略和竞争环境、相关和支持性产业。波特认为，企业战略性慈善行为能够对竞争环境的 4 个方面都产生十分重要的影响。首先，它对生产要素将产生 3 个方面的重要影响：①改善教育和培训状况，从而为企业储备高素质的劳动力；②改善企业所在社区居民生活水平，从而对专业人才产生巨大的吸引力；③有效提升所在地研发机构研发水平、行政机构效率、基础设施质量以及自然资源生产效率。其次，它对需求情况的影响体现在影响本地市场规模和有效改善本地市场质量。再次，对战略和竞争环境的影响体现在使竞争环境更有效率和公开透明。最后，对相关和支持性产业的影响体现在推动簇群和支持性产业的进一步发展。

除了企业货币性捐赠外，企业非货币性资产慈善捐赠还是其营销和品牌推广的重要战略，且广告支出越多的企业越倾向于非货币性资产捐赠。与传统的货币性资产捐赠相比，非货币性资产有一定的承载功能，且给企业提供了较多的可选策略，如通过将带有企业商标或者 logo（标志）的产品对外捐赠，援建希望小学、农村水利设施等，可以将企业影响力辐射到中小学生以及人口较多的农村。例如，著名跨国企业宝洁公司在中国对教育事业的慈善捐赠，从学前教育、中小学到大学本科、研究生院，宝洁都给予赞助支持。一方面，通过慈善捐赠助学，吸引受资助的优秀人才加入宝洁；另一方面，宝洁的善举受到政府表彰，有利于其树立良好的企业形象，推广其产品和品牌。企业进行非货币性资产慈善捐赠，可以使受赠者更好地了解其产品，并在企业年度社会责任报告、证券分析师报告、销售手册和广告、新闻报道、员工通讯以及商业信笺上宣传公司的慈善行为，引起广泛的关注从而获得更多的顾客，员工也因此有更强的荣誉感和归属感。企业在生产经营中要保持必要的资产流动性。企业非货币性资产则不会受流动性约束，而且适量的、适时的非货币性资产捐赠有助于使得企业保持恰当的存货周转率等。特别对于上市公司来说，好的流动性指标将有助于企业财务状况的评估。而从企业角度来看，非货币性资产慈善捐赠既可以作为营销策略，还可以提高其资产流动性。因此，企业非货币性资产慈善捐赠不仅是社会慈善资源的一个重要来源，也是企业战略慈善的重要组成部分，越来越成为企业乐于采用的捐赠方式。

企业捐赠对慈善事业发展起着非常重要的作用，但公司治理要求企业对其成本与收益进行衡量与分析，实现经济效益和社会效益双赢。慈善捐赠必然会使企业产生成本，但是捐赠可以带来良好的社会效应和营销品牌等经济效应。假设企业慈善捐赠支出可记为 C，成本由两部分组成：一部分是直接成本，即捐赠者捐出自己的货币或非货币资产，记为 $C1$；另一部分是间接成本，包括企业慈善捐赠过程中耗费的人力物力和缴纳的税收等，记为 $C2$。捐赠同时产生了管理层慈善偏好和社会声誉、慈善营销、国家给予的税收优惠等经济收益，分别记为 $R1$、$R2$ 和 $R3$。$R1$ 在于实现了企业自身的慈善目标或管理层的慈善偏好，进而加强了企业自身价值观的建设，并赢得社会声誉；$R2$ 是由于企业慈善行为所带来的品牌效应，市场扩大而带来销售收益；$R3$ 是企业在进行慈善捐赠后，在计算所得税时捐赠支出可税前扣除，这相当于减少了企业捐赠的实际支出，以及专项优惠所带来的流转税和财产行为税减免所带来的收益。企业在进行慈善捐赠决策时要考虑成本收益的问题，当总收益大于总成本时，即 $R1 + R2 + R3 > C1 + C2$ 时，企业会决定进行慈善捐赠；当总收益等于成本时，即 $R1 + R2 + R3 = C1 + C2$ 时，捐赠与不捐赠对企业来说是一样的；当总收益小于成本时，即 $R1 + R2 + R3 < C1 + C2$ 时，企业会选择不进行慈善捐赠。基于企业慈善捐赠的成本－收益分析，本书提出第二个假设。

H2：广东大企业慈善捐赠与其财务绩效存在正相关，慈善捐赠越多，企业企业绩效越好。

第三节 广东大企业慈善捐赠的研究样本与实证分析

一、研究样本与变量

本书选取广东省除深圳以外地区 2015 年纳税规模 1 亿元及以上且属于总局千户集团、省局百户集团及市级大企业范畴的 578 家广东省大企业作为样本,分所有制类型对其 2008－2015 年的慈善捐赠情况进行研究。广东国有大企业在三种企业类型中捐赠最少,2008 年发生"汶川大地震",其捐赠额超过 4000 万元,是历年捐赠中最多的,但 2009－2012 年每年捐赠额均不足 1000 万元,2013 年捐赠超过了 1000 万元,2014 年和 2015 年捐赠额则达到了 2500 万元左右。广东民营大企业则是三种企业类型中慈善捐赠增长最快的,2008 年和 2009 年捐赠额均超过了 6000 万元,2010 年捐赠额达到 1 亿元,2011 年增加至 1.1 亿元,2012 年受"郭美美事件"影响,捐赠额下降至 7000 万元左右,2013 年又回升至 1.1 亿元,2014 年和 2015 年则大幅上升至 3 亿元和 4 亿元。广东外资大企业慈善捐赠则出现较大波动,2008 年赈灾捐赠额超过 2 亿元,远远高于国有企业和民营企业,2009 年回调至 1.4 亿元,2010 年又上升至接近 2 亿元,并在 2011年上升至 3.4 亿元最高点,2012 年和 2013 年同样受"郭美美事件"影响,大幅下降至 1 亿元左右,2014 年回升至 3 亿元,2015 年回调至 2.5 亿元。

图 8－1 2008－至 2015 年各所有制样本企业慈善捐赠情况

根据广东省三种类型大企业 8 年来慈善捐赠的情况,本书按照下述标准进行样本筛选：（1）剔除 2008 年－2015 年期间连续 8 年捐赠额均为 0 的企业数据（2）剔除各类数据缺失较多和数据异常的公司；最后选出 311 家企业，其中，国有企业 44 家，民营企业 166 家，外资企业 101 家，使用 STATA 软件分企业类型进行计量研究。

（一）广东大企业慈善捐赠的税负效应

1. 被解释变量

慈善捐赠额（Lndonate）：在假设一广东大企业慈善捐赠的税负效应研究中，被解释变量为慈善捐赠额，具体为当期捐赠额对数值。

2. 控制变量

盈利能力（ROA）：国内通常使用总资产收益率（ROA）和净资产收益率（ROE）等会计指标来衡量企业财务的绩效，总资产收益率反映结果客观、稳定，且综合性较强，因此，使用总资产收益率（ROA）作为控制变量。

政府换届（Gt）：戴亦一（2014）通过对 A 股上市公司 7500 多个样本进行研究发现，地方政府换届会导致企业增加其当前的慈善捐赠。[38]当政府换届时，为争取政策优惠，企业往往会加大慈善捐助力度，本章使用政府换届作为控制变量，具体为 6 月 30 日之前发生换届，当年取 1，6 月 30 日之后换届，则下年取 1，其他取 0。

企业规模（LnAsset）：通过企业总资产控制企业规模，避免不同规模企业间存在较大差异而引起的回归结果误差，具体为期末资产总额对数值。

财务杠杆（Debt）：用资产负债率来表示，具体为负债总额和资产总额的比值。资产负债率越高，说明企业负债压力越大，同样会影响企业慈善捐赠。

营销成本（Sale）：用销售费用率来表示，具体为销售费用和营业收入的比值。销售费用率越高，说明企业市场竞争越激烈，会影响其慈善捐赠。

3. 解释变量

税收负担（Tax）：由于企业类型、行业不同，不同企业流转税、所得税和财产行为税等不同税种的侧重不同，因此，通过企业每年所纳税收总额占营业收入的比率衡量企业实际税收负担情况。

表 8 - 1 慈善捐赠的税负效应变量表

变量类型	变量名称	变量符号	定义
被解释变量	慈善捐赠额	Lndonate	当期捐赠额对数值
解释变量	税收负担	Tax	税收总额/营业收入
控制变量	盈利能力	ROA	总资产收益率
	政府换届	GT	6月30日之前发生换届，当年取1，6月30日之后换届，则下年取1，其他取0。
	企业规模	LnAsset	期末资产总额对数值
	财务杠杆	Debt	总负债/总资产
	营销成本	Sale	销售费用/营业收入

（二）广东大企业慈善捐赠的财务绩效

1. 被解释变量

盈利能力（ROA）：与假设一的研究一样，在假设二广东大企业慈善捐赠的财务绩效研究中，使用总资产收益率（ROA）作为被解释变量。

2. 控制变量

企业规模（LnAsset）：通过企业总资产控制企业规模，避免不同规模企业间存在较大差异而引起的回归结果误差，具体为期末资产总额对数值。

财务杠杆（Debt）：用资产负债率来表示，具体为负债总额和资产总额的比值。资产负债率越高，说明企业负债压力越大，同样会影响企业盈利能力。

营销成本（Sale）：用销售费用率来表示，具体为销售费用和营业收入的比值。销售费用率越高，说明企业市场竞争越激烈，会影响其盈利能力。

税收负担（Tax）：通过企业每年所纳税收总额占营业收入的比率衡量企业实际税收负担情况，也会影响其盈利能力。

3. 解释变量

慈善捐赠额（Lndonate）：在假设二广东大企业慈善捐赠的财务绩效研究中，解释变量为慈善捐赠额，具体为捐赠额对数值。

表 8 - 2　慈善捐赠的财务绩效变量表

变量类型	变量名称	变量符号	变量描述
被解释变量	盈利能力	ROA	总资产收益率
解释变量	慈善捐赠额	Lndonate	捐赠额对数值
控制变量	企业规模	LnAsset	期末资产总额对数值
	财务杠杆	Debt	总负债/总资产
	营销成本	Sale	销售费用/销售收入
	税收负担	Tax	税收总额/营业收入

二、描述性分析

从样本的总体情况来看，44 家国有企业共有 110 组有效观测值，166 家民营企业有 687 组有效观测值，101 家外资企业有 664 组有效观测值。从三类企业的平均税负来看，国有企业的税负最高，为 8.8%；民营企业第二，为 5.5%；外资企业最低，只有 3.7%，不到国有企业一半，这与"两税合一"后，外资企业仍然享有五年过渡期的优惠有关。从三类企业的平均捐赠额来看，民营企业最高，国有企业次之，外资企业第三。从三类企业的平均总资产收益率来看，民营企业最高，为 13.5%；外资企业次之，为 12.7%；国有企业第三，为 9.6%。从三类企业总资产的平均规模来看，国有企业最大，民营企业次之，外资企业第三。从三类企业的平均资产负债率来看，国有企业最高，为 60.2%；民营企业次之，为 56.7%；外资企业第三，为 51.3%；这或许与国家贷款政策有关。从与三类企业捐赠相关的政府换届平均值来看，外资企业最高，国有企业次之，民营企业第三。从三类企业的平均销售费用率来看，国有企业最高，为 9.27%；外资企业次之，为 9.23%；民营企业第三，为 8.63%。

表 8 - 3　国有企业变量描述性统计

Variable	Obs	Mean	Sd	Min	Max
ROA	110	0.096	0.251	− 0.188	1.882
Lndonate	110	8.210	5.838	0.000	18.190
Tax	110	0.088	0.128	0	0.602
LnAsset	110	23.151	2.020	19.583	27.295

Variable	Obs	Mean	Sd	Min	Max
Debt	110	0. 602	0. 275	0. 058	0. 939
GT	110	0. 182	0. 387	0	1
Sale	110	0. 0927	0. 0261	0	1

表 8 – 4 民营企业变量描述性统计

Variable	Obs	Mean	Sd	Min	Max
ROA	687	0. 135	0. 217	– 0. 492	2. 125
Lndonate	687	9. 498	6. 544	0. 000	16. 940
Tax	687	0. 055	0. 074	0	0. 755
LnAsset	687	22. 025	2. 035	0. 000	26. 659
Debt	687	0. 567	0. 442	0. 011	8. 622
GT	687	0. 172	0. 377	0	1
Sale	687	0. 0863	0. 0344	0	1

表 8 – 5 外资企业变量描述性统计

Variable	Obs	Mean	Sd	Min	Max
ROA	664	0. 127	0. 159	– 1. 033	0. 769
Lndonate	664	7. 072	6. 750	0. 000	19. 048
Tax	664	0. 037	0. 052	0	0. 493
LnAsset	664	21. 815	1. 142	18. 705	26. 163
Debt	664	0. 513	0. 238	0. 009	1. 350
GT	664	0. 197	0. 398	0	1
Sale	664	0. 0923	0. 0266	0	1

三、实证分析与研究结果

1. 计量模型

在假设一广东大企业慈善捐赠的税负效应研究中，我们以慈善捐赠额（Lndonate）为被解释变量，以盈利能力（ROA）、企业规模（LnAsset）、财务杠杆

（Debt）、政府换届（Gt）和营销成本（Sale）为控制变量，研究企业税收负担（Tax）对慈善捐赠额（Lndonate）的影响，建立计量模型一：

$$Lndonate_{it} = \alpha_{0\,it} + \alpha_1 Tax_{it} + \alpha_2 ROA_{it} + \alpha_3 LnAsset_{it} + \alpha_4 Debt_{it} + \alpha_5 GT_{it} + \alpha_6 Sale_{it} + \epsilon$$

在假设二广东大企业慈善捐赠的财务绩效研究中，我们以盈利能力（ROA）为被解释变量，以企业规模（LnAsset）、财务杠杆（Debt）、税收负担（Tax）和营销成本（Sale）为控制变量，研究企业慈善捐赠额（Lndonate）对盈利能力（ROA）的影响，建立计量模型二：

$$ROA_{it} = \alpha_0 + \alpha_1 Lndonate_{it} + \alpha_2 Lndonate_{it-1} + \alpha_3 Lndonate_{it-2} + \alpha_4 LnAsse\,t_{it}$$
$$\alpha_5 Debt_{it} + \alpha_6 Tax_{it} + \alpha_7 Sale_{it} + \epsilon$$

2. 广东大企业慈善捐赠的税负效应

从计量的结果来看，国有企业、民营企业和外资企业税收负担与慈善捐赠均呈现显著的正相关关系，也就是说，随着内外资企业所得税"两税合一"和五年期过渡政策以及其他税种的税制改革，企业的实际税负不断发生变化，而慈善捐赠的税负效应既有收入效应、也有替代效应，总的来说，替代效应超过了收入效应，使得税收负担越重，而慈善捐赠越多。另外，慈善捐赠的所得税税前扣除政策、流转税的专项优惠政策和财产行为税的优惠政策也促进了企业的慈善捐赠。而且，在捐赠最多的民营企业表现得最为明显，外资企业次之，国有企业第三。

控制变量的计量结果表明，外资企业盈利能力与慈善捐赠呈现显著的正相关关系，就外资企业而言，其资产收益率越高，捐赠明显越多。从企业规模来看，国有企业、民营企业和外资企业的规模与慈善捐赠均呈现显著的正相关关系，规模越大的企业，捐赠越多。从企业财务杠杆来看，国有企业和民营企业的资产负债率与慈善捐赠呈现显著的负相关关系，负债压力越大，慈善捐赠越少；外资企业的资产负债率与慈善捐赠呈现显著的正相关关系，但系数较小，可能是外企负债越多，其通过慈善营销拓展中国市场的积极性越高。从政府换届影响来看，国有企业和民营企业的政府换届指数与慈善捐赠呈现显著的正相关关系，即国有企业和民营企业的慈善捐赠看重于与政府建立良好关系，以获取更多政策支持，且国企系数更大；外资企业的政府换届指数与慈善捐赠呈现显著的负相关关系，但系数也较小，这可能与外企的捐赠决策和文化有关。从营销成本来看，国有企业、民营企业和外资企业的销售费用率与慈善捐赠均呈现显著的负相关关系，也就是说，它们的销售费用负担越重，慈善捐赠越小。

3. 广东大企业慈善捐赠的财务绩效

从计量的结果来看，民营企业和外资企业当年慈善捐赠与盈利能力呈现显著的正相关关系，也就是说，民营企业和外资企业当年慈善捐赠越多，资产收益率越高；而且，民企和外企 2018 年和 2017 年的慈善捐赠对公司当年的财务绩效也是显著的正相关关系，尽管系数只是当年的 1/10 左右；可见，民企和外企的慈善战略和营销取得明显的效果，这也是它们在税负增加的情况下，仍然增加捐赠的原因。国有企业当年慈善捐赠的回归系数为正，2018 年和 2017 年则为负，但数值很小且不明显，结合捐赠数据可看出，国有企业未重视慈善战略，也未取得明显效果，这可能与国有大企业的垄断性质有关。

控制变量的计量结果表明，外资企业税收负担与盈利能力呈现显著的负相关关系，一般情况，"两税合一"之后，外资企业税负增加，资产收益率下降；民营企业税收负担与盈利能力呈现显著的正相关关系，但系数不大，近年来，尽管国家采取一系列减税降费政策减轻民营企业负担，但受金融危机等因素影响，其资产收益率不容乐观；国有企业的影响则不明显。从企业规模来看，民营企业和外资企业的规模与盈利能力呈现显著的负相关关系，规模越大的企业，资产收益率越小；国有企业呈现正相关关系，但不显著。从企业财务杠杆来看，民营企业、外资企业的资产负债率与盈利能力呈现显著的负相关关系，负债比率越高，利息费用越高，资产收益率越小；国有企业也呈现负相关关系，但不显著。从营销成本来看，民营企业和外资企业的销售费用率与盈利能力呈现显著的负相关关系，也就是说，它们的销售费用负担越重，资产收益率越小；国有企业也呈现负相关关系，但同样不显著。

表 8 - 6　计量结果

	国有企业		民营企业		外资企业	
	Lndonate	ROA	Lndonate	ROA	Lndonate	ROA
Lndonate		0.008		0.130 * * *		0.194 * * *
		(0.245)		(0.010)		(0.007)
ROA	2.318		- 6.796		9.198 * * *	

	国有企业		民营企业		外资企业	
	(1.861)		(7.234)		(2.575)	
Tax	2.162***	0.097	2.603***	0.032***	2.178***	-0.530***
	(0.195)	(0.591)	(0.178)	(0.012)	(0.459)	(0.073)
Ln_Asset	1.377***	0.128	1.319***	-0.214***	1.868***	-0.340***
	(0.034)	(0.338)	(0.404)	(0.012)	(0.128)	(0.009)
Debt	-8.143***	-1.568	-9.345***	-0.033*	0.467***	-0.113***
	(0.506)	(2.272)	(0.321)	(0.019)	(0.156)	(0.016)
GT	0.986***		0.714***		-0.445***	
	(0.078)		(0.135)		(0.031)	
Sale	-22.074***	-6.048	-22.616***	-0.161*	-5.247***	-0.862***
	(2.324)	(6.518)	(0.083)	(0.091)	(0.455)	(0.040)
Pre_donation_lag		-0.062		0.011*		0.014**
		(0.051)		(0.006)		(0.006)
Pre_donation_lag_2		-0.038		0.012***		0.011**
(0.005)		(0.033)		(0.004)		
Constant	-24.093***	-1.692	-21.834**	3.823***	-36.602***	6.445***
	(1.087)	(5.743)	(9.778)	(0.197)	(3.038)	(0.176)
sigma_u						
Constant	0.000		0.631***		0.591***	
	(0.025)		(0.069)		(0.045)	
sigma_e						
Constant	0.152***		0.854***		0.237***	
	(0.014)		(0.034)		(0.009)	
N	62	49	397	305	427	330

Standard errors in parentheses

$^{*}p < 0.1, ^{**}p < 0.05, ^{***}p < 0.01$

四、稳健性检验

考虑到金融业作为现代经济的核心，在经济社会发展中的作用越来越重要，因此本文将第三产业中的金融业单独归为一类，将剩余的房地产业，交通运输、仓储和邮政业，批发和零售页业，信息传输、软件和信息技术服务业以及租赁和商务服务业归为"非金融业"一类，再次进行分组的回归。这里同样采用随机效应模型进行回归，其中，关于改革前后税收负担对于固定投资增量的影响的检验结果见表7-10、表7-11，关于改革前后税收负担对于固定投资收益的影响的检验结果见表7-12和表7-13。从表7-10和表7-11的计量结果可以看出，在10%的显著性水平下，无论营改增之前还是之后，税收负担率都对固定资产投资增量具有显著的影响，且影响系数为负，两者之间存在负相关关系，这与之前的所有研究结论一致，只是在系数和显著性上有所改变，这说明前面研究结果的稳健性。故假设2："营改增"后，企业税收负担变化与其固定资产投资存在显著相关成立。

表7-10　税制改革前固定资产投资增量的稳健性检验结果

	金融业	非金融业
税收负担率	-0.741*	-12.030*
(Tax)	(-0.78)	(-1.58)
企业规模	0.423***	4.037**
(lnAsset)	(2.81)	(1.97)
资产负债率	-0.512	1.829*
(Debt)	(-0.98)	(1.63)
盈利率	0.985	1.356
(Profit)	(1.09)	(1.14)
常数	-9.035***	-84.903**
	(-2.86)	(-1.97)
N	84	304

注：*代表P<0.10，**代表P<0.05，***代表P<0.01

表7-11　税制改革后固定资产投资增量的稳健性检验结果

	金融业	非金融业
税收负担率	-2.068*	-16.047*
(Tax)	(0.53)	(-1.51)
企业规模	0.407	7.256**

续表

	金融业	非金融业
（lnAsset）	（1.43）	（2.39）
资产负债率	-1.891	-2.486
（Debt）	（-0.84）	（-0.40）
盈利率	-2.830	13.826*
（Profit）	（-0.53）	（1.93）
常数	-8.860*	-157.297**
	（-1.62）	（-2.37）
N	65	241

注：*代表 P<0.10，**代表 P<0.05，***代表 P<0.01

然而，从表7-12和表7-13的计量结果可以看出，即使在10%的显著性水平下，无论营改增之前还是之后，税收负担率都对固定资产投资效益都不具有显著的影响。这与前面研究结论仍保持基本一致，也可验证前面研究结果具有稳健性。故假设3："营改增"后税收负担率的降低没有明显提高固定资产投资效益。

表7-12　税制改革前固定资产投资效益的稳健性检验结果

	金融业	非金融业
税收负担率	-48.110	245.162
（Tax）	（-0.20）	（1.02）
企业规模	75.878	1.862
（lnAsset）	（1.08）	（0.15）
资产负债率	-140.330	-2.764
（Debt）	（-0.50）	（-0.19）
盈利率	804.092	-10.240
（Profit）	（0.93）	（-0.58）
常数	-1781.438	-66.690
	（-1.15）	（-0.27）
N	84	299

注：*代表 P<0.10，**代表 P<0.05，***代表 P<0.01

表 7 − 13　税制改革后固定资产投资效益的稳健性检验结果

	金融业	非金融业
税收负担率	− 349.754	4274.727
（Tax）	（− 0.68）	（1.27）
企业规模	90.808	− 902.007
（lnAsset）	（1.22）	（− 0.85）
资产负债率	581.784	− 10114.38
（Debt）	（1.02）	（− 1.41）
盈利率	4961.868	− 9665.317
（Profit）	（1.53）	（− 1.17）
常数	− 2852.711	25133.33
	（− 1.36）	（0.94）
N	65	239

注：*代表 P < 0.10，**代表 P < 0.05，***代表 P < 0.01

第四节　促进大企业慈善捐赠的税收政策建议

一、加强税收征管，落实依法征税

推进税收信息化建设，完善税收征管系统，加强征管力度，堵塞税收漏洞。通过信息化建设，实现大企业所有税种管理全覆盖，加强税收风险管理，重点稽查，落实依法征税。在企业慈善捐赠价格变化的"替代效应"大于"收入效应"的情况下，通过加强征管堵塞漏洞，既可以防范税收流失，还通过提高企业的税收负担率，增加企业的慈善捐赠，既保证了税收收入，又促进了慈善事业的发展。

二、优化纳税服务，方便企业抵扣

2008 年，新企业所得税法规定企业慈善捐赠的税前扣除比例由 3% 统一提高到 12%；2016 年颁布的《慈善法》规定，慈善（公益）捐赠超过年度利润总额 12% 的部分，准予结转以后三年内在计算应纳税所得额时扣除，这对于企业增加慈善捐赠具有十分积极的意义。但调研中发现，有的企业在慈善捐赠时候没有拿到捐赠扣除发票，有的拿到捐赠发票后不能及时办理税前抵扣，从而影响企业捐赠。结合目前优化营商环境的要求，税务部门要优化纳税服务，简化捐赠发票管理，在有条件的地区捐赠系统与纳税系统整合，实现数据共享，企业慈善捐赠的同时税务机关就获取信息，及时进行税前扣除管理。

三、改革慈善税制，激励实物捐赠

企业实物捐赠流转税和财产行为税的优惠政策缺失是我国现行慈善税制一大短板，很多企业在捐赠的时候会考虑将库存商品等捐赠出去，而这也正是很多灾区和困难群众急需的物资。2008 年"汶川地震"时，国务院曾特别发出通知对企业捐物实行免征增值税等优惠政策，在税制改革的过程中，应该把这种特殊政策以法律的形式规定下来，对企业实物慈善捐赠免交流转税，鼓励企业实物捐赠。对于企业捐赠服务的行为，目前尚未有明确的税收规定，但我们应鼓励企业为慈善"出力"服务，同时，在企业捐赠服务时要区分不同的行业采取不同的措施。例如，像酒店餐厅这种一般缴纳定额流转税的企业，可以参照慈善捐款取得凭证，根据服务的多少予以税收优惠。再如，运输企业在提供慈善运输服务时，首先要取消过路过桥费，另外对企业应该缴纳的流转税也应该予以减免优惠。另一方面，要严格认定实物和服务捐赠的慈善性质，加强监督，不能让有些企业打着慈善的幌子偷逃税收。

四、企业结合税收筹划，建立慈善捐赠战略

实证研究结果发现，慈善捐赠不仅仅是一种支出，企业战略性慈善捐赠有利于提升其财务绩效。企业通过慈善捐赠履行社会责任，进而影响利益相关者，获得积极的反馈与评价，树立良好的企业形象与社会地位，并带来经济效益。在现实中，还有很多大企业将慈善捐赠作为一种临时性的"义捐"，是一种纯粹的利他主义的捐赠，对于慈善捐赠的认识还停留在被动慈善的层面，并没有上升到战略高度。企业是否捐赠和如何捐赠，应该从自身财务情况、发展阶段、外部环境等因素进行综合考虑，结合慈善捐赠税收政策，进行合理税收筹划，建立有利于其长期发展的慈善捐赠决策机制，科学地进行捐赠决策，使慈善捐赠能持续地进行下去。

五、加强慈善组织税务监管，建设优秀慈善文化

实证研究发现，政府换届因素显著影响了当期慈善捐赠额度的变化。现实中，政府在慈善捐赠中常常以"劝募者"身份直接参与企业慈善捐赠，使得企业容易"被慈善"。而民营企业借助慈善捐赠加强与政府之间的联系，还容易导致暗箱操作与腐败的滋生，实现利益输送。慈善组织是捐赠者与受益人之间的桥梁，应该加强组织建设，引导慈善组织正规化、专业化发展。目前，我国慈善组织官方色彩过于浓厚，也不利于慈善事业的发展，慈善组织也要去行政化，让慈善回归民间。同时，建立税务监管为核心的慈善组织治理机制，包括税务管理、信息披露、健全组织治理结构等，切实加强慈善组织建设，增强慈善组织公信力。

另外，在全社会加强慈善文化的宣传，努力营造良好的慈善氛围。我国有悠久的慈善历史文化，儒家、道家和佛家都具有慈善思想的渊源。人的行为首先是受意识支配的，当社会上慈善意识日益浓厚，慈善思想广泛传播时，人们会不自觉地接受或者唤起这种思想，从而转化为企业和个人的内在行为准则，促进慈善事业发展。

第九章

广东外资大企业撤资的税收与非税动因

外资企业作为我国改革开放以来的重要经济推动力之一,在我国高速经济增长中的地位愈发提升。刘宏与李述晟(2013)认为外资企业可以提升资本积累、提高资本的形成率;引进新技术以提高技术水平;促进东道国改进微观管理体制[121]。勃兰特(Brandt,2009)认为外资企业进入为中国贡献了近一半的全要素生产率[122]。但随着我国内资企业的迅速发展,企业所得税并轨等一系列的税收优惠减少,外资企业撤资(Foreign Corporate Divestment)风险逐渐显现。外资企业撤资主要指自愿或者非自愿通过出售、清算、国有化等方式放弃部分或者全部投资资本、公司业务等。外资企业是外商直接投资(FDI)的主体,因此外资大企业撤资可视为 FDI 的逆转行为。近年来,美国硬盘制造商希捷关闭苏州工厂并裁员约2000人;麦当劳将大陆与香港餐厅经营权以20.8亿美元出售给中信集团与凯雷投资;甲骨文裁减北京研发人员约200人。大型外资企业撤资对我国经济高速发展带来了不可忽视的风险。

外商撤资作为影响我国经济发展的潜在因素之一,已有丰富的文献对其撤资条件、行为与动机等进行讨论。其中,大部分文献主要从母公司战略调整、母国和东道国的市场竞争与税收等环境角度研究跨国公司撤资动机,结论大多认为,撤资行为的动因源于外部因素。由于外资企业个体数据难以获取,国内大部分文献采用案例分析的研究方法,缺乏基于微观层面数据的实证研究。

国际上衡量大企业的标准主要有营业额、资产总额、纳税总额、行业归属、是否跨国公司、雇员总数等指标。本书通过政府部门获得广东珠三角地区(除深圳外,下同)2015 年税收收入 1 亿元以上外资大企业财务信息,通过估计外资大企业存在的撤资风险,分析影响其撤资可能的内外部因素,弥补已有文献关于撤资问题实证研究的不足,并提出相关政策建议。

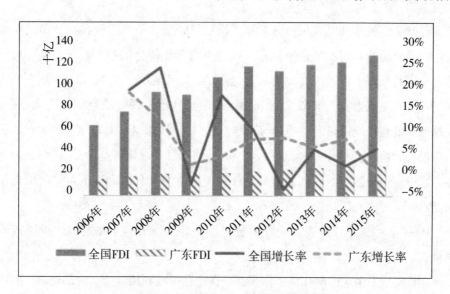

图9-1　全国和广东 FDI 金额与增长率

现有的文献资料主流认为影响外资大企业撤资的因素主要为外生因素，从东道国环境与母公司角度考虑撤资行为的动因，包含东道国与投资国的经济环境、政治环境、地理区位和母公司全球战略变更等因素。关于外商投资企业自身经营内部因素的探究较少，主要集中在盈利能力单一方面。回顾撤资经典三大理论，OIL 模型中关于内部因素主要考虑企业是否具备资源内部化优势，即利用母公司资产直接投资国外市场而非出售给其他企业；撤出壁垒理论中结构性壁垒、直接成本与管理壁垒涉及外资企业内部经营因素；产品生命周期理论则更为重视企业产品的实际盈利水平。

由于企业的撤资行为往往较为隐蔽，难以准确度量与事前预知，并且大量非上市企业信息获取困难，因此以往的研究方法局限于案例分析或调查问卷。本书利用广东珠三角地区外资大企业内部财务信息与税收信息，希望对外资大企业撤资风险进行估计，对撤资内部因素与税收因素分析进行补充，从企业微观层面帮助我们更好理解企业撤资问题。

第一节　外资大企业撤资的税收与非税动因假设

大部分文献认为子公司的经营状况不良是导致外资大企业撤资的主要原因，

资本具有天然的逐利性，在利润下滑甚至亏损时国外子公司就是母公司的财务负担。子公司的利润不足意味着 OIL 理论中内部化优势的丧失、产品生命周期理论中产品利润下滑进入"成熟－衰退"阶段。毛蕴诗、何欢（2008）在分析在华外资大企业撤资与再投资过程中，即便是进行再投资战略的外资大企业，早期撤资的直接原因是经营不佳与利润不足[123]。郜志雄、王家玮（2009）认为行业投资收益率低是外资撤资的主要原因，国际形势变化则是导火索[124]。因此在考虑外资企业撤资的内部因素时，外资大企业的盈利能力是不可忽视的负相关因素。

H1：盈利能力与外资大企业撤资风险负相关，盈利水平越高，撤资风险越低。

OIL 模型中企业内部化优势体现在外资企业可以利用母公司内部资源，其中就包括具有特殊性与高技术标准的生产设备等固定资产。在波特（Poter）的退出壁垒理论中，固定资产可作为结构性壁垒或者直接成本，一方面假如存在耐用或特殊性强的固定资产，转让或清算会变得十分困难，另一方面固定资产出售时面临的折价将直接抬高撤出的直接成本。因此固定成本的大幅减值会成为外资企业做出撤资决策是面临的主要阻碍之一。徐磊（2009）认为在金融危机发生之后外资企业投资意愿与投资能力均下降是导致撤资的原因之一。固定资产投资作为外资大企业在华的主要投资手段之一，可以有效地控制外资大企业撤出时决策成本，抑制外资大企业实现撤资[125]。

H2：固定资产总额与外资大企业撤资存在负相关，固定投资越高，撤资风险越低。

刘振林等（2016）认为中国廉价劳动力是吸引外资的主要因素，随着人力成本提升，外资大企业在中国的竞争优势逐渐失去进而采取撤资行为[80]。在整体规模上我国的科研技术水平与发达国家地区仍存在差距，但我国高受教育水平人才规模也处于迅速扩张，劳动力成本逐年上升成为必然趋势。王进猛、沈志渔（2015）认为外资企业内部贸易强化最主要方式为强化企业员工培训而非研发投入，内部贸易强化将有效降低外资企业交易成本[126]。

珠三角作为加工制造业聚集地之一，劳动密集型产业占比较高，劳动力成本上升会抬高企业经营成本。因此在制造业中劳动力成本与企业撤资决策应存在正相关关系，过高人力成本会影响外资大企业盈利能力进而增加企业撤资风险。但依据退出壁垒理论，高人力成本意味着企业撤资时面临的直接成本增加；在非传统制造业中高人力成本可能由于企业具有较强的盈利能力，同时愿意为高素质劳动力付出较高的人力成本。因此不同行业间人力成本对外资大企业撤资的风险具有不同方向的影响，制造业人力成本与撤资风险存在正面影响，非制造业人力成本与撤资风险存在负面影响。

H3：制造业人力成本与外资大企业撤资存在正相关，整体平均薪酬越高，撤资风险越高；非制造业人力成本与外资大企业撤资存在负相关，整体平均薪酬越高，撤资风险越低。

我国于 2008 年实行"两税合一"改革，原先外资大企业特区所得税税率是 15%、沿海开放城市税率 24%，内资企业所得税税率为 33%，改革后税率统一为 25%，外资大企业不再具有超国民待遇。贾俊雪（2014）通过计算企业有效平均税率，认为降低有效平均税率可以促进外资大企业进入中国。因此本书认为税收负担越重，外资大企业撤资风险越高[127]。

H4：税收负担与外资大企业撤资存在正相关，税收负担越高，撤资风险越高。

第二节 广东外资大企业撤资研究样本与描述性分析

一、研究样本与变量提取

本书选取广东省除深圳以外地区 2015 年纳税规模 1 亿元及以上且属于总局千户集团、省局百户集团及市级大企业范畴的 162 家外资企业 2008 年至 2015 年的数据进行研究。数据收集在借鉴已有文献基础上，通过结合分析外资大企业经营现状所需的指标，结合假设的理论框架，以广东省内外资大企业 5 个方面指标作为最终判断标准。最终 5 类指标分别为整体分类指标、盈利指标、资产负债指标、税收指标、人力指标。

本书选取分布地区、所属行业、企业性质作为整体分类指标的 3 个测项，其中前两项将作为其他指标的分类标准；盈利指标包含营业收入、营业成本、利润总额 3 个测项；资产负债指标包含资产总额、负债总额、流动资产、流动负债4个测项；税收指标包含当期应纳税款、当期实际缴纳税款2个测项；科研人力指标包含研发费用、职工人数、职工收入3个测项。

表9-1　样本企业指标

一级指标	二级指标	计算方式
整体分类指标	所属地级市	所属地级市
	企业性质	外商独资经营、港澳台合资经营等
	所属行业	主营业务所在行业
盈利指标	营业收入	当期企业收入总额
	营业成本	当期企业成本总额
	利润总额	当期企业利润总额
资产负债指标	资产总额	当期企业资产总额
	负债总额	当期企业负债总额
	固定资产	当期企业固定资产总额
人力指标	职工人数	期末职工人数
	职工收入	当期职工收入总额
税收指标	当期实际缴纳税款	所属期实际缴纳税款

基于上述从企业报表信息与税收信息中获得的5类基本指标，本书最终构造了关于外资大企业撤资可能性的被解释变量与内部经营、税收因素构成的解释变量。

1. 被解释变量

毛蕴诗、何欢（2008）认为外资企业撤资的方式与动因之间存在内在关系，在转让或出售、管理层收购和清算中，转让或出售是外资大企业普遍选择的方式[123]。考虑到外资企业撤资需要一般较为隐蔽并且需一定周期完成资产的转让或出售，因此本书采用所选企业资产总额近三年的变动情况构造被解释变量。通过对周期不同的资产变动情况，在尽可能避免由于短期经营情况不良干扰的前提下对企业撤资可能性进行考量。在2008年至2015年的数据基础上生成2010年至2015年共计6年的被解释变量。

表9-2　被解释变量含义

被解释变量值	含义	条件
Y = 3	较高撤资风险	近三年总资产变动为负
Y = 2	一定撤资风险	近两年总资产变动为负且不满足以上条件
Y = 1	撤资风险较低	近一年总资产变动为负且不满足以上条件
Y = 0	暂无撤资风险	近三年、两年、一年总资产变动均为正

2. 控制变量

投资期间（Period）：在华投资时间不同企业撤资行为的发生可能性存在差异。在华长期投资企业本地化水平高，对在华危机处理能力越强，撤资可能性较低（刘振林等，2016）[80]。

企业规模（LnAsset）：通过企业总资产控制企业规模，避免不同企业间存在的利润、固定资产、税收等因素存在较大差异引起的回归结果误差。

营收规模（LnIncome）：通过企业营收总规模控制企业所在市场大小与整体经营规模对撤资风险存在的影响。

所在行业（Industry）：通过区分制造业与非制造业，进行行业间撤资风险比较，并通过建立交叉项分析人力成本在行业间不同的影响程度。

3. 解释变量

税收负担（LnTax）：由于行业性质不同，不同企业流转税、资产税等不同税种的侧重不同，因此通过企业每年所纳税收总额更为总体地衡量企业实际税收负担情况。

固定资产（LnFixAsset）：固定资产总额取自企业财务报表中每一期期末扣除折旧后的净固定资产项。

盈利能力（LnProfit）：通过企业财务报表中期末利润总额直接衡量企业盈利能力。

职工薪酬（LnSalary）：由每一期期末职工人数与企业年度支出的职工薪酬总额计算当年员工平均薪酬，通过平均薪酬水平衡量企业的平均人力成本。

表 9 - 3　控制变量与解释变量

变量名	含义	定义
控制变量		
Period	在华时间	1 - 8 年表示统计期内在华时间
LnAsset	企业规模	期末资产总额对数值
LnIncome	营收规模	年度营业收入总额对数值
Industry	所在行业	制造业 = 1 非制造业 = 0
解释变量		
LnTax	税收负担	年度税收总额对数值
LnFixAsset	固定资产	期末固定资产对数值
LnProfit	盈利能力	年度利润总额对数值
LnSalary	职工薪酬	年度平均职工薪酬对数值

二、描述性统计分析

以本书选取的广东省 162 家外资大企业 2015 年末情况为基准，企业性质涵盖外资企业、中外合资企业、中外合作企业、外资股份有限公司等类别。其中外资企业与中外合资企业占比为前两项，两项合计占比超 50%，反映了珠三角地区外资大企业半数以上为外资企业独资或中外合资，规模上两者相近。珠三角拥有特殊的地理位置，既毗邻香港、澳门两个特别行政区，与台湾地区也仅有海峡之隔，因此，港、澳、台商成了珠三角外资企业重要投资者，港、澳、台商参与外资大企业占珠三角外资大企业 41.36%。珠江三角洲作为我国东南部重要对外开放窗口，成为港澳台地区企业进入大陆投资的便利渠道之一。

样本企业地级市分布不包含深圳市，其中外资大企业居前 3 位的城市分别为广州、佛山与东莞。广州作为广东省经济重心，吸引近 40% 的大型外资企业，在深圳以外地区具有绝对的领先优势。行业分布中制造业成为大型外资大企业的最主要行业，总计 104 家企业，占比超过 60%。制造业以外，占比靠前行业分别是房地产业、批发和零售业、能源行业、租赁和商务服务业。广东作为依靠外向型经济为主的省份，对外经济中以来料加工为主要方式，轻纺产品、家电、电子产品、食品为代表的轻工制造业拥有较强的市场占有率和辐射力。

表9-4 样本整体分类特征描述性统计

公司基本信息	选择参数	数量	所占比重
企业性质	港、澳、台商独资经营企业	24	14.81%
	港、澳、台商投资股份有限公司	9	5.56%
	合资经营企业（港或澳、台资）	25	15.43%
	合作经营企业（港或澳、台资）	9	5.56%
	外资企业	47	29.01%
	中外合资经营企业	39	24.07%
	中外合作经营企业	2	1.23%
	外资股份有限公司	6	3.70%
	其他外国企业	1	0.62%
所属地级市	东莞	20	12.35%
	佛山	26	16.05%
	广州	71	43.83%
	惠州	14	8.64%
	江门	5	3.09%
	肇庆	1	0.62%
	中山	13	8.02%
	珠海	12	7.41%
所属行业	电力、热力、燃气及水生产和供应业	11	6.79%
	房地产业	15	9.26%
	交通运输、仓储和邮政业	4	2.47%
	金融业	1	0.62%
	批发和零售业	11	6.79%
	信息传输、软件和信息技术服务业	7	4.32%
	制造业	104	64.20%
	租赁和商务服务业	9	5.56%

　　盈利指标中外资大企业营业收入、营业成本均呈现稳步上升。其中平均营业收入在2010年达到历史最高增长率15.57%。自2011年至今外资大企业营业

收入增长率均保持在 10% 以下，2015 年增长率更是仅为 0.88%，反映出当前外资大企业规模增长明显受阻。2009 年至今，营业收入增长率仅在 2009 年与 2014 年高于营业成本增长率，造成了珠三角地区外资大企业毛利率呈现出波动下滑趋势。作为反映商品增值的重要指标，外资大企业毛利率由 2009 年最高的 30.77% 跌至 2015 年 24.3%。同时企业平均利润总额在 2012 年与 2013 年出现连续负增长，尽管 2014 年增长速度提升至 10.45%，但 2015 年增长回落至 3.25% 的低速水平，反映了珠三角地区外资大企业盈利持续动力不足。

行业数据中，平均营业收入 2015 年前三位为交通运输业、信息技术行业、制造业。其中交通运输业营业收入近年出现显著上升，信息技术业出现显著下滑。制造业作为支柱性产业，保持稳定增长速度。信息技术行业与交通运输行业尽管企业数量不多，但营收规模较大，信息技术行业作为高附加值产业更具有极高经济效益。但近年营业收入均出现负增长，行业毛利率也出现迅速下滑，说明广东外资大企业中信息技术企业盈利能力下滑，企业利润严重缩水。

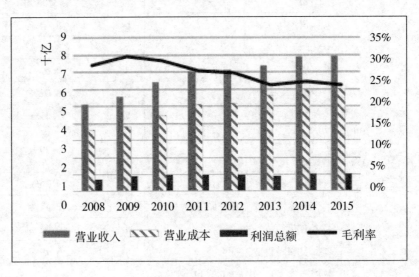

图 9 - 2   利润指标

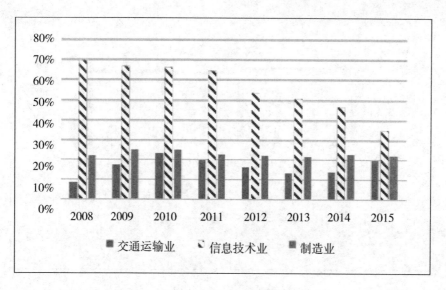

图 9 - 3 部分行业毛利率

资产负债指标方面，珠三角地区外资大企业总体处于良好水平，总资产、总负债与固定资产均呈现迅速扩张趋势，2015 年末平均资产总额相较于 2008 年实现了 98.9% 增长，总体规模扩张近一倍。同时外资大企业的资产负债率近 8 年呈现波动下降，但波动幅度较小，基本维持在 50% 至 60%。资本负债率是对企业债务风险的直接考量，反映了外资大企业对基本债务风险的把控能力，较为稳定的资产负债水平说明珠三角地区外资大企业风险控制能力较强。固定资产作为外资大企业在我国投资的主要方式之一，固定资产平均占比在 2008 至 2015 期间呈现显著下滑，由 2009 年最高 34.85% 跌至 2015 年 27.29%。固定资产为作为主要撤资壁垒之一，固定资产占比下降证明外资企业的撤资具有整体风险。2015 年资产负债率最高的三个行业分别为金融业、交通运输业、房地产业，由于金融业主要通过吸收投资资金进行投资或信贷业务，资产负债率处于较高水平。

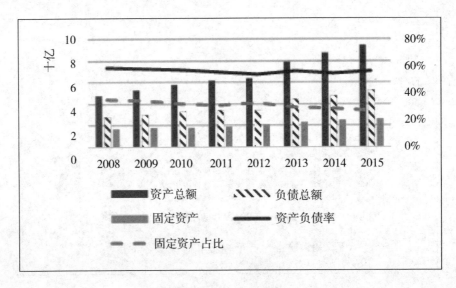

图9-4　资产负债指标

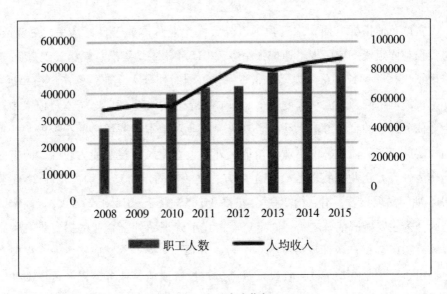

图9-5　人力指标

税收指标以外资大企业平均缴纳税款总额为衡量标准，税款总额在2008年以来保持整体增长趋势。2009年与2010年增速达18.87%与22.75%，2013年增长速度再次上升至9.99%。考虑到2008年起我国对内外资企业实行"两税合一"政策，外资企业实际税收优惠减少，老外资企业享有5年过渡期，因此外资大企业在2008年后与2013年后均出现纳税总额增长。通过计算实际缴纳税款与当期营业收入，广东外资大企业实际税收负担保持在7% ~9% 范围内。2015
年末税收负担率最高的三个行业分别为金融业、房地产业、能源行业，制造业
税收负担率处于中等水平。

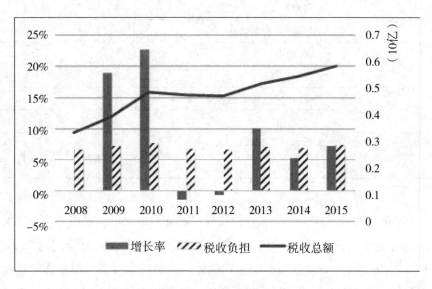

图 9 - 6　税收指标

　　珠三角地区外资大企业平均职工收入额、职工人数均呈现出上升趋势，其
中职工人均收入额在 2010 年、2013 年出现负增长，但 2011 - 2012 年期间增速
均为 20% 以上。职工人数则在 2009 年、2010 年与 2013 年出现显著扩张，增长
呈现周期性变化，2014 年末增加至 50 万人以上。在 2009 - 2010 年、2013 年两
个期间外资大企业平均出现扩张，可能由于中小型外资企业由于税制改革逐渐
被市场淘汰，大企业利用自身资源、现金流等优势实现市场兼并。行业分类方
面，金融业职工人数于 2015 年达到 254.58% 的增长速度，相反房地产业、批发
和零售业则出现 21.46% 和 45.35% 的下滑，体现出广东省外资大企业目前正面
临着行业转移过程。尽管金融业目前从业人数最少，但高速扩张可能使其成为
未来广东外资大企业的主要方向之一。制造业与服务业作为外资主要产业，平
均职工人数居前两位。

表9-5　2015年末企业撤资风险情况

所属行业	Y = 0	Y = 1	Y = 2	Y = 3
电力、热力、燃气及水生产和供应业	1		4	6
房地产业	8	2	1	4
交通运输、仓储和邮政业		1		3
金融业	1			
批发和零售业	8		2	1
信息传输、软件和信息技术服务业	5	2		
制造业	60	11	18	15
租赁和商务服务业	5	1		3
总计	88	15	27	32

通过截取2015年末外资大企业撤资风险的评估情况可以发现，珠三角地区中54.32%企业暂无撤资风险，不同撤资风险评级的企业占比分别为9.26%、16.67%、19.75%。行业分布中交通运输业、能源行业撤资风险最高，较高撤资风险企业占比超过半数。除金融业以外，暂无撤资风险企业占比中批发和零售业、信息技术行业均在70%以上，制造业、服务业与房地产业均在55%以上。制造业中有可能撤资、有一定可能撤资、很有可能撤资的占比分别为10.58%、17.31%、14.42%，表明广东传统制造业目前存在一定撤资风险。

表9-6　变量描述性统计

Variable	Obs	Mean	Std. Dev.	Min	Max
Y	1,181	1.910	1.245	0	3
Period	1,181	7.744	0.813	3	8
LnAsset	1,181	21.761	1.220	16.316	26.163
LnIncome	1,145	21.656	1.478	11.567	25.584
Industry	1,181	0.678	0.467	0	1
LnFixAsset	1,086	19.627	1.495	12.524	24.130
LnProfit	1,181	19.374	2.526	8.431	25.441
LnSalary	1,146	11.370	0.848	8.453	19.777
LnTax	1,181	18.920	1.508	6.549	23.018

第三节 实证分析与研究结果

一、有序 Logit 模型

由于被解释变量属于 4 个等级的有序变量，因此笔者选择有序 Logit 模型（ordinal logit model，或称累积比数 logit 模型、比例优势模型）作为回归模型。有序 logit 模型是对多分类变量拟合的一种广义 Logit 模型方法，认为第 y（y = 0，1，2，3）类的概率分别为 $\{\pi_1，\pi_2，\pi_3，\pi_4\}$。影响因素 $\pi_i = (x_1，x_2，\cdots，x_p)$ 为解释变量，x_i（i = 1，2，$\cdots$，p）可以是连续变量或分类变量。

$$y^* = x^\beta + \varepsilon y = \begin{cases} 0 & if y^* \leq \mu_1 \\ 1 & if \mu_1 \leq y^* \leq \mu_2 \\ 2 & if \mu_2 \leq y^* \leq \mu_3 \\ 3 & if \mu_3 \leq y^* \end{cases}$$

其中 y^* 为潜变量，x 为解释变量的向量，ϵ 作为误差项服从 logistics 分布，可进一步推导得：

$$p\ (y > i)\ = \phi\ (\theta_i - x\beta)\ = \frac{exp\ (\theta_i - x\beta)}{1 + exp\ (\theta_i - x\beta)}，\ i = 1，2，3，4$$

由于 ologit 模型是对 logit 模型的一种拓展，通过将类别型的被解释变量（此处为撤资可能性）转化为潜变量 y^*，使得模型仍可以完成线性估计。但回归结果中的系数属于对 y^* 的影响，需要通过常对数模型，转化为弹性分析才是对 y 的影响系数。同时计算每一个变量的边际贡献率时，一般控制其他变量处于均值状态，考虑每单位解释变量对被解释变量选择的概率影响。即：

$$odds = exp\ (\alpha + \beta_1 x_1 + \beta_2 x_2 + \beta_3 x_3 \cdots + \beta_i x_i)$$

在本书中最终构造的 ologit 方程式为：

$$y^* Period * \beta_1 + LnAsset * \beta_2 + LNFixAsset2 * \beta_3 + LnFixAsset * \beta_4 + LnProfit * \beta_5 + LnSalary * \beta_6 + LnSalary2 * \beta_7 + LnTax * \beta_8 + \epsilon$$

$$Y = \begin{cases} 0 & if\, y^* \leq \mu_1 \\ 1 & if\, \mu_1 \leq y^* \leq \mu_2 \\ 2 & if\, \mu_2 \leq y^* \leq \mu_3 \\ 3 & if\, \mu_3 \leq y^* \end{cases}$$

由于被解释变量 Y 是建立在 2008 年至 2015 年数据基础上，因此模型将有序 Logit 模型运用于面板数据进行回归。

二、回归结果与分析

模型 1、模型 5 与模型 6 中企业盈利能力系数均为负，且模型 5 与模型 6 中系数均在 5% 显著性水平上显著。回归结果说明外资大企业的盈利能力与撤资风险存在显著负相关，即企业盈利能力越强，撤资风险越低。企业盈利能力符合 OIL 理论与产品生命周期理论假设，高利润是吸引外资企业持续投资的最直接因素，验证了本书假设一。

回归结果中模型 2、模型 5 与模型 6 中固定资产显著为负，显著性水平均在 1% 以上，说明固定资产总量与外资大企业撤资存在负相关关系。固定资产总量越高外资企业撤资风险越低，符合波特撤资壁垒中结构性成本与直接成本理论，验证了本书假设二。

模型 3、模型 5 中人均薪酬显著系数为正，且显著性水平均在 1% 以上，说明总体上人力成本与外资大企业撤资风险存在正相关关系。外资企业人力成本越高，企业面临的生产成本越高，企业盈利受影响也将导致企业撤资风险提升。但在模型 6 中引入行业与人均薪酬交叉项，模型中人均薪酬在 10% 显著水平上为负，交叉项在 1% 显著水平上为正。说明在制造业以外，人力成本的增加对应企业撤资风险的降低；制造业内人力成本的增加对应企业撤资风险的提高。珠三角地区以加工制造业为主的劳动密集型产业对人力成本较为敏感，人力成本的上升会降低企业利润进而导致撤资风险上升；制造业以外产业如金融业、信息技术行业中高价优质的人力资源对企业撤资风险存在负面作用，验证了本书假设三。

模型 4、模型 5 与模型 6 中税收负担系数均为正值，且均在 1% 显著性水平上显著，即税收负担与外资大企业撤资风险存在显著正相关。税收是企业经营中必须面临的直接成本之一，税收作为吸引外资的主要手段之一，高税负将增加企业运营成本，提升外资企业撤资风险。税收负担与撤资风险之间正相关符合 OIL 理论中内部化要求，验证了本书假设四。

　　控制变量中在华时间系数均为负值，说明在华时间越长的外资企业本土化程度越高，与国内上下游企业具有更紧密的联系，撤资风险越低。企业资产规模系数均显著为正，说明目前珠三角地区外资大型企业具有越高的撤资风险。大型跨国公司一般具有较强的全球战略与调配能力，具备更高市场敏感度，撤资与再投资行为较多，因此撤资风险相对越高。

　　营业规模系数均为正值，模型 5 与模型 6 中在 5% 显著水平上显著，说明在控制利润总额前提下，营业收入越高，企业利润率相对应越低，撤资风险越高。珠三角地区面临转型升级市场变化，传统制造业收到的冲击最强，传统制造业市场中的外资企业撤资风险相对较高。

　　行业区分中行业系数在模型 1 至模型 5 显著为正，模型 6 中显著为负，说明在引入人力成本与所在行业交叉项前制造业撤资风险高于非制造业，在模型引入交叉项后表现为制造业低于非制造业，证明制造业中撤资风险主要来源于人力成本的提高。低廉的人力成本作为我国早期开放过程中吸引外资企业的主要因素，对外资企业在华的盈利水平影响较大，因此也对目前外资大企业撤资风险具有较强影响。

表 9 - 7　Order Logit 模型回归结果

	Model 1	Model 2	Model 3	Model 4	Model 5	Model 6
Y						
Period	-0.999	-0.108	-0.509	-0.545	-0.423	-0.447
	(0.689)	(0.531)	(0.579)	(0.560)	(0.682)	(0.640)
LnAsset	6.456***	5.831***	5.138***	4.976***	6.374***	5.723***
	(0.547)	(0.486)	(0.470)	(0.461)	(0.600)	(0.579)
LnIncome	0.669***	0.358**	0.185	0.0120	0.512**	0.627**
	(0.223)	(0.149)	(0.141)	(0.149)	(0.252)	(0.259)
Industry	4.207***	4.442***	4.245***	3.483***	5.609***	-29.37***
	(1.555)	(1.230)	(1.274)	(1.218)	(1.575)	(5.509)
LnProfit	-0.0613				-0.346**	-0.349**
	(0.141)				(0.159)	(0.162)

续表

	Model 1	Model 2	Model 3	Model 4	Model 5	Model 6
LnFixAsset		-0.693^{***}			-0.709^{***}	-0.687^{***}
		(0.156)			(0.194)	(0.185)
LnSalary			1.121^{***}		0.812^{***}	-0.468^{*}
			(0.249)		(0.261)	(0.261)
LnTax				0.639^{***}	1.099^{***}	1.034^{***}
				(0.176)	(0.269)	(0.268)
Industry * LnSalary						3.043^{***}
						(0.468)
sigma2_u						
_cons	67.00^{***}	42.91^{***}	45.46^{***}	43.31^{***}	66.75^{***}	57.95^{***}
	(13.22)	(8.488)	(9.129)	(8.646)	(13.42)	(11.86)
N	1078	1145	1115	1145	1048	1048
LR test	245.06	205.37	235.04	228.25	256.45	290.30
Wald chi2	166.88	161.42	170.27	162.10	179.54	198.55

Standard errors in parentheses

$^{*} p < 0.1, ^{**} p < 0.05, ^{***} p < 0.01$

三、稳健性检验

本书通过更换解释变量即盈利能力、固定资产、人力成本与税收负担的衡量方式，采用计算每个企业利润占营业收入比率（Profit_Ratio）、固定资产占总资产比率（Fix_Ratio）、工资支出占营业收入比率（Salary_Ratio）与税收占营业收入比率（Tax_Ratio），排除企业因体量差异所导致测量影响，再次对面板数据进行有序 Logit 模型回归。模型 7 中营业利润系数为负、固定资产比率显著为负、工资比率为负且工资比率与行业交叉项显著为正、税收负担显著为正，分别验证了本书假设一至假设四。

此外由于被解释变量是基于资产变动情况的有序类别型变量，所以通过对 Y 中四类风险水平进行重新分类（Y2），前两项与后两项合并为较高撤资风险与较低撤资风险，通过 Logit 模型进行回归。模型 8 中盈利能力系数、固定资产系数与人力成本系数显著为负，税收负担、人力成本与行业交叉项显著为正，分别验证了本书假设一至假设四。两项稳健性检验证明主模型回归结果具有稳健性。

表9-8　稳健性检验

	Model 7		Model 8
Y		Y2	
Period	-0.404	Period	-0.263
	(0.522)		(0.578)
LnAsset	4.754***	LnAsset	4.572***
	(0.449)		(0.793)
LnIncome	0.719***	LnIncome	1.111***
	(0.211)		(0.341)
Industry	1.844	Industry	-40.46***
	(1.181)		(7.412)
Profit_ Ratio	-0.00304	LnProfit	-0.436**
	(0.0309)		(0.215)
FixAsset_ Ratio	-6.071***	LnFixAsset	-0.725***
	(0.944)		(0.209)
Salary_ Ratio	-0.00721	LnSalary	-0.942**
	(0.427)		(0.379)
Tax_ Ratio	0.0611**	LnTax	1.232***
	(0.0295)		(0.360)
Industry	17.00***	Industry	3.915***
*Salary_ Ratio	(3.666)	*LnSalary	(0.653)
sigma2_ u		lnsig2u	
_ cons	40.28***	_ cons	3.890***
	(7.992)		(0.310)
N	1145		1048
LR test	208.16		105.55
Wald chi2	190.29		75.85

Standard errors in parentheses

*$p < 0.1$, **$p < 0.05$, ***$p < 0.01$

第四节　主要结论与政策建议

利用 2008 年至 2015 年间珠三角地区外资大企业数据，本书对外资情况做出了大致的描述，并且尝试针对面板数据使用有序 Logit 模型对广东外资大企业的撤资内部因素与税收因素做出分析。研究结果表明，珠三角地区外资大企业在近年面临增长放缓、毛利下降、人力成本上升、税收负担较重等困境，外资企业撤资风险较高。改革开放以来，珠三角地区作为引进外资重点区域，通过市场换技术迅速引入大量国外及港澳台资企业，但长期在国际生产链中处于中下游，技术水平不高加上服务贸易起步较晚，外资大企业整体水平有限。珠三角充足的劳动力资源使得早期外资企业，尤其是具备完整产业链的大型外资企业将加工生产环节转移至我国，而在母公司地区保留研发等关键环节，靠专利技术使用费等举办赚取大量利润。2008 年实行《中华人民共和国劳动合同法》以来，企业对普通雇佣工人的报酬以及基本保障有更明确要求，在国内人力成本逐渐上升的大背景下，部分人力密集型技术水平不高的外资企业受到直接冲击较强，撤资风险随之上升。

在外资大企业撤资风险影响因素实证分析中，盈利能力和固定资产与企业撤资风险呈现显著负相关，人力成本影响方向在制造业与非制造业间存在显出差异，税收负担与企业撤资风险存在显著正相关。因此针对我国和东南亚等国的情况，对不同撤资影响因素应采取不同的对策，通过解决企业内部约束，降低外资大企业撤资的系统性风险。

一、顺应工业 4.0 趋势，鼓励增加长期投资

随着德国政府所提出的"工业 4.0"概念逐渐被其他国家和地区所接受，智能化生产逐渐成了全球制造业发展的主要方向。我国同样在 2015 年 5 月印发《中国制造 2025》，提出中国版本的"工业 4.0"，强调通过未来 10 年努力使中国跻身制造强国行列。而在计划提出的示范城市群中包含了珠江西岸城市群，提出由六市一区——佛山（顺德）、中山、珠海、江门、阳江、肇庆——组成广东先进制造业集中地区。为此，广东于 2015 年印发《珠江西岸先进装备制造产

业带布局和项目规划（2015－2020 年)》，提出发展智能制造装备、船舶与海洋工程装备等先进制造业目标。

珠江三角洲地区作为我国发展智能制造的主要地区之一，享受政策红利，在继续吸引外资的同时应鼓励珠三角外资企业尤其是大型企业在当地进行固定资产投资。在"工业4.0"背景下信息网络技术将与传统工业制造融合，要求外资企业对传统加工制造生产环节进行革新，在生产环节中引入更多智能化设备。珠三角地区城市群应鼓励外资企业投资建设新型设备，利用国际最新技术带动产业上下游的技术革新，同时帮助现有外资企业进行技术更新与转型，避免大型外资制造企业大量出逃现象。

珠三角地区在鼓励制造业发展同时，也应鼓励非制造业企业进行长期投资规划，如鼓励能源行业、信息技术行业等在华投资建研发中心。随着我国整体人口素质与投资环境的改善，外资企业在华投资应享有更多的便利。鼓励珠三角地区外资大企业进行有规划的长期投资，特别是制造业新型装备投资，将有助于在华外资企业长期发展，控制外资企业撤资风险。

二、借力粤港澳大湾区，深挖广东人力资源

我国改革开放初期，大量外来务工人员为珠三角地区提供了长期廉价的劳动力资源，但随着我国整体经济的发展，以往的人口红利正在消失，早期初步加工制造企业正逐步转移至东南亚地区。回顾亚洲经济发展进程，加工制造业经历"东亚—中国—东南亚"的迁移过程，主要寻求低劳动力成本地区，因此珠江三角洲所面临的人力成本上升与部分产业转移趋势是不可逆转的。在低技术要求的加工产业逐渐撤离时，珠三角地区应转变自身发展定位，吸引高技术水平外资企业进驻。

2017 年3 月我国政府工作报告中首次提出研究粤港澳大湾区城市群发展规划，希望在广东九市（广州、深圳、珠海、佛山、惠州、东莞、中山、江门、肇庆）和香港、澳门特别行政区建成国际级湾区与城市群。粤港澳大湾区将以先进制造业与现代服务业为支柱，利用珠三角地区沿海的地理区位优势，重新建立我国对外开放格局。以湾区中广州市为例，市内集中79 所大学，每年为市场输出大量高素质劳动力。珠三角地区外资企业人力资源开发利用应放弃传统的低劳动力要求的工厂模式，转而开发利用高素质劳动力资源，将高技术含量生产环节逐步转移至国内。珠三角地区应针对外资企业的技术转移采取鼓励措施，通过补贴等方式鼓励企业雇佣当地技术人员，进一步发掘珠三角地区人力资源，并避免地区内外资企业在产业转型过程出现真空状态，控制大型外资企业撤资风险。

周材荣（2016）认为 FDI 越高产业中产业集聚度越高，进而产业国际竞争力越高[128]。国际竞争力的提升在整体产业转型升级过程中，珠三角地区应适当鼓励外资企业进入非制造业行业，如金融业、信息技术业等。在该部分新兴行业中，人力资源具有更重要地位，将丰富外资产业架构，推动我国进一步市场化，降低外资撤资系统性风险。

三、运用税收激励政策转变经济增长模式

过去三十年间我国采用政府主导的投资驱动型增长模式保持高速增长，但随着我国经济出现持续下滑，部分行业产能严重过剩，市场需求供给失衡，投资刺激经济效果下降。2015 年，我国政府提出"供给侧改革"，强调市场的主导作用，以市场的供需约束作为政府改革标准。因此政府应通过更为积极的税收激励政策，减少企业实际税收负担，减弱政府对市场的过分干预，恢复市场在资源配置中的主导作用。

供给侧改革要求政府营造公平与法治的投资环境，完善财税体制改革，限制政府行政干预，政府职能更强调提供基础公共服务。税收作为政府干预市场的主要手段之一，一方面应加强税收监管避免税收流失，另一方面应采取有效的税收激励政策。在外资企业领域，我国通过加入国际 BEPS 行动计划监控大型跨国公司存在的转让定价与税源侵蚀问题，提高外资企业税收征管有效性。同时我国应鼓励外资企业进行技术转移、固定资产投资等长期投资计划，利用积极的税收激励政策减少企业实际税收负担。贾俊雪（2014）认为降低平均有效税率对外资企业促进作用最为明显，减弱政府腐败与信贷约束的不利影响[127]。珠三角地区作为产业转型与对外开放的先行区，更应采纳更多税收激励政策，更加有效利用外资企业经济推动力，成为我国外资企业入华的重要枢纽。

第十章

广东外资大企业国际转让定价研究

中国作为世界最大的发展中国家，在 21 世纪以来，积极顺应经济全球化新形势，全面提高开放型经济水平，成为对外商投资具有强大吸引力的经济体。我国吸收外资规模不断稳步增长，尤其在经济新常态下，伴随经济结构改革重组，吸收外资结构正在深度调整，外商在华投资将面临重大的转折。跨国公司通过国际转让定价进行税基侵蚀和利润转移（BEPS，Base Erosion and Profit Shifting），则是跨国公司对外投资带来的严峻问题之一。跨国公司利用国际税收规则存在的不足，以及不同税收管辖区的税制差异和规则错配，通过国际转让定价等方式人为造成应税利润"消失"或将利润转移到没有或几乎没有实质经营活动的低税负国家（地区），最大限度地减少其全球总体税负，从而达到不交或少交企业所得税的目的，造成对各国税基的侵蚀。在经济全球化的背景下，BEPS 问题愈演愈烈。2012 年 6 月，G20 财长和央行行长会议同意通过国际合作应对 BEPS 问题，并委托 OECD 开展研究。2013 年 6 月，OECD 发布《BEPS 行动计划》，并于当年 9 月在 G20 圣彼得堡峰会上得到各国领导人背书。2016 年 1 月 27 日，31 个 OECD 成员国签署协议，承诺将共享跨国企业信息，共同打击跨国公司国际转让定价等避税行为。近年来，中国国际税收征管协作快速发展，在 2013 年签署《多边税收征管互助公约》，积极参与《BEPS 行动计划》修订及推广，在税制改革的大浪潮中，构建反避税国际协作体系，对国际转定价避税进行调整，维护国家税收权益。

广东省作为全国改革开放的先行者，是全国吸收外商直接投资最多的省份。广东外向型经济取得的成果，有赖于外商对粤投资和外资企业的发展壮大。1979 年后，外商对粤投资从无到有，发展迅猛，广东外资企业数在全国一直居于首位，2013 年超过 10 万家。截止到 2015 年末，全省工商注册登记外商投资企业数达到 111169 家。2008 年全球金融危机后，2009 年实际利用外资额出现下降，外商直接投资额增速也急剧下降，增长仅 1.92%。但进入"十二五"规划（2011 年 – 2015 年），广东省实际利用外资及外商直接投资又趋向平稳增长。

表 10 – 1　2008 年 –2015 年广东省外商投资情况

	登记在册企业数 （家）	实际利用外资 （亿美元）	外商直接投资 （亿美元）	签订合同数量 （个）
2008	68104	2127	1917	8980
2009	69010	2029	1953	5693
2010	71525	2103	2026	6022
2011	73290	2233	2180	7289
2012	74551	2411	2355	6263
2013	100639	2533	2495	5740
2014	104555	2728	2687	6175
2015	111169	2703	2688	7033

2008 年至 2015 年，广东省外资企业进出口总额总体呈现上升趋势，除 2009 年受金融危机影响稍有下降。外资企业进出口额都在全省中占比超过 50%：进口方面，外资企业进口总额从 2008 年的 1831.55 亿美元增长到 2015 年的 2097.49 亿美元，占比的变动情况 2008 年至 2013 年逐年下降，2014 年起有小幅度的上升，总体每年都高于 50%；出口方面，从 2008 年的 2556.29 亿美元增长到 2015 年的 3329.98 亿美元，占比变动呈下降趋势。2008 年至 2015 年广东省外资企业存在较大的贸易顺差。

广东外资大企业是外商对粤投资的主力，税务机关不断披露的国际税收案例表明，许多广东外资大企业存在国际转让定价行为，通过"高进低处"转移利润、侵蚀我国税基。基于《BEPS 行动计划》中对转让定价指南的新修订，本章将从八个方面对广东外资大企业国际转让定价和侵蚀税基与转移利润进行研究和估算。第一节主要比较分析广东内外资大企业盈亏状况。第二节介绍全球 500 强某科技公司巨额"国际转让定价"避税案。第三节研究广东外资大企业国际转让定价的动机。第四节研究广东外资大企业国际转让定价的主要形式和调整方法。第五节广东外资大企业国际转让定价转移利润和偷避利税数额估算。第六节 数字经济背景下跨国公司国际转让定价避税的新挑战。第七节介绍 BEPS

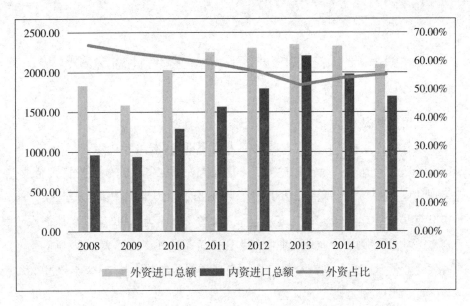

图 10 - 1 2008 年 - 2015 年广东省内资和外资企业进口情况变动

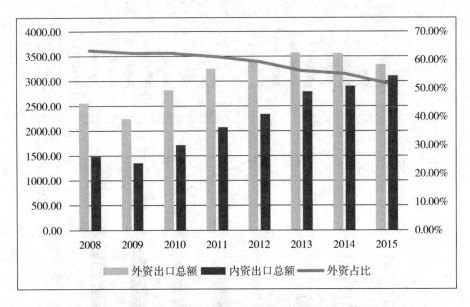

图 10 - 2 2008 年 - 2015 年广东省内资和外资企业出口情况变动

数据来源：《广东省统计年鉴》（2009 年 - 2016 年）

行动下的广东反避税工作，并提出政策建议。

第一节　广东内外资大企业盈亏比较分析

一、财务状况

广东省大企业总体营业收入自 2008 年起不断上升，8 年内增长了约 2.8 倍，2014 年全省大企业营业收入超过 1.5 万亿元人民币。其中，外商投资大企业占比呈现"倒 U 形"变动趋势，2008 年至 2009 年占比从 48.57% 上升至 50.27%，2010 年起占比波动下降，2015 年占比仅 39.29%%，为 2008 年以来最低水平。且自 2012 年起，内资大企业营业收入占比开始超过外商投资大企业；同时，广东省大企业营业利润和利润总额占比也呈现类似的趋势，从 2008 年超过 60%，波动下降，2015 年占比为 50% 左右。

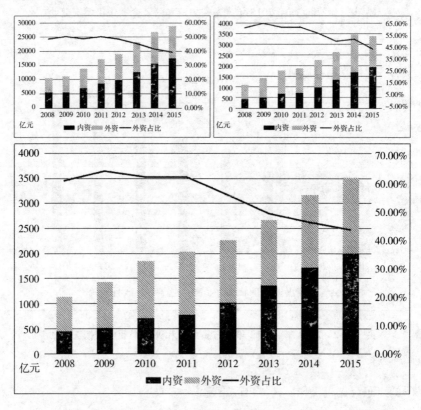

图 10 - 3　2008 年 - 2015 年广东省内资、外资大企业营业收入、营业利润、利润总额及外资占比变动情况

从亏损情况来看，外资大企业亏损额占全省大企业亏损额比例每年都较高，并且在 2009 年达到 90% 以上，2011 年至 2015 年占比在 50% 左右浮动，说明外商投资企业账面亏损比较高。同时，外商投资大企业缴纳营业税金及附加金额占全省大企业的 50% 以下，2012 年至 2015 年仅占 20% 左右；应交所得税款所占比例也从 2008 年超过 50%，逐年下降到 2015 年 40%。

总体来说，在粤外商投资大企业营业收入和利润与营业税和所得税缴纳的比例并不一致。

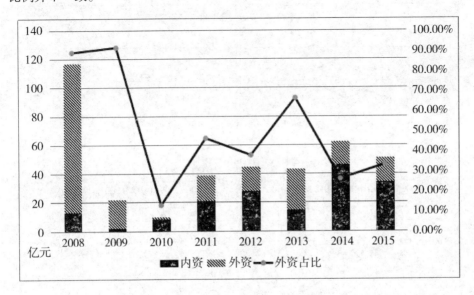

图 10 - 4 内资及外商投资大企业亏损额情况

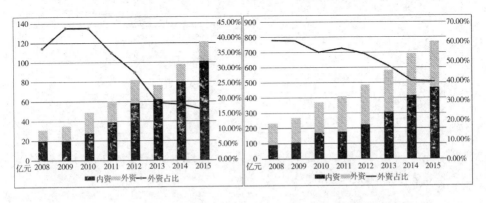

图 10 - 5 内资及外商投资大企业营业税及附加和应交所得税情况

二、利税水平

2008 年至 2015 年，广东外资大企业产值利税率、资金利税率、销售利税率和成本费用利税率均高于广东大企业样本的平均水平。其中，产值利税率、销售利税率和成本费用利税率变动情况比较相似，2008 年至 2009 年内资和外资大企业的差距变大，特别是 2009 年差距非常大，2010 年至 2015 年差距变小；而内资和外资工业企业的资金利税率差距较大，2011 年之后的年间差距逐渐缩小。

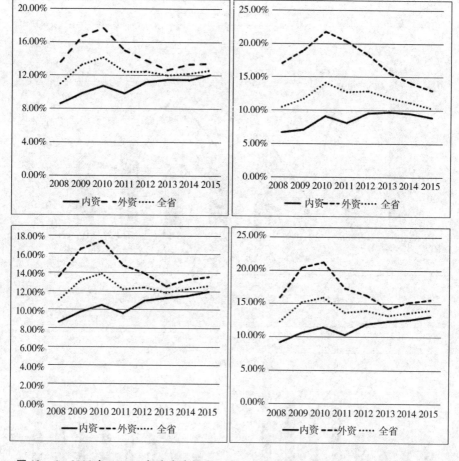

图 10－6　2008 年－2015 年广东省综合、内资、外资大企业产值利税率、资金利税率、销售利税率和成本费用利税率

三、经营效益

2008 年至 2015 年，广东外资大企业的总资产贡献率和成本费用利润率均高于内资大企业，销售利润率却低于内资大企业，但两者差异较小。从大企业亏损面来看，2008－2010 年外商投资大企业高于内资企业，2011 年－2015 年外资大企业又低于内资大企业。总体看来，广东外资大企业经营效率高于内资大企业，但营业税贡献小，销售利润率低。

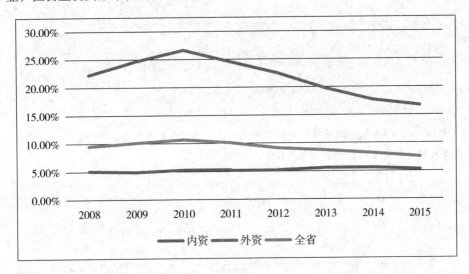

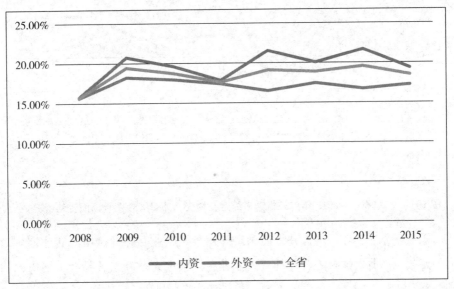

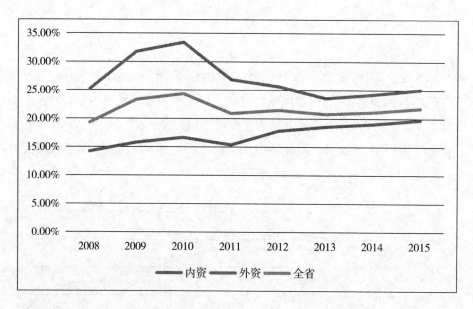

图 10 - 7 2008 年 - 2015 年广东省全省综合、内资、外资大企业总资产贡献率、销售利润率和成本费用利润率变动对比

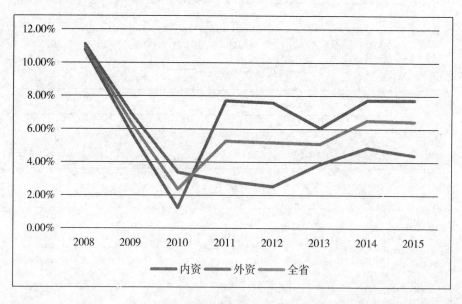

图 10 - 8 2008 年 - 2015 年广东省全省综合、内资、外资大企业亏损面变动情况

以上财务数据分析虽然并不能确定外商投资企业存在通过国际转让定价偷避中方利税，但也反映了广东外资大企业与内资大企业在财务指标、纳税比例和经营效益等方面存在显著的差异，及其存在转移利润的可能性。

第二节 全球 500 强企业通过"国际转让定价"巨额避税

近年来，随着中国逐渐成为"世界工厂"，外资大企业国际转让定价避税的案例也不断发生。2012 年，广东省 S 市国税局成功完成了对全球 500 强集团在该市投资的某科技公司的"国际转让定价"审计工作，追缴 1 亿多元税款。这件历时一年半的著名税案也是 S 市国税局成立以来涉案金额最大的反避税案件。

一、世界 500 强企业存在通过"国际转让定价"避税嫌疑

在国际法上，税收管辖权是国家主权的重要组成部分。但一些外资大企业为追求更高的净利润，往往通过"国际转让定价"来避税，挑战我国的税收管辖权，其中甚至不乏世界知名企业。

2005 年，某世界 500 强企业在广东省 S 市设立某科技公司。2006 年，该公司主营业务收入便突破 100 亿元，营业利润也达 2 亿多元。然而在 2008 年，该公司刚过三年免税期后，却将企业经营模式由进料加工生产模式转变为来料加工模式，将销售收入改为加工费收入。随之，该公司的主营业务收入也发生急剧下降，同时，营业利润大幅减少。

2010 年初，S 市国税局反避税调查组刚接到该企业涉案材料时，发现该企业是世界 500 强下属企业，并且案值大，企业内部有成百上千经验丰富的财税专业人士，背后还有全球四大会计师事务所等全球顶级财税专家支撑。S 市国税局领导高度重视此案，要求把握"抓住重点、坚持原则、有理有据"的办案原则，大胆进行调查办案。根据市局领导安排，反避税调查组便组织精干力量，日夜兼程地投入了该案件的立案调查工作，并迅速通过各种渠道调取了该公司的有关统计数据进行前期分析。

通过案头分析，反避税调查组发现，该公司在 2008 年将进料加工生产模式转变成来料加工后，2008 年度主营业务收入便由 2007 年的过百亿元急剧下降到 3 亿多元，利润骤减为 2000 多万元，此后两年均如此。然而，令人蹊跷的是，该公司的生产经营规模却在进一步扩大，人员也在增加，生产环节也没什么变化，唯一改变的是不再承担原材料采购功能。相关资料还显示，在刚进入企业

所得税减半征收期，该公司即开始进行重大变革，使应纳税所得额巨减，具有明显的避税嫌疑。鉴于该企业涉案金额巨大，又是世界 500 强企业，S 市国税便将立案报告上报了国家税务总局，并在 2010 年 7 月批准立案。

二、税务局进行反"国际转让定价"避税调查

在国家税务总局批复后，反避税调查组在 S 市国税局领导带领下，迅速投入了紧张的案件调查和分析工作中。一方面，进行严谨细致的案头审计，分析该公司的财务指标、关联交易情况、获利能力等相关信息数据；另一方面，深入生产、管理的现场，询问企业各部门的相关人员，判断企业所承担的职能风险。同时，还到 S 市海关等有关职能部门收集该公司商品进出口的信息资料。另外，通过互联网络查询行业信息，对 S 市周边同行业企业进行走访调查，了解市场状况，进行可比分析。

通过近一个月细致、严谨地调查分析和案头审计，反避税调查组得出该公司存在利用"国际转让定价"避税的判断，并在此基础上，开始与该公司正面接触。随着反避税调查的深入，该公司不仅派出亚太区税务总监，还邀请了来自全球四大会计师事务所的转让定价专家及资深 ACCA（特许公认会计师公会）专家助阵。面对对方强大的压力，反避税组成员白天在企业调取财务成本数据，晚上或休息日则抽时间不断针对该公司行业知识及成本数据进行分析，查找相关资料，分析案情，挖掘证据。

为了应对调查，该公司亚太区税务总监借用复杂的数学模型来偷换概念，企图采用以资产负债表项目为基础的投资资本回报率（ROIC）作为企业的利润水平指标，从而避免采用损益表类利润水平指标时需调整合约制造商与来料加工商之间存在的成本差异，进而将反避税调查组的思路引入他们预想的"陷阱"——将 2008 年－2010 年三年的关联交易额限定在不过 2－3 亿元加工服务费范围内。为了误导反避税调查组，该税务总监甚至表示可以将加工服务费的利润率指标提高到超常水平，并先后拿出两套调整加工服务费利润率的方案。但反避税调查组并没有踏入对方布置的"陷阱"，而是一方面与对方不断周旋，另一方面则加紧收集资料和整理数据，为攻克对方最后的"堡垒"作充分准备。

三、一年深入审计和调查取证获得突破

为了找到该公司避税的"铁证"，使其"转变思维方向"，反避税调查组成

员加班加点地进行更深入的现场审计和调查取证。通过半年时间工作，反避税调查组全面审查了该公司2005至2010年的全部会计账册、凭证、公司内部文件和其他资料，调取了与其关联交易相关的境外合同、财务报告等资料。从堆积如山的账册中查找有利的证据，掌握第一手资料。

反避税调查组通过整理该公司材料采购的各年明细账，把该公司各项产品的成本构成分门别类归结出来后，发现该公司生产的产品中工人工资、制造费用、原材料的比重在80% - 90%之间，从而证实该公司的生产管理水平较高，生产效率和生产能力较强。同时，反避税调查组还深入该企业察看了实际生产经营情况，根据该公司组织机构的设置，及对其生产经营主要负责人及相关部门经理的询问，摸清企业的实际的功能和风险。

通过实地取证与调查分析，反避税调查组全面掌握该公司避税的确凿证据。调查资料显示该公司2008年以前基本属于OEM型企业，具备OEM加工企业的特征。2008年之后，该公司只是在ERP系统上将采购订单流程中的采购订单指令方权限上移到亚太区总部。该公司不再承担采购原材料的职能，其他生产功能并没有减弱。另外，反避税调查组通过分析该公司与其境外关联公司签订的来料加工劳务总合同，发现该合同中没有具体定价方法，也没有明细能说明来料定价的合理性。而来自S市海关的证据也显示，该公司从开业以来，其从海关进口的原材料及从海关出口的产品，无论是数量、品种及金额都是处于不断巨量增长的趋势，企业的生产也蒸蒸日上。

由此，反避税调查组非常明确该公司2008年至2010年在为其关联公司提供来料加工业务时，收取的加工劳务费明显偏低，存在转让定价避税问题，并否决了该公司代表提出的"仅调整加工服务费"的方案，提出必须进行原材料还原销售收入后再调整应税额。S市国税局也坚定地表明原则：不可能因为企业一个小小的功能改变就把销售收入百倍缩小，把大量利润转移到国外，该留在中国的税收一定要留下来。

鉴于在公开的数据库中很难找寻一组来料加工商做可比企业，反避税调查组便提出将来料加工劳务收入用原材料成本进行还原，计算出商品销售收入，再与功能风险较为接近的合约制造商进行可比分析，从而找寻公司合理的获利能力和利润水平，推算出该公司应收取的合理加工劳务收入。在反避税调查组大量的事实证据和充分的法律依据面前，该公司的相关人员终于心服口服，并同意反避税调查组提出把原材料按照 100% 还原销售收入的核算方式。经过近一年的努力工作，案件终于取得了重大突破。

四、反避税审查结案，追回超亿元税款

根据国际转让定价的调整方法，要找寻可比企业和选取最合适的利润水平指标。但是，该公司改变经营模式后，劳务收入成为主营业务收入，在公开的信息库中较难找到一组相似可比的企业。如将劳务收入直接换算成产品销售收入，再找寻可比企业，计算极为复杂，且难以精准。

在国家税务总局国际司的大力支持下，S 市国税局反避税调查组借鉴国际通行的做法，通过国际上通用的数据库之一 BVD 数据库，并结合该企业的职能风险分析来找寻可比企业。采用净利润法，以息税前完全成本加成率作为利润指标，按可比企业中位值利润率计算出该企业 2008 年 – 2010 年的目标利润，再对其来料加工劳务收入进行调整。经过大量、复杂的统计计算后，最终确认调增该企业应纳税所得额 7.33 亿元，补缴企业所得税 1.01 亿元，并相应加收利息 700 多万元，合计 1.08 亿元。2011 年底，该集团公司认可了 S 市国税局的调整方案及补税决定，并将该笔巨额税款和利息补缴入库。另外，根据《特别纳税调整实施办法（试行）》第四十五条的规定，S 市国税局还将对该公司进行 5 年的反避税跟踪管理，预计从 2011 年至 2015 年增收企业所得税 3 亿元。至此，这宗深圳市国税局成立以来涉案金额最大的反避税案，在历时一年半的艰苦调查和激烈交锋后，最终圆满结案。

鉴于该案件对全国来料加工企业开展反避税调查的突破，有效地遏制来料加工企业的避税问题，进一步促进了全国来料加工行业转让定价调查工作的规范统一。国家税务总局专门发函，对为此案做出了贡献的 S 市国税局及其相关工作人员表彰，并将此案作为全国来料加工行业转让定价的经典案件。

外资大企业的避税行为，不仅侵犯了我国的税收主权，减少了我国税收入，同时还破坏了公平竞争的市场环境，在一定程度上扰乱了我国正常经济秩序。外资大企业通过各种日趋复杂的避税方式和手段，将利润转移至中国境外，使其在我国的实际税负低于正常水平，在获取税收利益的同时，还得到了不正当的竞争优势，使那些诚实守信的纳税人处于不利地位。特别是我国的中小企业，它们大多处于竞争性领域，与外资大企业相比，在资金、技术等方面已经

存在相当大的差距。而外资大企业通过避税获取了不正当的利益，又导致这种差距进一步加大，使得我国的中小企业在竞争中进一步处于劣势。外资大企业的避税行为还会带来不良的示范效应，使其他类型企业的税收遵从度降低。外资大企业"高进低出"国际转让定价行为的危害还在于：一方面，将其产品以较低的价格从中国生产基地出口至境外，可能导致更多中国产品被"反倾销"起诉；另一方面，外资大企业将具有价格优势的产品返销至中国，抢占和垄断中国市场，冲击甚至挤垮我国的民族企业。

针对外资大企业的国际转让定价行为，国家近几年加大了打击力度，但不断出现的案例表明，外资大企业通过国际转让定价侵蚀中方税基和转移利润的行为仍然较为严重。为了有效反税基侵蚀和转移利润，打击偷避中方利税行为，本章将对外资大企业国际转让定价的动机和形式进行研究，定量估算其通过国际转让定价转移利润和偷避中方利税数额，并提出相应的政策建议。

第三节 广东外资大企业国际转让定价的动机

一、广东外资大企业国际转让定价的税务动机

（一）逃避所得税

2008 年"两税合一"后，外商投资企业与内资企业均适用 25% 的企业所得税税率，但原应该享受优惠政策的外资企业有 5 年过渡期。同时，外企还享受产业投资税收优惠、土地优惠、地区优惠等政策，外资大企业如果投资集成电路企业、软件企业和动漫企业，或在特区投资高新技术企业，企业所得税实行"二免三减半"的优惠，即自取得收入（或获利）年度起，两年免征，三年减半征收等。目前，在深圳前海深港现代化服务业合作区、珠海横琴新区设立的鼓励类产业，即现代物流业、信息服务业、科技服务业和文化创意产业共四类企业可享受 15% 的优惠税率。因此，广东外资大企业所得税实际税收负担率应低于 25%。

从名义税率的比较来看，我国企业所得税税率与英国、瑞士、韩国、新加坡、马来西亚、台湾地区、香港地区相比处于较高的水平，理论上投资来源于

这些国家和地区的广东外资大企业具有通过国际转让定价将利润转移到母公司的动机；但与美国、加拿大、德国、法国、澳大利亚、印度和日本相比，我国企业所得税税率偏低，投资来源于这些国家的广东外资大企业理论上没有将利润转移到国外母公司的动机，反而为了降低企业集团整体税负，还有将利润转移到广东省的可能。但在 2018 年，美国企业所得税税率从 40% 大幅下降到 27%，并采取许多优惠政策鼓励投资回流美国。

　　根据企业所得税政策，一方面，原享有优惠的外资大企业有 5 年过渡期；另一方面，如果投资集成电路企业和软件企业，可以享受获利年度起"两免三减半"优惠政策。企业创办初期一般处于亏损状态，可以依照税法规定在 5 年内逐年结转利润弥补以往年度的亏损，获利年度从弥补后留有利润的纳税年度开始。根据广东税务部门调研，存在部分广东外资大企业利用上述规定，通过国际转让定价将利润转移至国外母公司，从而尽量推迟获利年度，造成企业账面连续亏损或时盈时亏，实现无限期享受所得税减免优惠。其次，一些跨国集团还在国际著名避税地注册设立的投资公司，因此，广东外资大企业还有通过国际转让定价转移利润至国际避税地，从而降低税收负担。

表 10 – 2　世界主要国家（地区）企业所得税税率（2015 年）

国家（地区）	税率	国家（地区）	税率
香港	16.5%	韩国	24%
台湾	17%	瑞士	18%
日本	34%	法国	33%
马来西亚	24%	德国	30%
新加坡	17%	英国	20%
印度	34%	美国	40%
澳大利亚	30%	加拿大	26.5%

　　数据来源：KPMG Corporate tax rates table
　　https：//home. kpmg. com/xx/en/home/services/tax/tax – tools – and – resources/tax – rates – online/corporate – tax – rates – table. html

（二）降低关税

　　关税适用从价计征或从量计征的比例税率，外资大企业在进行跨国关联方交易中，为降低应缴纳的关税，一般会通过制定较低的转让价格以降低过关的报价。在使用转让定价规避关税时，需要同时考虑企业所得税以及进口国关税：在关税方面，只有用低价转移进口，才能实现降低关税的目的；而在企业所得税方面，当进口国企业所得税税率低于出口国时，使用低价转移的方式既可以减少关税，又可以降低企业集团整体企业所得税负担。当进口国企业所得税税率高于出口国公司税率时，高转入价就会使进口国子公司多缴纳关税而少缴纳所得税。

根据《2015年关税实施方案》，中国关税总水平约为9.8%，相对于发达国家地区偏高，属于高关税国家。但是，国家给予外商投资企业一定的关税优惠，如"外商独资企业进口的生产管理设备，免征进口关税和增值税"，广东外资大企业还是可能通过生产设备转让定价来实现利润转移。

此外，跨境电商的关税改革也给广东外资大企业投资物流、电商企业带来一定的负面影响，但在粤此类企业多设立在自贸区、新区等，已享受一定的税收优惠，预测在关税改革实施一段时间后，也可能影响其转让定价决策。

二、广东外资大企业国际转让定价的非税动机

（一）资金及利润调节

广东外资大企业规模巨大并实施多元化的经营战略，子公司所处市场、政策、经济、人文环境有所差异，出于整体盈利的考虑，会依据子公司市场情况选择发展策略以及资金分配方式，使资金配置更加均衡，提高跨国公司的资金运用效率。跨国公司为了能够方便而合法地将资金从在粤子公司转移到集团内其他子公司，满足其资金需求，通常会选择"高进"购买商品、设备、服务等转移定价策略，母公司也会通过向子公司提供高利息短期贷款的方式收取高额贷款利息，使子公司资金在短期内调回母公司。

广东外资大企业中上市公司为了粉饰财务数据，提高收益率，在接受财务审计之前，还可能通过关联交易将巨额亏损转移到不需要接受财务审计的关联企业，达到隐瞒亏损情况的目的。关联企业母公司在新市场建立子公司初期，需要尽快占领市场，扩大经营规模，提高投资者信心，获得信贷以及发债能力，通常会以低价向子公司提供原材料、生产设备、技术等，并高价购买产成品，提高新建公司的利润率，在短期内能迅速制造出高盈利能力的企业形象。相反，由于利润情况太突出，可能会引起当地政府和相关部门的注意而取消享受某些

优惠政策、吸引行业竞争者进入投资、员工要求提高福利待遇等问题，损害了集团整体利益，此时母公司会通过转移定价降低利润甚至账面处于亏损状态。

（二）合资、合作企业中外方侵占中方利润

外商对华投资最初以中外合资和合作的方式为主，2000 年后，外商以独资方式投资所占比例逐渐超过 50%，成为最主要的投资方式。但从 183 家广东外资大企业的样本来看，仍有约 46% 的企业为中外合资和合作企业。国内学者乐为等（2004）的研究就认为，在华投资的跨国公司在共有股权企业中的股权比重是其转让定价的重要原因，其国际转让定价动机的强弱与股权份额呈负相关关系。我们通过建模来探讨合资或合作企业是否存在侵占中方利润的动机。

设母公司 A 所在国或地区的企业所得税税率 TA，国内子公司 B 的企业所得税实际税率 TB，名义税率 Tb，当年 B 公司产生的合理利润 R，为侵吞本应属于中方的税后利润而利用国际转让定价转移出去的利润 r，母公司 A 占有子公司 B 的股权份额 k。由于企业将利润转移出去有"低价出口"和"高价进口"两种方式，出于利润最大化的考虑并简化模型，我们这里所指将利润转移出去的方式是指"低价出口"这种不会引起关税增加的情况，因而不考虑关税因素的影响。

我们把母公司 A 所在国或地区分为两类，一类是对来源于我国所得实行免税法的国家或地区，另一类是对来源于我国所得实行抵免法和税收饶让抵免的国家或地区，分别分析这些国家或地区的母公司在对华投资过程中以集团税后利润最大化为目标的国际转让定价决策。

1. 对来源于我国所得实行免税法的国家或地区母公司国际转让定价决策

对来源于我国的投资所得实行免税法的国家和地区有德国、法国、新加坡、中国台湾、中国香港等，母公司 A 在国际转让定价前从子公司 B 获得的税后利润：

$$R \times (1 - T_B) \times k \tag{1}$$

国际转让定价后母公司 A 从子公司 B 获得的税后利润

$$r \times (1 - T_A) + (R - r) \times (1 - T_B) \times k \tag{2}$$

若要使其国际转让定价后税后利润大于转让定价前税后利润：

$$r \times (1 - T_A) + (R - r) \times (1 - T_B) \times k > R \times (1 - T_B) \times k \tag{3}$$

公式（3）可转换为：

$$k < (1 - T_A)/(1 - T_B) \tag{4}$$

下面结合 T_A、T_B 的实际数据进行计算分析,计算结果如表 8.3 所示。

对于广东合资大企业投资集成电路企业、软件企业和动漫企业,或在特区投资高新技术企业,企业所得税实行"二免三减半"的优惠,其实际税率在免税期为 0,在减半的三年为 12.5%;若广东合资大企业被认定为国家高新技术企业,其实际税率为 15%。因此,在四种税率情况下,根据公式(4),可以计算出中德、中法、中新、港资和台资的合资(或合作)企业中外方或港台方所占股权的最高比例如表 8.3 所示,只要外方或港台方股权占比小于最高比例,母公司都可以通过国际转让定价将利润转移出去获利。

表 10-3　对来源于我国所得实行免税法的国家和地区的 $(1 - T_A)/(1 - T_B)$ 值

母公司税率 T_A 中国税率 T_B	德国税率 ($T_A = 30\%$)	法国税率 ($T_A = 33\%$)	新加坡税率 ($T_A = 17\%$)	中国香港税率 ($T_A = 16.5\%$)	中国台湾税率 ($T_A = 17\%$)
0	70%	67%	83%	83.5%	83%
12.5%	80%	76.6%	95%	95%	95%
15%	82.4%	79%	98%	98%	98%
25%	93%	89%	——	——	——

2. 对来源于我国所得实行税收抵免和饶让抵免的国家母公司国际转让定价决策

英国、日本、加拿大、韩国和澳大利亚等国对来源于我国投资所得实行税收抵免和饶让抵免,其一般做法是对国外子公司税后所得均按照子公司所在国的企业所得税的名义税率进行抵免(我国企业所得税名义税率为 25%)。美国对来源于我国投资所得实行税收抵免,但不实行饶让抵免,即按实际适用的税率抵免。

母公司 A 在国际转让定价前从子公司 B 获得的利润:

$$R \times (1 - T_B) \times k \times [1 - (T_A - T_b)] \tag{11}$$

国际转让定价后母公司 A 从子公司 B 获得的利润:

$$r \times (1 - T_A) + (R - r) \times (1 - T_B) \times k \times [1 - (T_A - T_b)] \tag{12}$$

若要使其国际转让定价后利润大于转让定价前利润：

$r \times (1 - T_A) + (R - r) \times (1 - T_B) \times k \times [1 - (T_A - T_b)] > R \times (1 - T_B) \times k \times [1 - (T_A - T_b)]$ (13)

上式可转换为：

$$k < (1 - T_A)/[(1 - T_B) \times (1 + T_b - T_A)] \qquad (14)$$

下面结合 T_A、T_B 及 T_b 的实际数据进行计算分析，计算结果如表8.4所示。

同样，对于广东合资大企业投资集成电路企业、软件企业和动漫企业，或在特区投资高新技术企业，企业所得税实行"二免三减半"的优惠，其实际税率在免税期为0，在减半的三年为12.5%；若广东合资大企业被认定为国家高新技术企业，其实际税率为15%。因此，在四种税率情况下，根据公式（14），可以计算出中美、中英、中日、中加、中澳和中韩的合资（或合作）企业中外方所占股权的最高比例如表 10 - 4 所示，只要外方股权占比小于最高比例，母公司都可以通过国际转让定价将利润转移出去获利。

表 10 - 4　对来源于我国所得实行税收饶让抵免国家

$(1 - T_A)/[(1 - T_B) \times (1 + T_b - T_A)]$ 值

投资来源国 (T_A)　　　　适用税率 (T_B)	美国 (40%)	英国 (20%)	日本 (34%)	加拿大 (26.5%)	澳大利亚 (30%)	韩国 (24%)
0	–	80%	72.5%	74.6%	74%	76%
12.5%	94%	91%	83%	85%	84%	87%
15%	94%	94%	85%	88%	87%	89%
25%	94%	–	97%	99%	98%	–

注：T_b 为我国外资企业的企业所得税名义税率，为25%，当投资母国税率低于25%时则取母国税率相同值，美资企业的 T_b 取实际税率值。

从上面的分析可以看出，只要中外合资或合作大企业中的外方所占股权比例符合一定条件，外方股东都可以通过国际转让定价侵占本应属于中方的税后利润、逃避中国企业所得税而获利。在我国合资或合作大企业的管理实务中，由于中方存在多重委托代理及信息不对称等问题，对外方的监督较弱，给外方实施国际转让定价提供了机会。而从股权结构的变化来看，越来越多的外资大企业采取增资扩股等方式控股经营，控制企业的进出口定价权，使其能通过国际转让定价将利润转移出去。

（三）规避汇率变动风险

外汇管制与汇率变动是影响外资企业营收的重要因素，在宏观经济领域中，本国货币对外币汇率贬值能起到促进出口、抑制进口的作用；反之，则会提升进口需求，抑制出口。当人民币相对于跨国公司母国货币升值时，对于在粤投资外资大企业来说，相当于使集团公司销售额获得增长；反之，当人民币相对贬值时，就会使母公司刨除汇率变动后的销售额受损。因此，为了规避汇率波动造成的损失风险，当外资大企业预期人民币贬值时，就可以利用"高进低出"的转让定价转移将利润转移到汇率相对较高的国家和地区。目前，人民币汇率波动性较大，外资大企业存在较大的外汇风险。

（四）规避国内社会政策风险

东道国政治与政策的稳定性是跨国公司进行海外投资时必须考虑的重要因素，政权的更迭或是政策的重大变化，均可能对跨国公司的子公司造成严重的影响。为应对政策风险，跨国公司就可能通过国际转让定价方式来规避子公司所在国的社会政策风险，其一般做法是，当外资大企业预期到东道国的政策要发生变化，而这些变化可能会危及公司的经济利益时，外资大企业就会与国外关联公司进行交易，通过购销货物、资金借贷、无形资产交易与劳务服务等国际转让定价方式，把公司资金转移到社会政策环境相对稳定的关联公司所在的国家中去。

改革开放以来，我国经济持续增长，投资的硬环境和软环境都有了较大的改善，但国际的政治环境复杂，国际反华势力捏造"中国威胁论"，并存在中美贸易战、中日政治摩擦、台海局势、南海争端等问题，这些都可能导致外资大企业通过国际转让定价转移资金，以规避社会政策风险。再加上我国处于深化改革的进程中，部分政策存在不稳定性，一些地方政府管理缺乏透明度，也促使外资大企业通过国际转让定价转移利润。

第四节　广东外资大企业国际转让定价的
主要形式和调整方法

一、广东外资大企业国际转让定价的主要形式

（一）商品交易

外资大企业在商品购销的过程中，通常会使用"高进低出"策略转移利润。许多外资大企业生产经营具有"两头在外"的特点，即外来原材料和产品外销，更有利于通过商品交易实现利润转移。合资、合作大企业中，外资方掌握原材料、元件采购以及产品销售的渠道和决策权，更加可以自主控制购销途径和价格。外资大企业可通过高价购买境外关联企业的原材料、零部件等，并低价向境外关联企业销售产成品或半成品，将利润转移到国外。

（二）无形资产转让

根据《OECD 转让定价指南》，无形资产指企业拥有或控制的以便在商业活动中使用的没有实物形态的非金融资产，如专利、专有技术、商标、著作权、商誉等。无形资产的无形性和独特性，决定了其在进行识别、可比性分析、公平交易价格确定等过程中存在很大的难度，也给外资大企业通过无形资产交易转移利润提供条件。

1. 提高无形资产估值

跨国母公司向外资大企业转让无形资产时，往往会制定高于市场公允价格或独立交易价格的价格，以收取更高的特许权使用费，或者要求以使用该无形资产产生的收入为基数并提高特许权使用费收取的百分比。

2. 重复收取特许权使用费

除了上述提及在转让过程中单独收取特许权使用费外，涉及机器设备等无形资产载体的使用交易中再次收取，或在共同开发无形资产的成本分摊协议后，对研究成果再次收取特许权使用转让费。

（三）有形资产转让

外资大企业如果采取合资、合作形式，外资方往往以设备等有形资产作为

出资方式，或跨国母公司向外资大企业出售设备等固定资产时，通常会高估设备价值，从而转移利润。外资母公司还会将预期利润计入设备价格，或由其他关联子公司开具设备转让发票随意虚报转让价格。境外关联公司向外资大企业出租设备、厂房时，往往以高于市场公开价格进行租赁或转让。

（四）劳务提供

劳务提供涉及维修、广告、咨询、财务等服务，关联企业之间提供劳务服务的收费标准通常与市场公允价格不一致。一方面，外资大企业向境外关联企业低价甚至无偿提供劳务；另一方面，境外关联公司向外资大企业提供劳务时会收取高额的服务费用，从而向境外关联企业转移利润；在特殊情况下，某些服务不会直接以收费形式体现，如会通过差价、佣金、成本分摊和分配等报酬形式。《OECD 转让定价指南》中针对低附加值集团内部服务的转让定价作出明确的规定，跨国企业集团内部一般会为其成员提供多种多样的服务，尤其是行政、技术、财务及商务等服务，因此 OECD 要求需要合理明确所提供的服务，并且要按照独立交易原则在跨国企业集团内合理分摊与之相关的成本。

（五）资金融通

境外关联企业向外资大企业提供信贷资金时，往往采用高于国际金融市场上的正常利率，通过高额的利息费用转移利润。由于借款利息属于成本项而股息不属于成本项，为了逃避所得税，外资大企业会选择以贷款方式而不以股份形式融资，加大其成本，减少应税利润。在初创期，一些外资大企业往往就以贷款的形式注入资本金，关联企业之间形成借贷关系，在今后还款付息的过程中将利润转移出境。另一方面，外资大企业向境外关联企业提供信贷资金时，则采用较低的利率，减少了利息收入。

二、广东外资大企业国际转让定价的调整方法

（一）可比非受控价格法

可比非受控价格法是指在可比情况下，将某一受控交易中财产或劳务的转让价格与某一可比的非受控交易中财产或劳务的转让价格进行比较的转让定价调整方法。在适用该方法时，需要考虑以下决定可比性的重要因素：交易环节、交易环境、交易特性的可比性以及是否涉及无形资产等。在可以找到可比性独立交易的情况下，可比非受控价格法是最直接可靠符合独立交易原则的方法。

但在实际经济交易中，基本不存在各种事实和条件完全一致的独立可比交易，当存在对交易价格有实质性影响的差异时，必须确定差异并进行可比性调整，但可比性调整的程度和可靠性会削弱可比非受控价格法的有效性。在实际工作中，税务机关较少采用可比非受控价格法进行调整。可比非受控价格法适用于各种形式的关联交易。

（二）再销售价格法

根据我国《特别纳税调整实施办法（试行）》对转让定价的有关规定，再销售价格法是以关联方购进商品再销售给非关联方的价格，减去可比非关联交易毛利后的金额作为关联方购进商品的公平成交价格。再销售价格法不像可比非受控价格法那样将比较的重点放在交易上，而是基于企业行使功能的可比性。再销售价格法要求再销售方没有大幅度提高产品的价值；如果再销售方采用了一些独有的无形资产或追加了一些实质性的东西（如商标、独有的许可权等），再销售价格法就难以使用。《OECD转让定价指南》指出，再销售价格法最适合承担分销职能的公司。

（三）成本加成法

按照《中华人民共和所得税法》及其实施条例的规定，成本加成法是指将关联企业中卖方的产品制造成本加上合理的费用和利润作为公平交易价格。《OECD转让定价指南》建议，在使用成本加成法时，符合公平交易原则的关联交易定价应该是根据市场情况及企业所履行的职能和风险，在销售产品或提供劳务成本基础上加成适当的毛利润，适当的毛利润可以选择可比非关联交易中的毛利润水平作为参考依据。成本加成法通常适用于交易一方从事产品制造、组装、生产、提供劳务或资金融通的关联交易。

（四）交易净利润法

根据《OECD转移定价指南》，交易净利润法是指：按照没有关联关系的交易各方进行相同或者类似业务往来取得的净利润水平确定利润的方法，具体考察纳税人从一笔受控交易（或按前面规定可以合并的数笔受控交易）中实现的相对于一个适当基数（如成本、销售收入、资产额）的净利润率。由于此方法基于经营活动净利润率，因此一般情况下受交易差别的影响较小，同时该方法着重对企业所履行的职能及所承担的风险进行考察，因此在实际操作中应用得较多。但《OECD转移定价指南》指出，交易净利润法一般只适用于关联企业的一方，因为许多与转让定价无关的因素会影响净利润并降低该方法的可靠性。交易净利润法通常适用于有形资产购销、转让和使用，无形资产的转让和使用以及劳务提供等关联交易。我们在后面的估算中将采取这种方法。

（五）利润分割法

利润分割法是指根据企业与其关联方对关联交易合并利润的贡献计算各自应该分配的利润额，分为一般利润分割法和剩余利润分割法。一般利润分割法根据关联交易各参与方所执行的功能、承担的风险以及使用的资产，确定各自应取得的利润。剩余利润分割法将关联交易各参与方的合并利润减去分配给各方的常规利润后的余额作为剩余利润，再根据各方对剩余利润的贡献程度进行分配。通常适用于关联方之间存在高价值的服务提供或多项交易密切相关难以区分单独评估的情况。

第五节　广东外资大企业国际转让定价转移利润和偷避利税估算

一、外资大企业国际转让定价转移利润估算模型

对于外资大企业通过国际转让定价避税的管理，我国税务机关最常用的调整方法是核定利润法，即交易净利润法。借鉴单个企业国际转让定价调整的核定利率法，通过内资大企业主营业务利润率来调整外资大企业的主营业务利润，计算外企转移出去的利润额，再进一步估算外企所逃避的企业所得税和所偷的中方税后利润。本章同样选择年纳税额大于 1 亿元的 183 家广东外资大企业和 395 家内资大企业作为样本进行研究。

为合理估算外资大企业转移利润总额，我们假设：

（1）我国内资大企业购销价格为市场公平交易价格，未通过国际转让定价对外转移利润；

（2）整体上说，我国内外资大企业生产技术水平、市场营销能力和管理水平大致相同，因此它们的主营业务利润率也应该相同；

（3）我国外资大企业进出口依存度高，可以通过"高进"和"低出"两种

方式转移利润，本文假设外企在进口和出口过程中转移的利润数额相同，并且不考虑税收优惠政策和期间费用的影响。

外资大企业通过"高进"和"低出"来进行国际转让定价，直接的表现就是机器设备、原材料的高价进口和产成品的低价出口，会计上的表现就是销售成本的虚高和销售收入的虚低。由于本文只是考虑外企通过"高进"和"低出"转移利润的数额，所以不考虑期间费用的影响。同样，由于外资大企业在2010年之前曾经一度享有免缴城市建设税等税费的优惠政策，造成内外资大企业销售税及附加的差异，但这是因为税收政策不同，不是外资企业通过转让定价转移利润的结果，所以在外资企业转让定价的估算中也不考虑销售税及附加的影响。

假设外资大企业"低出"后的实际销售额为 Y，"低出"的金额（也就是"低出"所转移的利润金额）为 ΔY，内资大企业的销售毛利率（也就是正常的销售毛利率）为 R，外资大企业的实际销售毛利率为 r，根据假设（3），外企在进口和出口环节中所转移的利润额相同，则可得出计算公式：

$$(Y + \Delta Y) \times R = Y \times r + 2\Delta Y \qquad \text{①}$$

其中，$(Y + \Delta Y) \times R$ 为外企正常的销售利润，$Y \times r$ 为外企实施"高进低出"后实际的销售利润，$2\Delta Y$ 为"高进"和"低出"所转移的利润总和，记为 W。根据公式①，可推导出：

$$W = 2\Delta Y = 2[(R - r)/(2 - R)]Y \qquad \text{②}$$

设外资大企业所得税税率为 t，则可计算出外资大企业通过国际转让定价所逃避的所得税总额 T 为：

$$T = W \times t \text{①} \qquad \text{③}$$

设外资大企业中中方持股比例为 P_c，可以求出其所偷的本应属于中方的税后利润额 W_c 为：

$$W_C = W \times (1 - t)P_c \qquad \text{④}$$

综合公式③和公式④，可以求出我国外资大企业通过国际转让定价所避的

① 2008年之后，t 取企业所得税名义税率25%。由于"两税合一"后优惠政策有5年过渡期，外资企业可能存在税收优惠，其所得税实际税率可能低于名义税率，公式③可能会高估其逃税额。但在现实的征管中，内资企业尤其民营企业由于利益和管理等问题，也存在少计收入和虚列支出使得 R 低于其实际值，从而低估 W，公式③因此会低估外资企业逃税额。我们假设高估和低估作用相互抵消。

所得税和所偷的中方利润总额为：

$$T + W_c = W \times [t + (1-t)P_c] = \frac{2(R-r)}{2-R} Y \times [t + (1-t)P_c] \qquad ⑤$$

其中，T 为外资大企业通过国际转让定价所逃避的所得税总额；Wc 为外资大企业所侵吞本属于中方的税后利润额，W 为外资大企业通过"高进低出"所转移的利润总和，t 为外资大企业所得税税率，Pc 为外资大企业中中方持股比例，R 为内资大企业主营业务利润率，r 为外资大企业主营业务利润率，Y 为外资大企业账面主营业务收入。

二、广东外资大企业国际转让定价转移利润数额估算

根据 2008 年至 2015 年广东统计数据，利用上述公式估算各年度外资大企业转移利润的数额发现，2008 年至 2015 年间，外商投资大企业主营业务收入逐年增长，从 2008 年的 5144.20 亿元增长到 2015 年的 11351.50 亿元，增长约 2.2 倍。而估算得出转移利润数额波动变化，两者变化并不同步：可以看出，各年份外资大企业利润率均低于内资大企业，其中 2012 年至 2015 年估算出外资大企业转移利润数额超过 200 亿元，2014 年最高达到 616.55 亿元，为观测年份中最高，占该年主营业务收入 5.57%。

整体来看，广东外资大企业转移利润数额与内资、外资大企业利润率及其差异以及外资大企业主营业务收入有关，随着外资大企业主营业务收入增长，转移利润数额整体呈现上升的趋势。但是，某些年份变动较大，如 2012 年外资大企业转移利润达 520.14 亿元，主要原因是内资大企业利润率较以往年份有较大的增长，同时外资大企业利润率较低，导致内外资大企业利润差距变大，从而估算得出转移利润的数额也较大。而在内外资企业利润差距较小的年份，如 2008 年和 2011 年，估算转移利润水平较低，占该年主营业务收入比例也较低。

表 10-5　2008 年-2015 年广东外资大企业转移利润数额表

单位：亿元（人民币）

年份	外资主营业务收入 Y	主营业务利润率差距 R-r	转移利润额 W	转移利润额占主营业务收入比例 W/Y
2008	5144.20	0.12%	6.72	0.13%
2009	5591.75	2.51%	156.56	2.80%

年份	外资主营业务收入 Y	主营业务利润率差距 R－r	转移利润额 W	转移利润额占主营业务收入比例 W/Y
2010	6714.62	1.65%	123.12	1.83%
2011	8643.43	0.44%	41.42	0.48%
2012	9200.85	5.04%	520.14	5.65%
2013	10474.96	2.60%	302.13	2.88%
2014	11078.41	4.96%	616.55	5.57%
2015	11351.50	2.11%	265.51	2.34%

三、广东外资大企业国际转让定价偷逃中方利税数额估算

（一）估算结果

本书根据外资大企业注册资本总额以及各组成成分数额计算得出外资企业中中方持股比例：2008 年至 2009 年，中方持股比例下降，2009 年以后中方持股比例总体呈上升趋势。近年来，由于广东省的人力、土地等资源成本不断提高，导致外资大企业盈利能力下降，趋向于降低投资比例，转向投资东南亚等成本更低的国家和地区，故中方持股比例相应上升。

根据上述公式以及相关数据，估算 2008 年至 2015 年广东外资大企业通过国际转让定价逃避中方利税数额。2008 年"两税合一"，企业所得税税率为 25%，本章在不考虑税收优惠的情况下，以 25% 税率计算广东外资大企业国际转移定价偷避中方利税数额。由于外企转移利润整体呈现上升趋势，估算出的逃避所得税额变动趋势也与外资转移利润一致。而随着中方持股比例先降后增的变动，外资大企业所偷中方税后利润额整体在增加。估计随着中方持股比例的继续上升和内外资大企业利润率差额加大，广东外资大企业国际转让定价偷避中方利税的估值还会增加，税务机关反避税的压力也会加大。

表 10-6　2008 年-2015 年广东外资大企业偷避中方利税数额估算表

单位：亿元（人民币）

年份	持股比例 Pc	外资转移 利润 W	逃避所得 税 T	偷税后 利润 Wc	偷避中方 利税总额 T+Wc	偷避利税 额占主营业 务收入比率 （T+Wc）/Y
2008	19.77%	6.72	1.68	1.00	2.68	0.05%
2009	15.16%	156.56	39.14	17.81	56.95	1.02%
2010	16.20%	123.12	30.78	14.96	45.74	0.68%
2011	17.80%	41.42	10.35	5.53	15.88	0.18%
2012	18.74%	520.14	130.03	73.09	203.12	2.21%
2013	17.14%	302.13	75.53	38.84	114.37	1.09%
2014	19.08%	616.55	154.14	88.23	242.37	2.19%
2015	21.13%	265.51	66.38	42.07	108.45	0.96%

（二）研究局限

本节广东外资大企业国际转移定价偷避中方利税数额是以 183 家样本企业 2008-2015 年的数据进行估算，由于外资企业内部交易、转移定价以及纳税影响的具体资料无法获取，只能根据整体统计数据进行假设和推算，且没有考虑外资企业享受的税收优惠。但是，2008-2012 年是原享有优惠政策的广东外资大企业的五年过渡期，以 25% 税率计算其偷避中方利税数额可能存在高估。

另外，根据《OECD 转让定价指南》，可比性分析是采取核定利润法的重要基础，本节分析是基于广东省内外资大企业具有可比性的前提。但是，外资大企业由于具有产权、技术、管理和国际营销网络等多方面的经营优势，其获利能力应该高于内资大企业。但通过假设内外资大企业的利润率相等估算其偷避中方利税额，又可能存在低估。

第六节　数字经济背景下跨国公司国际
转让定价避税的新挑战

一、数字经济的迅速发展冲击国际税收体系

伴随着现代科技水平的高速发展，经济数字化成为了 21 世纪国际经济发展的一大趋势。2016 年，在杭州举办的 G20 峰会发布的《二十国集团经济数字化发展与合作倡议》对数字经济的概念进行了界定——"数字经济是指以使用数字化的知识和信息作为关键生产要素、以现代信息网络作为重要载体、以信息通信技术的有效使用作为效率提升和经济结构优化的重要推动力的一系列经济活动。"在计算机科学与技术、人工智能、大数据和 5G 通讯等科技发展迅速的大背景下，数字经济与这些科技的深化融合与合作，也使数字经济本身发展十分繁荣。

由于经济数字化的界定并没有一个统一的标准，据估计，数字经济的规模约占世界生产总值的 4.5% – 15.5%。据中国信通院所发布的《全球数字经济新图景 2019》统计：2018 年，47 个国家数字经济的总规模共超过了 30.2 万亿美元。其中，美国数字经济规模稳居全球第一，达到了 12.34 万亿美元。而中国则以 4.73 万亿美元位居全球第二。数字经济的发展不仅仅体现于经济和数据层面，诸如 5G 通讯、社交媒体和数字货币等技术的发展也对每个人的生活产生了深远影响。

数字经济区别于传统经济有着其自身的特点，而这些特点也导致了数字经济的发展对现有的国际税收体系产生了一定的冲击。数字经济的特点包括：高效性、高技术含量、高渗透性和高附加值。利用高技术含量的科学技术来促进经济的发展使得经济更加高效。而高渗透性最明显就体现在互联网领域对经济和生活方方面面的渗透。高附加值导致了数字经济所带来的效益飞速增长，也提高了整个经济体的效益。

数字经济对税收产生的影响主要来自于两个方面：一方面，由于数字经济时代下，大企业的规模逐渐做大，许多公司发展成为了跨国企业。同时，虽然

有许多公司生产的硬件等产品仍属于有形资产，但也有许多科技密集型企业的主要利润来自于开发软件、游戏、互联网等相关无形资产和服务，他们的研发团队所研究出来的专利、技术等以及相关的供应链等新兴无形资产也使得数字经济对国际税收的管理难度提出了挑战。和传统的国际贸易行业下的企业相比，以数字经济为主的跨国企业因为无形资产的跨境转移不会受到物流成本的制约，更容易实现利润转移从而利用各国不同的税收政策实现避税。数字经济企业自身所掌握的技术也可以被他们利用来进行国际转让定价税务筹划，从而实现资源转移和税务筹划相结合的避税安排。

另一方面，数字经济的快速发展也存在着全球范围内发展不平衡的特点，数字经济所创造的大量财富高度集中于少数国家。根据 OECD 近两年的统计报告，可以发现中美两大世界经济数字化巨头已经占全球经济数字化体量超过70%，而微软、苹果、亚马逊、谷歌、脸书、腾讯和阿里巴巴这七个大型跨国数字经济平台企业占据了数字化总市值的三分之二。可以看出在数字经济领域，世界上的大多数地区的竞争力十分有限，相关领域的税收管理政策也略显落后，需要通过国际税收政策工具来促进数字经济在全球的均衡发展。同时，这一系列数据也反映了数字经济的发展存在寡头化的趋势。国际税收政策作为宏观调控的一个重要工具，需要发挥作用来协助反垄断法规的作用，促进数字经济领域内的竞争，通过良性竞争来推动新兴企业的崛起，来改变现有的寡头化趋势。国际税收政策还可促进科技发展造福于世界，而不是让现有的垄断趋势进一步恶化，导致最终数字经济的寡头垄断威胁到现有的消费者权益，例如消费者选择和个人数据隐私保护等近年来屡屡爆出的问题。由此可见，面对数字经济的发展，国际社会需要在税收层面进行合作，探究新时代下的国际税收治理体系和反避税。

二、数字经济下跨国公司国际转让定价避税新形式

（一）"爱尔兰—荷兰双层三明治"与苹果公司无形资产国际转让定价

本节以苹果公司为例，研究数字经济下跨国公司通过"爱尔兰 - 荷兰双层三明治"结构进行无形资产国际转让定价避税。苹果集团在爱尔兰共设立了两家子公司，分别称为"AOI"和"ASI"，其中 ASI 是 AOI 的全资子公司，而AOI 的控股权和实际上的管理机构总部设置在避税天堂的英属维尔京群岛。在

这一切准备完毕后，苹果公司开始了无形资产的转移，把旗下开发的软件所有权通过集团内部的手段转移到了 AOI 旗下，再授权 ASI 使用并售卖软件服务。这样，AOI 得到了特许权费，而海外市场收入则计入了 ASI 账下。其后，苹果公司为了进一步减少税费，又以 AOI 的名义在荷兰再成立一家壳公司，使得苹果授权的无形资产在 AOI 和 ASI 之间经过一次荷兰壳公司的国际转让定价，达到了最优的避税效果。苹果公司利用不同国家的税收法规，通过建立"爱尔兰—荷兰双层三明治"结构，分步进行无形资产国际转让定价避税：第一步，在爱尔兰注册两家企业，一家负责接手母公司所给予的无形资产并把运营售卖权给予旗下的另一家企业，而负责营运的子公司将总部设立在以英属维尔京群岛、加勒比群岛等这样的避税天堂。由于在爱尔兰的法律中规定了，即使注册在爱尔兰的公司，只要总部设立在境外，就不算是爱尔兰的居民企业，这样就可以避免缴纳爱尔兰高达 12.5% 的营业所得税。第二步，在荷兰注册一家企业，发挥管道的作用。在第一步的操作中，虽然整个集团可以避开爱尔兰的营业所得税，但是由于两家子公司存在特许权的转移，而特许权转让费需要扣缴 10% 的预提税。因此，需要注册一家荷兰子公司，在两家企业之间起到管道的作用，将特许权进行一次中间交易。根据荷兰税法，荷兰是以公司的注册地来判断公司所属国籍。所以，在荷兰税务部门看来，三家企业都属于欧盟企业，根据欧盟之间的税收优惠，欧盟成员国之间的交易免缴所得税。利用三个经济体的税法，集团就可以节省高昂的税费。第三步，就是利用美国的税法，只要集团不把子公司利润以现金形式汇回美国，就可以避免多地的税收。而这部分利润，可以作为集团总部和旗下子公司共同开发新科技的成本费用，从而实现了避税的目的。最后一步，就是决定如何去进行传输，选择合适的交易媒介，苹果公司选择将互联网服务作为交易媒介的。除此之外，诸如专利、技术等低成本甚至零成本的无形资产也是可以作为交易媒介进行传输的，从而实现了无形资产的国际转让定价。根据荷兰有关部门的文件披露，2018 年谷歌使用这种方法转移了多达 245 亿美元的资产。这使得谷歌、苹果等大公司的集团价值受到了正面影响，而这样的方法原则上并没有违反相关的法律，所以大部分的跨国企业尤其是总部位于美国的企业如谷歌、甲骨文、惠普和微软等，近十年来都在使用这样的避税工具。

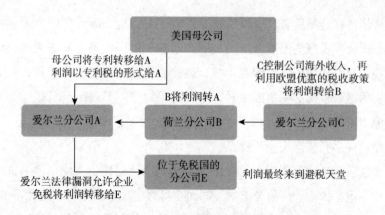

图 10 - 9 "爱尔兰—荷兰双层三明治"结构图示

（二）传统产业的新型国际转让定价避税工具

"爱尔兰—荷兰双层三明治"结构避税方法并非仅仅应用于新兴数字经济和科技企业，强生、可口可乐和沃尔玛等传统产业的国际巨头也在使用类似的方法进行无形资产国际转让定价避税，但选择的传输媒介一般为专利、商标等无形资产。除了"爱尔兰—荷兰双层三明治"结构以外，还有多种新型避税工具在国际上流行，如多层控股结构，利用多层中间公司通过国际转让定价将利润引向低税率的避税天堂，从而达到避税的效果。多重控股可以通过间接股权转让实现利润转移，并享受甚至是滥用税收协定所带来的优惠。

此外，还可以通过集团内部费用国际转让定价实现避税。如一些企业会选择通过纵向并购实现自身产业链的自给自足，而当企业集团内部实现了纵向并购后，就可以通过调整产业上下流公司的交易成本与交易价格来实现国际转让定价避税。星巴克曾经因特许权使用费问题引来了英国税务机关调查，而国际零售巨头沃尔玛也曾因为集团内部的费用导致税务机关的调查。

（三）数字经济下现有跨国公司的反避税工具存在监管困境

十年前，跨国公司就已经使用上述无形资产国际转让定价的避税工具和方法，但为什么各国税务机关不采取相应的监管制度改革，来堵塞这一税收漏洞呢？原因就在于其中权衡存在着困难。以"爱尔兰—荷兰双层三明治"结构为例，苹果公司等跨国企业是钻了爱尔兰对公司居民性质界定的漏洞，但这一制度本身，却是爱尔兰为了吸引外资来促进本地经济的发展，不为了税费而选择牺牲本地经济。同样，欧盟成员国之间免除税收的政策也是为了促进欧洲一体化，带动欧盟经济体的发展。在面临着国际税收漏洞和经济体自身发展的权衡上，经济体往往选择后者。选择这样的避税工具，也会导致集团有大量的现金资产位于国外。虽然集团不会把现金资产运输回本国而补交高额税费，但也不可能将现金资产放在国外而闲置不管，往往会直接在当地进行投资，从而带动地区经济的增长。从这一角度来看，东道国采取睁一只眼闭一只眼才是有利可图的。但 2020 年，爱尔兰和荷兰两国分别采取措施堵塞这一漏洞，这一避税方法也逐渐被许多科技巨头企业放弃。

而多层股权结构也利用了税收协定的漏洞，这同样也会使东道国进行利弊权衡，往往不会因为一个税务上的漏洞而全盘否定税收协定对双边经济的促进。另外，对于通过调节集团内部费用的国际转让定价行为，对其避税监管难度主要来自于费用真实性的难以复核以及交易性质难以判定，还涉及了非常复杂的财务知识，若非来自于内部的举报或者资料，难以界定内部费用的调节是否是为了避税。而数字经济的发展使得捏造伪造价格的难度降低，并提高了交易内容的复杂性，这也给国际转让定价的监管带来更大的困难。

三、数字经济冲击下的各国税收政策

面对数字经济的迅速发展，越来越多的国家在税收实践上通过与时俱进来弥补现有税收制度的不足。虽然各国选择的税收制度存在不同，但都存在着一定的共性，即改变税制的目的是各国对现有税制在数字经济时代失灵感到失望，希望将税基设计要素与市场要素密切关联，以保护消费者权益及扩大本国税基。本节以印度、美国和欧盟等经济体的税制为例进行分析，具体如表 10 - 7 所示。

表 10 - 7　全球现行的单/双边税收方案

课税类型	代表性国家	简要税种/税制
常设机构修订/替代方案	以色列	取消常设机构例外条款；引入 SEP 概念
	印度	创设基于 SEP 的新联结度规则
	印度尼西亚	取消常设机构判定对实体场所的要求
	斯洛伐克	扩大数字平台中"固定营业场所"定义
	沙特阿拉伯	引入虚拟服务型常设机构概念
	泰国	扩大在线活动中"在泰国开展业务"的电子商务税定义
	土耳其	以"电子经营场所"补充常设机构规则（拟）

课税类型	代表性国家	简要税种/税制
常设机构修订/替代方案	印度尼西亚	引入在印尼提供网络加值服务（OTT）的外国供应商强制注册的机制（拟）
	澳大利亚	在国内法与税收协定中引入"虚拟常设机构"（拟）
预提所得税	马来西亚	将通过信息和通讯技术传递"视觉图像或声音"的付款纳入预提所得税范用
	希腊、菲律宾	将使用软件或使用软件权利的付款纳入预提所得税范围
	英国	将跨国公司转移至低税地的利润视同特许权使用费课征预提税
	巴西	对具有管理、技术或咨询性质的技术服务费（广泛的云计算服 务）课征预提税
	泰国	对在线广告所得课征预提所得税（拟）
	塞浦路斯、卢森堡、阿塞拜疆、马耳他	将特定软件服务（SaaS）类型的交易纳入税收协定课征预提所得税
流转税	印度	对在线广告服务课征均衡税
	意大利	对特定数字交易课征网络税
	匈牙利	对广告活动课税（广告税）
	法国	课征视听内容网络发布和实物发布税（YouTube 税）
针对大型企业的特殊税制	英国、澳大利亚	转移利润税（DPT）
	美国	税基侵蚀与反滥用税（BEAT）
	澳大利亚	跨国反避税法（MALL）
	意大利	加强位于意大利常设机构的合作与协作
	新西兰	转移利润税（拟）

（一）印度：基于显著经济存在（SEP）的均衡税

2018 年 2 月 1 日，印度财政部对非居民的直接税规定进行了修改，以显著经济存在（SEP）这一概念来判断非居民的收入是否负有纳税的义务。只要满足收入或者达到用户数量的门槛就构成了 SEP，这一规定适用于非居民在印度进行的所有货物、服务和财产的交易，以及通过数字化媒介在印度开展的商业活动或与超过规定数量的用户发生关联的情形。该政策设计首先针对的是跨境在线广告服务，税基为特定服务交易的总收入额，实行的是6%的单一税率。而在2020年4月，印度财政部宣布将对在印度国内提供数字服务的外国企业征收2%的服务税。这样类似于"一刀切"的做法也引来了美国科技巨头甚至是美国官方的强烈反对。

表10-8　英、法、印三国数字服务税的横向对比

	起征时间	税率	征收对象	纳税门槛
英国	2020年	2%	从英国用户那里获得价值的平台和在线市场	一个会计期间内： （i）应税数字服务收入总额超过5亿英镑 （ii）其中超过2500万英镑应税数字服务收入来自英国用户
法国	2019年	3%	（i）提供数字接口（即中介服务） （ii）定向广告和传输为广告目的收集的用户数据	上一纳税年度内： （i）全球收入7.5亿欧元 （ii）在法国提供的应税服务超2500万欧元，这些阈值必须在集团合并层面计算
印度（衡平税）	2016年	6%	适用于从印度居民或拥有常设机构的非居民支付给在印度没有常设机构的非居民	免征额为10万卢比/年

（二）美国：特朗普税改

2017年12月，特朗普签署了《减税与就业法案》，其中包含了税基侵蚀与反滥用税制度（BEAT制度）。这一制度适用于居民企业和其他需要缴纳美国所得税的非居民企业分支机构的特定内部交易，通过公式计算与纳税调整确定应纳税额。BEAT制度规定，如果美国纳税人所在集团过去三年内的年均收入超过了5亿美元且经测试的税基侵蚀款项比例超过3%，则属于BEAT课税范围。计算公式为纳税人当年调整后的应纳税所得额征收最低10%的所得税。这一制度效果明显，填补了大量美国跨国集团的避税漏洞，预计可在未来10年间增收1496亿美元的收入。也有助于美国政府填补减税计划所带来的赤字，同时促进

特朗普所说的将工作机会带回美国的经济政策。

（三）欧盟：数字服务税

2018 年，欧盟委员会公布了数字税收提案，对企业特定数字服务收入征收数字服务税，这一制度主要源自法国关于数字经济征税的提案。数字服务税适用于用户在价值创造中起主要作用的活动所产生的收入，其中包括：通过销售在线广告的收入、通过数字化中介活动的收入、通过用户提供信息生成数据销售的收入。而纳税人则应该满足经营应税范围内的数字活动、其所在跨国集团全球年收入超过 7.5 亿欧元、在欧盟内通过数字服务取得年收入超过 500 万欧元三个条件。数字服务税的税基为纳税人应税服务的总收入，税率为 3% 的单一税率。在成员国之间的管理中，欧盟规定数字服务税采取一站式申报，由用户坐落地或者收入来源地的成员国相关部门进行征收。

四、OECD 对数字经济的国际税收政策探索

在 2013 年的 G20 峰会上，G20 全体首脑集体签署了 BEPS（税基侵蚀和利润转移）行动计划，并发表了相关声明。声明指出，利润应在经济活动发生地或者价值创造地征税。这一声明成为了数字经济时代国际税收政策改革的指导思想。在 2015 年，OECD（经济合作与发展组织）发布了 BEPS 行动计划，共包含了 15 项行动计划，其中第一条就是应对经济数字化的税收挑战。OECD 在各成员国之间希望达成一个比较一致的征税原则和税收规则存在着一定的难度，但是在 2019 年，OECD 还是提出了第一支柱下的统一方法和第二支柱下的全球反税基侵蚀行动这两项重大提议。

表 10 - 9　OECD 推进经济数字化征收直接税进程一览

序号	时间	工作进展
1	2015 年 10 月	发布 BEPS 行动计划最终报告，提出 15 项具体行动计划，其中，行动 1：《应对经济数字化的税收挑战》。同时，承诺会继续跟进研究数字化对国际税收规则带来的影响并在 2020 年向 G20 提交最终报告。

序号	时间	工作进展
2	2017 年 9 – 10 月	鉴于自 2017 年以来一些国家引入了单边税收措施，包括欧盟也考虑采取单边税收措施，G20 要求 OECD 经济数字化工作小组在 2018 年 4 月前就工作进展提交一份《中期报告》，期望尽快出台执行一套完整且获得国际共识的税收规则，并广泛征求意见，公开进行咨询。
3	2018 年 3 月	发布《数字化带来的税收挑战——中期报告》，这份报告详细地研究了一系列问题，反映出企业架构和价值创造过程在经济数字化背景下的巨大变化。
4	2018 年 10 月	发布关于税收和数字化的政策说明
5	2019 年 1 月	发布关于应对经济数字化征税问题工作方向的政策简报，并召开发布会明确了在 BEPS 包容性框架下为解决数字化经济引起的税收问题的工作方向，表示 BEPS 包容性框架的所有成员国将在两个支柱下研究四项解决方案。
6	2019 年 2 月	就上述解决方案发布了详细的公开意见征询文件，详细阐述了待研究方案的征税原理与机制，公众意见征询已于 2019 年 3 月 6 日截止。
7	2019 年 3 月	发布税收和数字化及公众咨询政策简介，就上述解决方案举行公众意见咨询会。
8	2019 年 5 月	为应对经济数字化带来的税收挑战，制定共识解决方案的工作计划。
9	2019 年 6 月	向 G20 正式提交工作计划，G20 领导人欢迎近期在应对经济数字化带来的税务挑战方面取得的进展，并赞同由 BEPS 行动计划包容性框架制定的工作方案。
10	2019 年 10 月	财政事务委员会秘书处提出"第一支柱下的统一方法"提议
11	2019 年 11 月	财政事务委员会秘书处提出"第二支柱下的全球反税基侵蚀行动"提议

　　就第一支柱下的统一方法而言，OECD 希望在各成员国之间直接构造一个都可接受的征税原则和税收规则是十分困难的。既然无法一步迈向终点，OECD 选

择提出一个税收改革的统一方法，其目的就是在于让各成员国在一定程度上达成共识。第一支柱下统一方法的动因、主要内容和具体机制如下：

从提出统一方法的动因来看，正如前文所述，在数字经济时代，原有的税收制度存在着不足和短板，数字经济带来的科学技术又使得纳税人避税的难度降低。在税收征管的层面，数字经济带来的双重征税和双重不征税让税收征管进入到了一个十分尴尬的境地。为了应对上述问题，许多国家选择自行采取措施进行税制改革，而这些单边行动给现有的国际税制带来了极大的冲击，甚至导致了国家经济层面的摩擦以及给全球经济一体化带来负面影响。基于以上考虑，OECD 需要在国际层面上进行协调，构造一个新的国际税收制度来适应数字经济时代。

从主要内容来看，统一方法设计理念体现在不破不立，是一种兼顾传统业务与新兴数字经济的国际税收新规则。具体体现在：首先，实质重于形式的原则。在课税范围上，统一方法主要针对数字化的经营模式，要求征税范围应该涵盖所有面向消费者的业务，这一点明确了跨国数字企业向不同国家用户提供服务时的课税范围。其次，在征税对象上，统一方法主要针对数字业务的新增利润。这一点在方向上与欧盟的数字服务税大致相同，只是不同点在于，是选择采取核定行业利润率的方法来进行征税。第三，创造一种不需要客观存在的利润联结方式，据此实施新的利润分配规则，即创造了三层利润分配机制，其目的在于避免双重征税，主要思想则是为了将数字经济创造的利润单独分配出来征税，但具体的征税细节成为了目前这一分配机制进一步得到认可的瓶颈。

从具体机制来看，虽然目前统一方法的提出仅仅只是在理论层面进行了讨论，但是从现有的信息和文件来看，统一方法会引发国际税收制度的重新洗牌。在过去，国际税收合作通常会选择使用双边税收协议的模式，但在数字经济与经济全球化的背景下，多边税收协调的推动势在必行，各国税法需要与国际税收规则相互适应，才能使税收制度不落后于经济的发展。

第二支柱，即全球反税基侵蚀行动，也被称为最低税规则。这一规则被认为是针对在各国使用统一方法中的三层利润分配机制对利润进行分配征税后，仍然存在的税基侵蚀和利润转移问题，则第二支柱将设定一个全球最低税标准，对现行有效税率达不到最低税的跨国企业采取补足措施。第二支柱具体包含四条新规则，即应税规则、所得归入规则、转换规则和征税不足付款规则。规则的适用范围上，所得归入规则/征税不足付款规则将仅适用于集团合并总收入大于或等于7.5亿欧元的跨国企业集团；而应税规则适用于所有跨国企业。上述规则重点关注"超额所得"，其通常与无形资产相关且易于转移，因此第二支柱包含一个基于工资和有形资产的固定回报排除，针对无形资产的国际转让定价问题。

第一支柱可以被认为是国际税制在数字经济时代下的一大突破，在原有的税制上进行修改使之可以适应数字经济。而第二支柱则将重点完全对准了税基侵蚀，针对第一支柱存在的漏洞进行修复。也是国际税收规则针对税基侵蚀问题采取行动的一项重大突破。

表 10 – 10　三层利润分配机制

由财务报表确定的总利润		
非常规业务	常规业务	
金额 A	金额 B	金额 C
完全由数字业务创造的新增利润	传统基线业务创造的利润	传统非基线业务创造的利润
无物理存在	有物理存在	有物理存在和无物理存在之间的协调机制
公式基解决方案	适用独立交易原则	
转让定价规则		

第七节　BEPS 行动下的广东反避税工作与政策建议

一、BEPS 行动下的广东反避税工作成绩

随着经济全球化的深入发展，越来越多的外资大企业通过全球一体化的经营模式和复杂的税收筹划规避纳税义务，造成对我国税基的侵蚀。为此，广东税务系统结合广东经济与税收的实际，积极探索反避税的新方法、新经验，通过大案要案的重点查办和反避税手段的不断创新，有力维护了我国税收权益和税基安全。通过开展案件调查和双边协商，有效利用 BEPS 行动计划成果，创新

转让定价方法，成功查结多起外资大企业国际反避税案件。反避税案件的调查过程也成为了工作创新的源泉，在外资大企业反避税案件的调查过程中，广东省税务机关敢于探索归纳，率先运用"因素分析法"，实践"成本节约、市场溢价"理论，通过查处典型大案实现"以点带面、以企业带动行业"的管理效果。2015年，反避税对广东税收增收贡献达到90.77亿元。同时，广东省税务系统深入研究开发"特别纳税调整信息管理系统"，实现了反避税全过程的数据提取和分析管理，建立了分行业、分地区、分年度等多维度的企业利润水平指标监控体系，初步搭建反避税信息化框架和实现全流程动态管理。

2015年，广州市国税局破解某外资大企业通过抵消交易转移利润到境外的隐蔽避税行为，调增企业应纳税所得额7亿多元，补征企业所得税近6000万元。该企业为著名外资大企业，具有较强的品牌竞争力，营业规模一直保持较快的增长，运营状况良好，在行业内处于领先地位，开业次年即进入获利年度。但反常的是，该企业营业规模不断扩大，但利润水平却长期处于1%左右的微利状态。经过初步调查，反避税人员发现该外资大企业大部分购销业务均与境外关联公司发生，属于典型"购销两头在外"的生产性企业。除关联购销外，境外关联公司还向该企业提供不作价设备并用于加工装配境外关联公司指定的产品，存在较大的转让定价避税嫌疑。资料分析中发现，该企业全部生产设备均为境外关联方不作价提供，而且与一般外资制造企业大量向境外支付特许权使用费、劳务费等情况相反，该企业没有任何关联费用支出，而且期间费用率极低，历年期间费用率占收入比例均不足0.5%，多项境外培训、服务等均由境外关联方免费提供。

一般来说，生产性企业会采取"高进低出"的方式，即通过增加成本费用、降低销售收入将利润转移到境外避税。但该企业产成品销售采用的是完全成本加成固定利润率的定价原则，因此反向操作人为降低成本费用，通过"低进低出"、"不作价设备"等抵消交易达到减少应税收入及利润的目的。此案件与以上分析基本一致，许多广东外资大企业享受税收优惠政策较多，与国外母公司所在地相比所得税税率较低，因此一般不会采用关联交易中常用的"高进低出"方式转移利润，而是通过更加隐蔽的方式，因此给税务机关侦查增添了难度。

二、BEPS 行动下的广东反避税工作不足

随着广东外资大企业的不断发展，对涉外税收管理提出了更高的要求。目

前，广东省外向型经济日益发展，粤港澳大湾区的建设，更为广东发展带来新的历史机遇，同时也倒逼税制改革，特别是给涉外税收管理的创新和发展带来更大的压力。综合来看，目前广东省反避税工作还存在以下的不足：

一是某些地方政府和税务机关对反避税工作的认识不一致。一些地方政府认为反避税工作与招商引资存在一定的矛盾，会打击外商投资者的积极性，个别外资大企业也抓住地方政府这一心理，通过地方政府向税务机关施压，增加了反避税工作的阻力。

二是缺少反避税专职队伍和高素质专业人员。据了解，广东20个地市级税务机关都设置了大企业和国际税务管理科（处），但是从事反避税专职人员较少，多兼有其他工作。面对知识力量强大且国际避税经验丰富的跨国集团和外资大企业，从事反避税工作的人员大部分缺乏工作经验，加上轮岗频繁，税务机关整体上缺乏反避税的应变能力，无法适应新的反避税工作要求。

三是税务机关与海关反避税工作存在矛盾，一方面，海关估价和转让定价的目的十分相似：海关的目的是为了确认成交价格是否受到买卖双方之间关系的影响，而税务机关的目标是为了寻求一个公平的成交价格。他们关注的焦点都是成交价格的公允性。但另一方面，在对外资大企业进口货物的价格审查中，海关与税务机关的目标又会存在冲突：海关希望进口货物的完税价格应当包含所有要素，且没有价格低报现象的发生；税务机关则希望成交价格排除所有不适当的要素，没有过高定价，海关和税务机关所采取的方法常常会因为自身动机和目的的差异而有所差别甚至互相矛盾。

四是经济数字化是21世纪世界经济发展的一大趋势，但在经济数字化带动世界经济高度发展的同时，跨国公司国际转让定价避税的方式方法更加灵活隐蔽，国际税收体系遭受了经济数字化的冲击和挑战。当今世界为应对数字经济带来的税收冲击和新型避税工具，主要采取的是单边的税务调整、双边税收协议和多边税收协调，但广东税务部门在这方面的准备和经验都比较欠缺。

三、加强广东外资大企业反避税管理的政策建议

提升国际反避税能力直接体现国际税收治理水平的高低。广东省税务机关应该在进一步巩固现有成果的基础上，把握BEPS行动计划带来的新机遇，加强对广东外资大企业的反避税管理。

（一）加快国际反避税立法和指导

我国现行与国际转让定价反避税相关的法律规定较为零散，主要散见于《中华人民共和国企业所得税法》（下称《所得税法》）及其《实施细则》，且其中的规定较为空泛，如《所得税法》第四十一条："企业与其关联方之间的业务往来，不符合独立交易原则而减少企业或者其关联方应纳税收入或者所得额的，税务机关有权按照合理方法调整。"《实施细则》第一百一十一条解释"合理方法"指可比非受控价格法、再销售价格法、成本加成法、交易净利润法、利润分割法以及其他符合独立交易原则的方法，但是没有具体介绍这些方法的具体操作，可比非受控法中什么样的交易属于类似业务交易，成本加成法中费用和利润在什么范围属于合理，其他符合独立交易原则的方法有哪些方法等，这些问题都没有具体的操作指南。随着我国实体税制和管理制度改革，结合国际税务规则的变革以及 BEPS 行动计划的报告发布，税务机关和立法机关应该加快对国际反避税的立法交流，广东省有关部门也应该在国税总局的统一指导之下，根据广东省的地区特点，制定符合地区发展的相关制度，加强对外资大企业反避税管理的工作。

（二）继续完善信息交换系统

外资大企业的技术优势给广东税务部门的审计带来了很大的阻碍，信息交换系统的不完全为广东外资大企业的避税行为制造了有利条件。因此，需要进一步完善信息交换系统，推进税务部门日常审计工作的完善。

目前，广东税务部门已经建立和运行"特别纳税调整信息管理系统"，初步实现反避税流程的框架建设和全流程动态管理以及跨国公司利润水平监控等多项功能，尤其在综合数据采集和查询速度上优势凸显，领跑全国反避税信息化建设的进程。同时，还应该在以下方面加快系统的完善工作：一是统一各地区对该系统的认识，提高系统的使用效率，充分利用平台为广东外资大企业反避税选案、监控和管理服务；二是要督促各地区完善系统基础数据，认真分析和补录过往关联交易申报数据。

此外，可以从三个方面来进一步完善信息交换系统，使之含有更多有价值的信息：第一，建立与广东外资大企业海外母公司的信息沟通交流机制；第二，在税收自主的前提下与合作国家税务部门深化合作，加强交流，进一步签署和完善相关税收协定；第三，对广东外资大企业加强监管。从而达到税务部门有足够信息对企业在集团价值链中的利润分配是否合理进行评估的目的，解决大企业税收管理中目前政企之间信息不平等的问题。

（三）税收政策与经济数字化相协调

我国是数字经济大国，广东是数字经济大省，这个大不仅仅体现在消费端，也体现在生产端。但由于广东在互联网领域的特殊性，广东国内数字经济市场主要是以国内企业为主，税基侵蚀和避税问题尚不明显。但在伴随着广东企业的发展，科技巨头走向国际化是一个必然趋势。税收政策和税收管理需要未雨绸缪，对未来可能出现的问题做好准备。另一方面，经济数字化需要科技硬件领域的支撑，在这一方面，广东与发达国家和地区相比尚处在落后地位。为避免处于被动局面，广东要制定相应税收政策，加强税收管理，为应对经济数字下的国际转让定价问题奠定基础。

经济数字化的税收问题主要是来自于利润归属规则和来源地判定规则，如果未来国内互联网准入规则放开，提前将相关税收制度制定清晰，有助于广东避免有关争端和税收损失。由于中国尤其广东具有庞大的用户量和市场，将利润的产生和所在地进行清晰的界定，是相当重要的一步。在这一领域，可以参考有关国家或地区现有的制度，在此基础上建议对我国的税收制度进行完善。

（四）关注各国单边税收规则的变化

近年来，广东有一些企业在全球化进程中因为外国税收规则变化而遭受罚单。广东税务机关一方面需要关注国际税收制度的变动，并将相关变动通过社交媒体向居民和企业进行及时的通报。另一方面，需要通过国税总局向 OECD、世贸组织等国际组织发声，保护广东大企业的合法权益，利用国际影响力避免处于完全被动的境地。

在广东大企业层面，只要是会受到国际税收规则变动或者是单边税收规则甚至是贸易保护主义影响的跨国企业，无论身处哪个行业，都应该完善自身的组织架构，构建税务团队，提升自己的核心竞争力，做到企业的全面发展壮大。这样也有助于广东大企业自身迅速应对适应国际税收新规则，避免陷入税务争端而导致企业自身遭受到财务或者是声誉上的损失。

（五）参与国际税收规则制定，加强国际合作

据统计，中国已经与超过 120 个国家或地区达成了双边税收协定，可以看出我国在国际税收领域有着一定的影响力。建议国税总局应该充分利用国家影

响力，参与后 BEPS 工作议程和 OECD 组织的多边交流合作，成为国际税收新规则制定者的一部分，而不是仅仅成为规则的适应者。广东应利用自身经济数字化的市场规模和成功经验，大力促进经济数字化背景下的国际税收变革，推动地区和多边合作，保证国际税收中的公平性。

（六）加强反避税队伍的建设

许多广东外资大企业都具备完善的税务财务部门以及聘请专业税务专家和转让定价专家进行跨国税收筹划。因此，广东税务部门需要进一步加强反避税税务人才的组织培养。可以从组织典型案例分析学习培训会、经验研讨会等方面着手增强税务人员的专业知识学习，致力于实践，完善我国税务部门转让定价相关专业人才不足的问题；此外，还可以参考国外经验，组建针对性的无形资产、股权、成本利润贡献分析的专业分析师队伍，甚至聘请专业大型会计师事务所的专业税务顾问提供指导，为面对复杂多变的国际形势构建扎实的理论基础，提高针对广东外资大企业的反避税工作水平。

第十一章

广东大企业税源监控与税收征管效率

税收管理是指主管税收工作的职能部门，代表国家对税收分配的全过程所进行的计划、组织、协调和监督工作，目的是保证财政收入及时足额入库，充分发挥税收对经济的调节作用。而税收征管是整个税收管理活动的中心环节，是实现税收管理目标，将潜在的税源变为现实的税收收入的过程，也是发挥税收作用的基础性工作。1994 年，我国实行分税制财政管理体制，并进行税收征收管理改革。1997 年，美国税收专家卡洛·斯卡尼奇对我国的税收征管改革进行评价时指出，中国的税收征管改革还存在许多不足，特别是在对大企业税收专业化管理上。

对于如何提高我国的税收管理工作，不同的学者提出了不同的观点。李军（2015）认为，为了应对结构庞大、税收筹划意识强、税务事项复杂的大型企业（集团），必须实施专业化、个性化的大企业税收管理，因此，设立专业管理机构是解决大企业税收管理突出问题的有效措施[140]。杨华、王冬明、董宏（2010）通过研究英国、美国、荷兰三国不同的大企业税收管理模式，对我国的大企业税收管理提出了一系列有益建议，包括统一划分大企业标准应注意不同企业所处的地区经济发展差异，建立相应的大企业税收管理机构，并培养高素质人才提供优质纳税服务[141]。刘磊（2016）则强调，在大数据时代，应该用大数据筑牢大企业税收管理的基础，运用信息技术为大企业税收管理插上翅膀，采取风险分析瞄准大企业税收管理靶心[142]。

税收征管是税务部门依法取得税收收入的具体实施过程，而税收征管效率主要从税收行政管理角度评价税收征管工作，是对这一过程的有效性进行的评价。本章将对广东大企业的税源监控与税收征管效率进行实证研究。

第一节 大企业税收征管效率评价指标与影响因素

一、大企业税收征管效率的评价指标

国内不同的学者对税收征管效率的评价指标有不同的研究角度。21 世纪初期，很多学者从地下经济的角度进行分析研究。夏南新（2000）运用现金比率法估算了我国 1985 - 1998 年的地下经济和相应的税收流失数量，研究结果发现我国的税收流失呈现逐年上升的趋势[143]。有的学者基于人均征税额等单一指标对税收征管效率进行测算，比如黄春明（2005）[144] 和杨花（2007）[145]，以人均征收额为评价标准分别测算了朝阳市和邯郸市的税收征管效率。随着投入产出分析方法在国内学术界的兴起，许多学者开始使用不同的标准从投入产出结合的角度进行分析和研究，如潘雷驰（2008）测算出了 1978 - 2005 年我国的税收努力指数，并认为税收征管水平提高能大幅度（约为 88.74%）影响我国的税收增长率[146]。

目前，税收征管效率的评价指标主要源于两个方面：一是国家税务总局规定的考核指标，出自 1999 年起不断修订、颁布的《税收征收管理质量考核办法》，包括登记率、申报率、滞纳金加收率和入库率等，这些指标主要是从税务稽查和税收制度的角度衡量征管效率。二是学者在理论研究中通过有效的尝试获得的研究成果，比如税收努力率、人均征收额、征管成本率等指标，采用这些指标并进行估计和测算，可以对我国的税收征管效率进行评价。结合上述两个方面，本书将税收征管效率的评价指标梳理如表 11 - 1。

目前有关税收征管效率的评价指标多种多样，但在实际研究中如何选择研究的指标，需要根据具体情况进行选择。本书试图通过随机前沿分析方法来研究企业的税收效率，根据随机前沿分析方法的原理，本书选取税收努力率作为税收征管效率的评价标准，即通过随机前沿分析方法估算出企业理论税收收入边界，大企业税收征管效率就等于实际税收收入与理论税收收入边界的比值。

表 11 – 1 税收征管效率评价指标

分类	指标	公式
经济性	征管成本率	$\dfrac{各项行政经费之和}{组织征收的税收收入总和}$
	人均征收额	$\dfrac{当期税收收入}{当期税务人员数量}$
	税收收入增长率	$\dfrac{(考核期税收收入总量 - 上一年税收收入总量)}{考核期税收收入}$
外部性	税收负担率	$\dfrac{(一定时期税收收入)}{一定时期国内生产总值}$
	税收弹性系数	$\dfrac{(当期税收收入 - 上期税收收入)/当期税收收入}{(当期国内生产总值 - 上期国内生产总值)/当期国内生产总值}$
规范性	税收努力率	$\dfrac{实际税收收入}{预期（理论）税收收入}$
	登记率	$\dfrac{实际办理税务登记户数}{应领取营业执照 + 其他不需领取营业执照}$
	申报率	$\dfrac{按期申报户次数}{应申报户次数}$
	欠税增减率	欠税增加率 $\dfrac{期末欠税余额 - 期初欠税余额}{期初欠税余额}$
	滞纳金加收率	$\dfrac{清理逾期未缴纳税款时已入库滞纳金的户次（金额）}{清理逾期未缴税款的户次（金额）}$
	处罚率	$\dfrac{实际涉税罚款户次（金额）}{查补税款户次（金额）}$
	入库率	$\dfrac{已入库税款 + 已入库缓征税款 + 已入库查补税款 + 已入库罚款金额}{应入库税款 + 应入库缓征税款 + 应入库查补税款 + 应入库罚款金额}$
	稽查入库率	$\dfrac{已入库查补税款 + 已入库罚款金额}{应入库查补税款 + 应入库罚款金额}$

二、大企业税收收入的影响因素

国内学者研究影响税收收入的因素，认为最基本的因素有三个：一是税源数量，二是税源质量，三是征管技术（庄亚珍、陈洪，2004[147]；杨得前，

2008[148]；王德祥、李建军，2009）[109]。因此，本书借鉴该研究成果，使用同样的三大因素来研究大企业税收收入。

税源数量，即税收的广度，它源于经济活动的总量。在研究税收与经济关系中，它是一个经济量化指标。从宏观角度看，税源数量就是一切能够带来税收产出的社会资源；从微观角度看，税源数量是自然人或法人在从事生产经营等经济活动中取得的收入。显然，税源数量对大企业税收收入具有正向影响。

税源质量，即税收的深度，是相对税源数量的一个概念，指税源总体中影响税收量变的内在因素成分。这种内在因素会影响税收收入的总量。在现实中经常出现某些企业的收入相当，但纳税额度却差异很大的情况，这就是因为不同的企业所创造的收入中可供缴纳税收的比例不同所致。因此，我们不能简单地以税源数量来估算不同企业的税收总量。若想从税源数量中估算税收总量，必须先弄清楚税源成分中税收的含金量，也即税源质量。由此可知，税源质量与税收收入具有正相关关系。

征管技术，是指政府从企业中征税的能力，是一个综合指标，包括管理水平改进和提高，从业人员素质提高，信息技术应用水平提高等诸多方面。技术的变化反映本文研究的税收生产函数整体平移，即企业税源数量和质量不变的情况下，技术进步可以使得税收收入提高。而且无论有无税源数量的增加、税源质量的改善，征管技术提高均有可能发生。在本书中以时间 t 表示。

因此，对于影响大企业税收收入的因素，我们给出以下三个假设：

假设 1：税源数量对大企业税收收入具有正向影响，即税源数量能显著提高大企业税收收入。

假设 2：税源质量对大企业税收收入具有正向影响，即税源质量越好，大企业税收收入越高。

假设 3：时间 t 对大企业税收收入具有正向影响，即存在税收征管的技术进步。

三、税收征管无效率的影响因素

根据随机前沿生产函数原理，税收征管无效率项是指税收收入可能边界（即预期税收收入）与实际税收收入之间的差距，因此，税收征管无效率因素就是导致这种差距的影响因素。秦长城（2016）提出企业财务会计报表数据是开展大企业税收经济分析和风险分析的重要依据[149]，这是中小企业所无法具备的优势，于是，结合大企业的自身特征，本书拟选择企业负债水平、固定资产变动、研发投入以及公益捐赠四个因素作为税收征管无效率因素进行研究。这些财务指标比率或者变动往往能体现出大企业背后的行为动机，这就使得本书税收征管无效率研究具有了意义。

企业负债水平如何影响税收征管无效率。主要有两个层面：一是从公司筹资成本的角度考虑，股利从税后利润中支付，不具备抵税作用，而且股票的发行费用一般也高于其他证券，而债务性资金的利息费用在税前列支，具有抵税的作用，因此倾向于更高的负债水平的企业本身更有可能进行税收筹划，会提高企业税收技术无效率水平；二是负债水平高的企业与发行股权的企业相比，发行债权的企业必须承担按期付息和到期还本的义务，此种义务是公司必须承担的，与公司的经营状况和盈利水平无关，当公司经营不善时，有可能因面临巨大的付息和还债压力导致资金链破裂而破产，因此企业发行债权面临的财务风险更高，企业更有动力去利用各种方式减少纳税额，也会提高企业税收技术无效率水平。

固定资产增加。从增值税纳税看，增值税一般纳税人企业取得专票后，可以抵减当期的增值税销项税额，在当期或以后纳税期间内，少交增值税；从企业所得税纳税看，固定资产增加，会使折旧费增加，而且选用的折旧方法不同会产生不同的税前扣除效果，使企业当期及以后纳税期间的利润减少，从而少交企业所得税。由此可见，固定资产增加会加大企业资金压力，该科目又具有较大税收操纵空间，可能会提高企业税收技术无效率水平。

根据《中华人民共和国企业所得税法》及其实施条例有关规定，企业开展研发活动中实际发生的研发投入，未形成无形资产计入当期损益的，在按规定据实扣除的基础上，按照本年度实际发生额的50%，从本年度应纳税所得额中加计扣除；形成无形资产的，按照无形资产成本的150%在税前摊销。企业研发投入增加同样会加大企业资金压力，为了更好地鼓励企业开展研发活动允许其加计扣除，但同时也给企业带来了巨大的税收操纵空间，因此也可能会提高企业税收技术无效率水平。

企业实际发生的公益捐赠支出，在年度利润总额12%以内的部分，准予在计算应纳税所得额时扣除。企业公益性捐赠支出是为了更好地履行社会责任，也是为了获取良好的社会形象，并可以限额税收扣除。因此，企业开展公益捐赠行为有着良好的社会动机，这些动机也会影响税收技术无效率水平。

因此，本文提出假设 4：企业资产负债率、固定资产变动率、研发费用对税收征管无效率具有正向影响，也就是对税收征管效率的提高具有负向作用；但公益捐赠行为对税收征管无效率有负向影响，即对税收征管效率的提高具有正向作用。

第二节　大企业税收征管效率的实证样本、方法与模型

一、研究样本与数据来源

本书所选取的样本数据为广东省（除深圳外）国税或地税年税收规模在 1 亿元以上，且属于总局千户集团、省局百户集团及市级大企业范畴的 578 家大企业的面板数据。面板数据可以避免横截面分析中的强独立性假设和强分布假设，由于部分大企业数据缺失较多，故进行剔除，最终所采用样本大企业数为 462 家。本书的研究对象是广东大企业的税收效率问题，国家税务总局于 2008 年成立了大企业税收管理司，这才标志着我国正式开始对大企业实施专业化管理，因此时间起点选为 2008 年。本书最终获得 3696 个观察值进行实证研究。

二、变量提取

根据第三章对影响因素的分析可知，变量的设计涉及两个方面的内容：一是企业税收产出及投入变量，二是税收征管无效率影响因素变量。

1. 企业税收产出及投入变量

（1）税收产出变量

从税收角度看，企业的产出是其缴纳的税收，或者说是政府从企业中实际征收的税收收入。本书采用广东大企业的本期缴纳税款合计（所属期口径）作为模型的产出变量，并且取自然对数来进行实证分析。

（2）税源数量

本书研究的对象为广东省大企业，属于微观个体，如前文所述，税源数量

取微观上的意义，即为大企业在从事生产经营等经济活动中取得的收入，本书用营业收入衡量，并且取自然对数来进行实证分析。

（3）税源质量

税源中影响税收量变的内在因素很多，如增值率、利润率、成本利用率等，从数据可得以及方便适用两个方面考虑，本书认为利润总额是企业在生产经营过程中各种收入扣除各种耗费后的盈余，因此利润总额占营业收入的比重可以较好地反映一个企业的经济效益水平，本书中用其作为税源质量的代理变量，该比例越高，代表税源质量越好。

2. 税收征管无效率影响因素变量

如前所述，税收征管无效率影响因素包括企业负债水平、固定资产变动、研发投入以及公益捐赠，其变量选择如下。

企业负债水平主要关注公司总资产中有多少是通过负债筹集的，因此本文以资产负债率来衡量，资产负债率 = 总负债/总资产。

固定资产变动则以固定资产增长率来衡量，固定资产增长率 = （期末固定资产总值—期初固定资产总值）/期初固定资产总值×100%。

研发投入以变量研发费用除以营业收入的比率衡量。

公益捐赠是指企业通过中国境内非营利的国家机构和社会团体等，向民政、教育等公益事业和贫困地区、遭受自然灾害地区的捐赠，本书以变量公益性捐赠支出除以营业收入的比率衡量。

表 11 - 2　变量选择说明

变量含义	变量名称	说明
税收产出及投入变量		
税收产出变量	TXS	本期缴纳税款合计（所属期口径）
税源数量	OPIC	营业收入
税源质量	PFR	利润总额占营业收入的比重
税收征管无效率影响因素变量		
企业负债水平	ALR	资产负债率
固定资产变动	RCFA	固定资产增长率
研发投入	RDE	研发费用/营业收入
公益捐赠行为	PDE	公益性捐赠支出/营业收入

三、效率测算方法选择

为了计算广东大企业税收效率，首先需要确定效率测算方法。通过查阅已有文献，国内学者在测算效率时主要采用三种方法：（1）最小二乘计量经济模型（Least - squares econometrics production model）；（2）数据包络分析方法（Data envelopment analysis，DEA）；（3）随机前沿分析方法（Stochastic frontier analysis，SFA）。其中，最小二乘计量经济模型假定技术有效，但是在现实中，由于征管不到位或者其他外部因素的影响，大部分企业的税收均偏离税收收入前沿边界。因此，应该采用数据包络分析方法或随机前沿分析方法进行本文的税收效率的测算。

随机前沿分析方法（SFA）与数据包络分析方法（DEA）在测算效率时，具有不同的使用情况以及各自的特点，总结两种方法的优缺点，如表 11 - 3 所示。

表 11 - 3　随机前沿分析方法与数据包络分析方法的优缺点比较

	随机前沿分析方法	数据包络分析方法
方法原理	假定投入与产出符合特定生产函数形式，利用计量方法估计随机前沿生产函数和技术无效率方程，再通过距离函数测算生产单元的相对效率	根据一组关于投入、产出的观察值，通过线性规划构建生产前沿边界，再使用距离函数测算生产单元的相对效率
优点	（1）考虑了噪声的影响，将与随机生产边界的偏差分解为噪声和技术无效率，可以更加准确地估计技术无效率； （2）通过无效率方程，可以明确识别技术无效率的影响因素； （3）利用回归方法，可以进行传统简便的假设检验，以判断模型设置的合理性	不需要假定特定的生产函数形式，直接运用线性规划方法
缺点	（1）需要设定生产函数的具体形式，生产函数形式的合理性将直接影响模型结果； （2）需要设定无效率项的分布形式，其合理性也会影响模型结果	（1）没有考虑测量误差和其他统计误差，认为所有偏差均为技术无效率，从而导致对技术无效率的高估； （2）不能进行传统的假设检验； （3）不能有效识别导致技术无效率的影响因素

通过上面表格的比较分析，本书最终选取随机前沿分析方法进行广东大企业税收效率研究，具体理由如下：

（1）随机前沿分析方法由于区分技术无效率和随机误差，能够更加准确地估计技术无效率，相比于数据包络分析方法的偏差更小。

（2）随机前沿分析方法可以通过无效率方程研究影响效率的外生因素，并通过回归方法估计这些因素的影响方向及影响程度，因此可以有针对性地提出改进的政策建议。而数据包络分析方法只能估计生产前沿面，不能识别导致技术无效率的因素。

（3）随着随机前沿分析方法的发展，其缺点已经逐渐得到改善，在生产函数的设定方面，目前主要采用 Cobb－Douglas 生产函数和包容性较强的超越对数生产函数，大大提高了模型的实用性及合理性。

四、模型设定

1. 模型基础

在随机前沿分析方法的发展历程中，学者提出了多种随机前沿模型，其中，贝泰斯和科埃略（Battese and Coelli，1995）模型最为成熟且被广泛应用，适用于面板数据，并采用极大似然估计进行生产函数以及无效率函数的估计。贝泰斯和科埃略（1995）模型的基本假定及框架如下：

随机前沿生产函数：$Y_{it} = \exp\,(x_{it}\beta + V_{it} - U_{it})$

随机误差项：$V_{it} \sim N\,(0,\ \sigma_v^2)$

技术无效率项：$U_{it} \sim\,(m_{it},\ \sigma_u^2)$

效率影响因素方程：$m_{it} = z_{it}\delta$

技术无效率判断式：$\gamma = \dfrac{\sigma_u^2}{\sigma_v^2 + \sigma_u^2}$

技术效率：$TE_{it} = \exp\,(-U_{it})$

其中，Y_{it} 表示 i（i = 1，2，…，N）企业在 t（t = 1，2，…，T）时刻的产出，x_{it} 表示 i 企业在 t 时刻的投入向量，β 为一组待估计的参数，表示投入要素对产出的边际效应。

实际生产点到最优前沿生产函数的偏差由（$V_{it} - U_{it}$）表示，V_{it} 与 U_{it} 的分布相互独立。其中，V_{it} 为随机误差项，表示噪声影响带来的偏差，服从 N（0，σ_v^2）的正态分布；U_{it} 为技术无效率项，表示由无效率效应带来的偏差，服从 N（m_{it}，σ_u^2）的半截断正态分布。

m_{it} 表示效率影响因素方程的被解释变量，z_{it} 是由技术效率的外生决定因素所构成的向量，δ 为一组待估计的参数，表示外生解释变量对技术效率的边际效应。

γ 为技术无效率判断式，是根据 V_{it} 和 U_{it} 的分布和方差得出的待估计参数。从表达式可知，参数 γ 介于 0 ~ 1 之间。若 γ 显著不为 0，则表明 σ_u^2 显著不为 0，即存在无效率效应带来的偏差，使用随机前沿模型具有意义，而且 γ 越接近 1，则采用随机前沿模型越有意义；反之，若 $\gamma = 0$，则表明与效率误差相关的方差 σ_u^2 为 0，即不存在无效率效应，此时，使用普通最小二乘法即可估计生产函数，无须使用随机前沿模型。

贝泰斯和科埃略（1995）模型下的技术效率为 $TE_{it} = \exp$（$-U_{it}$），表示生产单元在一定的要素投入下，其实际产出与最大产出前沿的距离。若 $U_{it} = 0$，则 $TE_{it} = 1$，表明企业在生产前沿边界上运行，即企业技术有效；若 $U_{it} > 0$，则 $0 < TE_{it} < 1$，表明企业实际生产点与生产前沿边界存在偏差，即企业存在技术无效率，且 TE_{it} 越接近于 1，则表示企业越有效率。

由技术效率方程 $TE_{it} = \exp$（$-U_{it}$）可知，U_{it} 与技术效率 TE_{it} 呈负向关系，且 U_{it} 服从均值为 m_{it}（即 $z_{it}\delta$）的正态分布，因此 $z_{it}\delta$，与技术效率 TE_{it} 也呈负向关系。若外生决定因素的系数 $\delta < 0$，则该因素对技术效率提高具有积极作用，反之，若 $\delta > 0$，则该因素不利于技术效率的提高。

2. 最终模型设定

在构建随机前沿模型时，首先需设定随机前沿生产函数的具体形式，生产函数形式的合理性将直接影响模型结果的准确性。国内学者对于税收效率的随机前沿生产函数的选择大多为 Cobb – Douglas 生产函数（周建军、王韬，2002）[110] 和超越对数生产函数（李建军，2011）[170]。传统的 C – D 生产函数具有较为严格的假设条件，且不考虑要素之间的替代效应，不能很好地描述大企业税收的投入产出关系。而超越对数生产函数不仅考虑了要素之间的替代效应，而且在要素投入以及技术进步设定方面具有很强的灵活性和包容性，体现在超越对数生产函数可以视作任何形式生产函数的近似，能够更全面地反映投入要素与产出之间的关系，因此本文将模型中的生产函数形式设定为超越对数生产函数。

本书在 2008 – 2015 年广东大企业的面板数据的基础上，根据贝泰斯和科埃略（1995）模型的基本框架及原理，选择包含税源数量、税源质量两种投入的超越对数生产函数，并引入企业负债水平、固定资产变动、研发投入和公益捐赠四个效率外生决定因素。另外，由于本书使用年度数据，且时间跨度有 8 年，其间的技术进步是显著的，故应引入时间趋势变量 t 代表技术进步的影响，技术的变化（如税务部门征管技术、企业等经济部门财务信息技术等）反映生产函数整体平移。同时，考虑到征管技术进步会对税源数量和税源质量两个投入要素产生影响，本书假定技术进步非中性，即存在技术与投入要素之间的交互项，最终确定的随机前沿模型如下所示。

随机前沿生产函数：

$$lnTXS_{it} = \beta_0 + \beta_1 lnOPIC_{it} + \beta_2 PFR_{it} + \beta_3 t + \beta_4 \left(lnOPIC_{it} \right)^2 + \beta_5 \left(PFR_{it} \right)^2 + \beta_6 t^2 + \beta_7 PFR_{it} lnOPIC_{it} + \beta_8 t lnOPIC_{it} + \beta_9 t PFR_{it} + V_{it} - U_{it}$$

随机误差项：$V_{it} \sim N \left(0, \sigma_v^2 \right)$

技术无效率项：$U_{it} \sim N \left(M_{it}, \sigma_u^2 \right)$

效率影响因素方程：$m_{it} = \delta_0 + \delta_1 ALR_{it} + \delta_2 RCFA_{it} + \delta_3 RDE_{it} + \delta_4 PDE_{it}$

技术无效率判断式：$\gamma = \dfrac{\sigma_u^2}{\sigma_v^2 + \sigma_u^2}$

技术效率：$TE_{it} = \exp \left(-U_{it} \right)$

其中，i = 1，2，…，462，表示 462 家大企业，t = 1，2，…，8，表示时间跨度为 2008 – 2015 年。TXS_{it} 表示第 i 个大企业在 t 时期的缴纳税款合计（所属期口径），$OPIC_{it}$ 表示 i 大企业在 t 时期的营业收入，PFR_{it} 表示 i 大企业在 t 时期的利润总额占营业收入比重，ALR_{it} 表示 i 大企业在 t 时期的资产负债率，$RCFA_{it}$ 表示 i 大企业在 t 时期的固定资产增长率，RDE_{it} 表示 i 大企业在 t 时期的研发费用除以营业收入的比率，PDE_{it} 表示 i 大企业在 t 时期的公益性捐赠支出除以营业收入的比率，TE_{it} 表示 i 大企业在 t 时期的税收技术效率。

第三节 大企业税收征管效率的实证结果分析

一、模型估计结果

本书使用 Frontier4.1（Coelli，1997）软件进行实证检验，随机前沿模型的相关参数及假设检验结果如表11-4所示。

表11-4 随机前沿模型实证结果

变量	待估计参数	系数	标准差	t统计值
超越对数生产函数				
常数项	β_0	3.1997	0.3664	8.7320***
$lnOPIC$	β_1	0.6152	0.0328	18.7825***
PFR	β_2	0.8032	0.2338	3.4354***
t	β_3	1.1899	0.0654	18.2074***
$(lnOPIC)^2$	β_4	-0.0321	0.0239	-1.3390
$(PFR)^2$	β_5	-0.0665	0.0381	-1.745*
t^2	β_6	0.0026	0.01834	0.1412
$lnOPIC \cdot PFR$	β_7	0.0074	0.0033	2.2428**
$lnOPIC \cdot t$	β_8	0.0413	0.0189	2.1804**
PFR $\cdot$ t	β_9	0.0336	0.0082	4.1089***
效率影响因素方程				
常数项	δ_0	0.3930	0.1667	2.3577**
ALR	δ_1	-0.3298	0.0712	-4.6320***
RCFA	δ_2	0.0732	0.0163	4.4826***
RDE	δ_3	0.0054	0.0027	2.0123**
PDE	δ_4	-0.1510	0.0193	-7.8173***
检验统计量				
	σ^2	23.4250	0.8479	27.6282***
	γ	0.8509	0.0554	15.3511***
	LR	101.2847		

如表 11 - 4 所述，随机前沿分析方法相比于数据包络分析方法的一大优点是能够进行传统简便的假设检验，并基于检验结果判断模型设置是否合理性。本模型的假设检验和参数估计主要包括以下四个部分。

一是超越对数生产函数的合理性。根据实证结果，首先，税源数量、税源质量两种投入的待估系数分别为 0.6152 和 0.8032，且都在 1% 的显著性水平下拒绝了零假设，表明两种要素对于大企业税收产出增加必不可少。其次，税源数量和税源质量之间的交互项估计系数显著不为零，即要素之间的替代效应较为明显，因此，选择超越对数生产函数是合理性的，C - D 生产函数不适用于本书的研究。

二是存在征管技术进步以及征管技术非中性。本书引入时间趋势变量 t 代表征管技术进步的影响，同时引入要素与时间趋势变量的交互项代表技术非中性。实证结果显示，技术对于税收产出的正向作用不仅通过征管技术进步直接实现，而且通过征管技术进步与要素之间的相互作用实现，主要体现为征管技术进步能带来税源数量和税源质量的提高。在实践中，税务机关对征管技术的应用水平不断提高，比如稽查软件、云计算等。由此可见，本书关于技术进步以及技术非中性的假设也符合大企业税收征管的实际情况。

三是技术无效率存在。如前文所述，实际税收产出点与最优前沿生产边界的偏离理论上由随机干扰项和技术无效率两部分组成，可以通过技术无效率判断式 $\gamma = \sigma_u^2 / (\sigma_v^2 + \sigma_u^2)$ 来判断技术无效率的存在。在本书的模型中，$\gamma = 0.8509$，且 t 检验值为 15.3511，在 1% 的显著性水平下拒绝了零假设，表明 γ 显著不为 0，税收产出偏差的 85.09% 是由技术无效率所导致的。因此，本书选择随机前沿模型测算广东大企业税收效率具有合理性，普通的最小二乘计量经济模型并不适用。

四是税收征管无效率因素有显著影响。本书在测算技术效率水平的同时估计企业负债水平、固定资产变动、研发投入以及公益捐赠对大企业税收效率的影响。由表的统计值可知，上述四大外生决定因素对税收技术无效率均有显著影响，其中，企业负债水平、固定资产变动以及公益捐赠在 1% 的显著性水平下拒绝了零假设，研发投入在 5% 的显著性水平下拒绝了零假设。根据贝斯泰和科埃略（1995）模型的基本原理，若外生解释变量的系数 $\delta < 0$，则有利于提高税

收征管技术效率,反之,则会降低税收征管技术效率。在上述因素中,企业负债水平和公益捐赠的系数分别为 - 0.3298 和 - 0.1510,对广东大企业税收征管效率的提高具有显著的积极作用,而固定资产变动、研发投入的系数分别为0.0732、0.0054,对广东大企业税收征管效率的提高具有显著的负向作用。具体将在本章第三节进行分析。

在其他变量不变的情况下,政府减税政策可能会带来税收的下降,因此本书将在模型中加入税收政策因素进行研究,观察税收政策是否对上述的实证结果产生影响。

本书研究区间是 2008 至 2015 年,在该区间,2009 年实施了第一批减税及清费措施,以及 2012 年实施了第二批减税及清费措施。2009 年出台的政策主要包括:增值税由生产型转为消费型改革在全国全面推开;出台契税、印花税、土地增值税和营业税等优惠政策;七次提高部分劳动密集型商品、附加值和技术含量较高的商品的出口退税率等。2012 年,结合形势发展的新需要,又陆续实施了一批新的结构性减税政策,主要包括:在上海市交通运输业和部分现代服务业率先开展营业税改征增值税试点,并由上海市分批扩大至北京、天津、广东等 8 个省、直辖市;对部分商品实施较低的进口关税暂定税率;实施重大装备生产专项进口税收优惠;减免企业事业单位改制重组的契税等。

因此,为了将这两年的政策因素考虑进模型,本书设置了两个税收政策虚拟变量来度量,其中 D1 取值是,2009 年为 1,其他年份为 0;D2 取值是,2012 年为 1,其他年份为 0。随机前沿生产函数如下所示,其他变量含义和模型设定与上节一致。

$$lnTXS_{it} = \beta_0 + \beta_1 lnOPIC_{it} + \beta_2 PFR_{it} + \beta_3 t + \beta_4 \left(lnOPIC_{it} \right)^2 + \beta_5 \left(PFR_{it} \right)^2 + \beta_6 t^2$$
$$+ \beta_7 PFR_{it} lnOPIC_{it} + \beta_8 tlnOPIC_{it} + \beta_9 tPFR_{it} + \beta_{10} D1_{it} + \beta_{11} D2_{it} + V_{it} - U_{it}$$

同样使用 Frontier4.1(Coelli,1997)软件进行实证检验,随机前沿生产函数的相关参数及假设检验结果如表 11 - 5 所示。

表 11 – 5　随机前沿模型实证结果（加入税收政策因素）

变量	待估计参数	系数	标准差	t 统计值
超越对数生产函数				
常数项	β_0	3. 0841	0. 3432	8. 9851***
$lnOPIC$	β_1	0. 6135	0. 0523	11. 7290***
PFR	β_2	0. 8222	0. 4850	1. 6951*
t	β_3	1. 2178	0. 1204	10. 1190***
$(lnOPIC)^2$	β_4	– 0. 0331	0. 0266	– 1. 2442
$(PFR)^2$	β_5	– 0. 0667	0. 0039	– 16. 9204***
t^2	β_6	0. 0026	0. 0187	0. 1368
$lnOPIC \cdot PFR$	β_7	0. 0075	0. 0026	2. 9412***
$lnOPIC \cdot t$	β_8	0. 0420	0. 0196	2. 1470**
$PFR \cdot t$	β_9	0. 0302	0. 0126	2. 3929**
D1	β_{10}	– 0. 1415	0. 1706	– 0. 8294
D2	β_{11}	– 0. 1482	0. 1719	– 0. 8620

观察表 11 – 5 的实证结果可以得知，D1、D2 两个税收政策虚拟变量的估计系数为负，但是并不显著，这表明在本书的研究区间中税收政策因素对于大企业税收产出减少的影响不显著。原因可能是这些政策大部分是针对特定税种或者特定行业出台的，而且是微调的过程，并未对大企业税收产生广泛而明显的影响，而"营改增"的全面铺开不在本书的研究区间内，暂时无法考虑。除此之外，加入政策因素之后，反而导致了其他某些变量的显著性水平降低。基于这个结果，本书在 2008 – 2015 年期间对大企业税收效率的研究中暂不考虑税收政策因素。

二、广东大企业税收效率分析

1. 广东大企业整体税收效率及变化趋势

根据软件 Frontier4. 1 统计结果，广东大企业 2008 – 2015 年的税收征管效率测算值如图 11 – 1 所示。

从图 11 – 1 可知，广东省大企业的税收征管效率水平较高，2008 – 2015 年间平均税收征管效率为 0. 831，并且总体呈现上升趋势，从 2008 年的 0. 764 提高到 2015 年的 0.909, 但是每年提高的幅度不定。这充分体现了我国自 2008 年正式开始对大企业实施专业化税收管理以来取得的成效。税制改革持续推进、大企业税收制度完善、人员配置不断加强是最重要的三大原因。

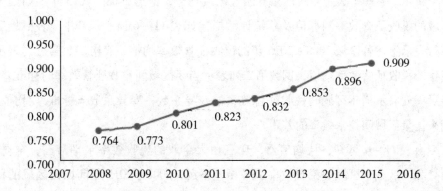

图 11 – 1　2008 – 2015 广东省大企业税收征管效率及其变化趋势

从税制改革上看,建立合理的税制结构是我国市场经济发展的内在要求,是充分发挥税收职能作用的必要条件,由于大企业是国家至关重要的纳税主体,因此合理的税制结构对提高其税收效率尤为重要。在 2011 – 2015 年期间,我国最重要的税制改革毫无疑问是"营改增"。2011 年,经国务院批准,财政部、国家税务总局联合下发营业税改征增值税试点方案,并从 2012 年 1 月 1 日起,在上海市的交通运输业和部分现代服务业开展营业税改征增值税试点。2013 年 8 月 1 日,交通运输业和部分现代服务业"营改增"试点在全国范围内推开。同时,广播影视作品的制作、播映、发行等,也开始纳入试点。2016 年 5 月 1 日起,营业税改征增值税试点全面推开。至此,"营改增"在 2016 年正式收官,它减少了重复征税,可以促使社会形成更好的良性循环,使得我国的税制结构优化又向前迈进一步。从制度上看,2009 年和 2011 年,国家税务总局先后印发了《大企业税务风险管理指引(试行)》和《大企业税收服务和管理规程》,就实施专业化管理对税企双方进行了基本规范,从而形成了以两者为主体的管理制度框架,为大企业专业化和差异化的税收管理提供了制度依据;2013 年,总局大企业司出台了《深化大企业税收服务和管理改革实施方案》,将大企业税收服务与管理改革各项措施细化,为进一步提高大企业税收管理水平提供了操作依据。从人员配置上看,自 2008 年各地陆续成立了专门的大企业税收管理机构，并且每年经严格的人员选拔程序，建立大企业税收管理人才库，税收管理人员专业水平和素质的不断提高，促使大企业税收管理团队始终保持领先水平。

2. 不同区域企业相对效率差异及变化趋势

将462家样本大企业按广东省四大区域划分，得出2008－2015年期间四大区域的税收征管效率测算值及其统计性描述如表11－6所示。其中，表格最后一行表示上述各区域2008－2015年的税收征管效率均值，表格倒数第三列表示当年的税收征管效率均值，倒数第二列表示当年区域间税收征管效率的标准差，最后一列表示当年区域间税收征管效率的变异系数，变异系数＝标准差/均值，用来衡量区域间技术效率的差距。

由表11－6可知，从均值看，珠三角大企业的税收效率水平最高，东翼、西翼和山区三个区域的税收效率水平相差不远，2008－2015年间四大区域的税收效率都呈现上升趋势。同时，区域之间税收效率的变异系数有所下降，从2008年的0.0487降低到2015年的0.0062，表明不同区域之间税收效率的差异逐渐缩小，有趋同化的趋势。

表11－6　2008－2015年广东省四大区域税收效率及其统计性描述

年份	珠三角	东翼	西翼	山区	均值	标准差	变异系数
2008	0.8435	0.7836	0.7662	0.7589	0.7880	0.0384	0.0487
2009	0.7692	0.8035	0.7764	0.7703	0.7798	0.0161	0.0206
2010	0.8329	0.7831	0.7775	0.8028	0.7991	0.0250	0.0313
2011	0.8223	0.7869	0.8206	0.8261	0.8140	0.0182	0.0223
2012	0.8191	0.8190	0.8462	0.8326	0.8292	0.0130	0.0157
2013	0.8417	0.8479	0.8547	0.8538	0.8495	0.0060	0.0071
2014	0.8674	0.9094	0.8987	0.8963	0.8930	0.0180	0.0201
2015	0.9182	0.9165	0.9076	0.9077	0.9125	0.0056	0.0062
均值	0.8393	0.8312	0.8310	0.8311	0.8331		

注：本节的大企业数据不包括深圳地区。

这一结果表明，经济发达程度因素对税收效率具有正向作用，即经济发达的地区，大企业税收效率较高。这可能有几个原因，首先经济发达地区的大企业管理局在资金上可以为信息建设、留住高专业化人才提供保障；其次是税收源于经济，经济发达的地区有利于税收效率的提高；最后是经济发达的地区，其企业具有更高的财务管理水平，与税务机关合作意愿更强，这样可以减少一些税收流失，自然具有较高的税收征管效率。这与陈工、陈习定和何玲玲（2009）的研究结果是一致的，三位学者认为这很有可能与市场发育的程度有关，市场越完善，纳税人的纳税意识越强，税务机关的征税成本、企业的纳税成本越低，这将使得一个地区的税收效率提高[171]。

3. 不同行业企业相对效率差异及变化趋势

按行业分类，广东大企业2008－2015年期间9大行业的税收征管效率测算值及其统计性描述如表11－7所示。表11－7中各行各列意义同表11－6。表11－7按行业2008－2015年间平均税收效率由高到低进行排序，由此可知，9个行业的税收效率都呈现上升趋势，其中，制造业的税收效率水平最高，平均税收效率高达0.869，而建筑业的税收效率水平最低，为0.774。这切实反映了我国目前建筑业税收管理的现状，由于建筑企业出借或变相出借施工资质，层层分包、转包工程项目现象普遍存在，并且建筑业施工环节众多，管理链条漫长，工程款项结算不及时，延期申报入和少申报库税款现象大量存在，因此其税收效率最低。进一步观察行业的变异系数，同样呈现下降趋势，表明行业间的效率差距逐渐缩小。

表 11 –7   2008 –2015 年广东省四大区域税收效率及其统计性描述

年份	制造业	交通运输、仓储和邮政业	金融业	房地产业	信息传输、软件和信息技术服务业	电力、热力、燃气及水生产和供应业	批发和零售业	租赁和商务服务业	建筑业	均值	标准差	变异系数
2008	0.777	0.794	0.817	0.759	0.700	0.783	0.655	0.700	0.679	0.740	0.058	0.078
2009	0.810	0.809	0.810	0.739	0.730	0.774	0.700	0.718	0.710	0.755	0.046	0.060
2010	0.853	0.848	0.809	0.790	0.771	0.749	0.723	0.731	0.715	0.777	0.052	0.067
2011	0.857	0.864	0.829	0.823	0.788	0.786	0.784	0.748	0.755	0.804	0.042	0.052
2012	0.876	0.874	0.837	0.806	0.785	0.794	0.874	0.769	0.786	0.822	0.043	0.053
2013	0.907	0.878	0.833	0.842	0.841	0.849	0.769	0.807	0.788	0.835	0.043	0.051
2014	0.924	0.937	0.864	0.874	0.921	0.848	0.865	0.850	0.848	0.881	0.036	0.041

续表

年份	制造业	交通运输、仓储和邮政业	金融业	房地产业	信息传输、软件和信息技术服务业	电力、热力、燃气及水生产和供应业	批发和零售业	租赁和商务服务业	建筑业	均值	标准差	变异系数
2015	0.951	0.939	0.855	0.865	0.941	0.881	0.904	0.877	0.908	0.902	0.035	0.039
均值	0.869	0.868	0.832	0.812	0.810	0.808	0.784	0.775	0.774	0.815		

　　分产业看，本书分别计算2008－2015年第二产业、第三产业的平均税收效率，得到图11－2。如图11－2所示，第二产业大企业税收效率一直高于第三产业税收效率，这符合第二产业税源集中，便于征管的特点。除此之外，在"营改增"之前，第三产业主要形式为营业税，而营业税以全额计税为主，造成重复征税，税收负担偏高。平新乔（2009）测算出北京、上海的第三产业平均税率比第二产业要高出约2个百分点[172]。较高的税收负担会驱使企业通过各种方式进行避税，导致其税收效率不高。但是，随着2013年营改增范围推广至全国试行，如图11－2所示，第二产业和第三产业税收效率的差距有所缩小。

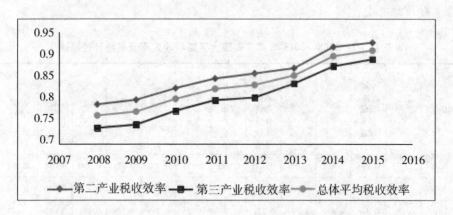

图11－2　2008－2015年广东省不同产业税收效率及其变化趋势

4. 不同所有制企业相对效率差异及变化趋势

　　广东大企业2008－2015年期间不同所有制企业的税收征管效率测算值及其统计性描述如表11－8所示。表11－8中各行各列意义同表11－6。由表11－8可知，不同企业所有制的税收效率都呈现上升趋势，其中，外商投资大企业的平均税收效率最高，其次是民营企业，而国有大企业的平均税收效率最低。首先从国家对经济资源掌控的角度看，国有企业税收与其他所有制企业税收有一个重大区别：国有企业的获利、国家取得的税收都属于国家掌握的经济资源。国有企业纳税与上缴利润对国家而言无非是"左兜挪右兜"的问题，当某些政府部门持有这个观点的时候就容易导致国有企业税收管理被忽略。除此之外，国有企业本身往往也存在税收管理意识不强、缺少对税务知识的了解、财务部单一管理税务工作导致税务管理体系不完善等问题。因此，国有企业的税收征管效率比其他两者的都低。而对于民营企业，付广军（2004）认为税负的不合理造成民营企业的税收负担较重，比如外商投资企业按照政策可享有减免税待遇，国有企业的技改项目可以申请减免所得等[173]。税收费用侵蚀了过高的民营企业利润，如此大的利益空间可能诱使民营企业管理者为了少缴更多的税，获取更多的非法利益，不惜冒更大的税务风险，因而其税收效率水平也不高。接着，观察不同所有制的变异系数，2008－2015 年间出现反复波动，并且有一定上升的趋势，表明大企业不同所有制间的税收效率差距一直没有得到改善。

表 11－8　2008－2015 年广东省不同企业所有制税收效率及其统计性描述

年份	国有企业	民营企业	外商投资企业	均值	标准差	变异系数
2008	0.746	0.760	0.774	0.760	0.014	0.019
2009	0.773	0.757	0.796	0.775	0.019	0.025
2010	0.798	0.784	0.827	0.803	0.022	0.028
2011	0.798	0.808	0.852	0.820	0.029	0.035
2012	0.819	0.819	0.855	0.831	0.021	0.025
2013	0.829	0.846	0.870	0.848	0.021	0.024
2014	0.864	0.890	0.913	0.889	0.025	0.028
2015	0.908	0.905	0.914	0.909	0.028	0.030
均值	0.817	0.821	0.850	0.829		

三、广东大企业税收征管无效率的影响因素分析

与数据包络分析方法相比，随机前沿分析方法的重要优势在于可以通过一

阶段法估计技术效率的外生决定因素，并测算这些因素对技术效率的影响方向及影响程度。本模型的外生决定因素包括企业负债水平、固定资产变动、研发投入以及公益捐赠，对这些影响因素实证结果的分析，也是本书的研究内容之一。这是因为，企业背后的行为动机很难直接观察得到，但是可以通过对这四个因素进行分析，从而为政府进行大企业税收监控提供重要的依据，甚至可以达到预测的目的。

（一）企业负债水平

根据实证结果，企业负债水平的系数为 − 0.3298，t 统计值为 − 4.6320，在1% 的水平下显著性，表明企业负债水平对税收征管效率的提高具有显著的积极作用。同时，企业负债水平的 t 值高于其他外生决定因素，表明企业负债水平对广东大企业税收效率的影响最为显著。

该实证结果不符合预期。究其可能的原因，本书的数据样本为大企业，该类企业的经营相对比较良好，当企业选择了债务融资而不是权益融资，会加大企业的财务风险。因此，负债水平越高的大企业在税收风险偏好上越趋于稳健，甚至保守，在这种情况下，企业不但不会冒险去做偷税漏税的行为，而且为了维持良好的信用水平和避免财务风险，会有更高的纳税配合度，所以才有企业负债水平提高会降低税收无效率，从而对税收征管效率的提高具有显著积极作用的结论。这与格兰特·理查森（Grant Richardson）等（2014）关于企业税收激进行为与债务使用负相关的结论有共通之处[150]。

（二）固定资产变动、研发投入

根据实证结果，固定资产变动、研发投入的系数分别为 0.0732 和 0.0054，t 统计值分别为 4.4826 和 2.0123，两者分别在 1% 和 5% 的显著性水平下拒绝零假设，表明固定资产变动、研发投入对税收征管效率的提高具有较为显著的负向作用。

两者的实证结果基本符合预期，很大可能是由于两者在会计处理上确实随意性较大，需要主观判断事项，比如新增固定资产折旧方法的选择，又比如研发费用化与资本化、开发支出形成的无形资产使用寿命确定与不确定等，有税收筹划的空间也就容易出现操纵，从而导致税收无效率，降低税收征管效率。

（三）公益捐赠

根据实证结果，公益捐赠的系数为 − 0.1510，t 统计值为 − 7.8173，在 1%

的显著性水平下拒绝零假设，表明公益捐赠对税收征管效率的提高具有较为显著的正向作用，这一结果符合建模前的预期。

为了解释这一结果，我们首先需要了解企业公益捐赠的动机。早在 20 世纪出，学者们对企业公益捐赠的不同类型的动机就有了比较一致的结论：企业公益捐赠的动机可以划分为经济动机、道德动机、制度动机等。首先是经济动机，约翰逊（Johson，1966）指出，企业捐赠具有典型的经济动机，公益捐赠是企业采取的重要的非价格竞争策略。这一效果类似广告，可以增加企业知名度和塑造良好的企业形象。其次是道德动机，张同龙（2011）基于中国 12 个城市 1268 家企业捐赠行为的调查数据的实证研究结果显示，中国企业捐赠具有利他动机[174]。具有这一动机的企业，本身的企业社会责任感就比较强。最后是政治和制度动机，钟宏武（2007）的研究表明，相对于西方发达国家的公益捐赠，中国企业捐赠的寻租动机比较普遍，并且中国企业的捐赠寻租对象主要是政府部门，比如减少政府对企业正常生产经营行为的不合理干预，争取政策优惠等[175]。而且，相比中小企业，大企业更有能力和动机进行公益捐赠。

由此可见，在这三种动机的驱动下，大企业都不会轻易进行偷税漏税行为，这不仅是为了避免受到经济损失和法律处罚，而且最重要的是要避免因名誉受损而影响企业自身的发展。因此，公益捐赠的增加，说明某一种或多种动机在加强，为了使得目的达成，企业会更加关注其税收行为的合理合法性，有利于其税收效率的提高。

四、稳健性检验

最后，按照本书在变量选择中的说明，针对其中的变量进行稳健性分析。将分别采用广东大企业的入库税款（TXI）作为模型税收产出变量的另一个指标，采用净利润（NI）占营业收入的比重作为模型税源质量的另一个指标，同样按照前述的模型进行回归分析。如表 11-9 所示，两个模型回归结果与前面所述有基本一致的结论。这样说明本书选择的研究方法和模型的拟合度较好。

表 11-9   稳健性检验模型回归结果

	模型1		模型2	
	系数	t 值	系数	t 值
超越对数生产函数				
$lnOPIC$	0.6445 ***	8.1662	0.2517 ***	37.5482
PFR	0.5784 *	1.7254		
NIR			0.0199 **	2.1023
t	1.1889 ***	17.4589	0.6314 ***	21.6801
$(lnOPIC)^2$	-0.0196	-0.3746	-0.0059	-0.6073
$(PFR)^2$	-0.065 ***	-21.0319		
$(NIR)^2$			-0.0148 ***	-6.9685
t^2	0.0043	0.2283	0.0152 *	1.7904
$lnOPCI \cdot PFR$	0.0066 *	1.69		
$lnOPCI \cdot NIR$			0.0036	0.7254
$lnOPIC \cdot t$	-0.0333	-1.0397	-0.0233 ***	-16.0169
NIR · t	0.0298 ***	6.8231		
·			5.1578 ***	3.0136
效率影响因素方程				
ALR	-0.0005 ***	-6.0556	-0.6681 ***	-36.6631
RCFA	0.0011 **	2.2022	1.0928 ***	7.9457
RDE	0.0695 **	2.0964	0.9381 ***	16.5008
PDE	-0.1859 ***	-7.1457	-0.2128 ***	-36.7356
检验统计量				
σ^2	10.3405 ***	51.348	95.1589 ***	34.0623
γ	0.1823 ***	7.3921	0.9964 ***	4.5633
LR	9389.47		797.29	

第四节 研究结论与政策建议

一、研究结论

本书通过采用随机前沿分析方法，发现广东省大企业的税收征管效率水平较高，这充分体现了我国自 2008 年正式开始对大企业实施专业化税收管理以来取得的成效，在这其中，税制改革持续推进、大企业税收制度完善和人员配置不断加强发挥着非常重要的作用。

从区域、行业和所有制三个不同的维度分析税收效率，发现三者内部的税收效率水平差异是明显存在的：从不同区域来看，珠三角的税收效率水平最高，东翼、西翼和北部三个区域的税收效率水平相差不远；从不同行业来看，制造业的税收效率水平最高，建筑业的税收效率水平最低，而且第二产业税收效率一直高于第三产业税收效率；从不同所有制类型看，外商投资企业的平均税收效率水平最高，其次是民营企业，而国有企业的平均税收效率最低。随着时间的推移，不同区域之间、不同行业之间的大企业税收效率的差异在逐渐缩小，但是不同所有制间的税收效率差距一直没有得到改善，并且有一定扩大的趋势。

考虑影响税收征管无效率的因素，一是企业负债水平对税收征管效率的提高具有显著的积极作用。这与本书的研究对象是大企业有关，它们经营相对比较好，负债水平越高反而会有更高的税收遵从度。二是固定资产变动、研发投入对税收征管效率的提高具有较为显著的负向作用。其主要原因在于两者的存在有很大的税收操作空间。三是公益捐赠对税收征管效率的提高具有较为显著的正向作用，这与企业进行公益捐赠的三大动机保持一致。这些研究结论都可以为政府进行大企业税收监控提供重要的依据，甚至可以进行预测。

二、政策建议

第一，明确大企业认定标准，确定管理范围和对象。长期以来，国家税务总局一直没有给大企业一个明确的定义和认定标准。国际上，有的国家选取多种因素综合起来作为标准，有的国家则选取单一因素作为标准。本书认为，在确定大企业认定标准时应该做到统一性和多样性的统一。认定标准的统一性是大企业税收专业化管理的前提，而多样化是由我国实行分税制、企业所处地区和行业差异大所决定的。按照认定标准统一性和多样性原则，应该实行两种措施：（1）分别建立中央标准和地方标准。中央标准适用于全国性的大企业，地方标准适用于省级地方的大企业。（2）分别设立总体标准和辅助标准。总体标准针对所有企业进行筛选，辅助标准针对一些特殊地区、特殊行业和特殊企业。这样就不会造成大企业被漏选。

第二，在制度和管理团队上实施税收专业化管理，筑牢大企业税收效率提高的基础。由前文可知，制度完善和人员配置加强在大企业税收效率提高中发挥着重要的作用。制度上，关于大企业税收管理的法律法规相对比较完善，但是还需要完善其管理制度。具体指两个方面：一是机构设置和职责方面，根据大企业税收管理与专业化服务的要求，规范岗位职责、工作流程、工作标准和考核监督等内容，制定大企业税收管理办法，建立大企业税收管理与服务的业务流程和工作规范；二是税收管理过程中，按照《征管法》制定保密措施，增强工作的严肃性和有效性，并切实保障大企业的权益，增强大企业对税务机关的信赖。在管理团队上，应继续集中税务机关现有的人力、物力，并通过大企业专业化服务和税收管理等各类培训，组建和培养强势的管理团队，实施与大企业发展相匹配的专业化管理，以满足大企业日趋增多、纷繁复杂的税收事项和多元化的税收服务需求。除此之外，还特别需要关注和加强非发达地区的制度落实情况和专业化人才配置。

第三，实行分级分类管理，瞄准大企业税收管理的靶心。依据大企业管理的特点，按区域分布、行业类型、所有制类型进行科学分类，实施分类别、分层次的针对性管理。要突出差异化管理导向，按照企业所在区域、行业类型、所有制类型等条件，设立有针对性的企业风险指标和参考值，对分析中发现的低中高税收风险的企业，分别采取服务提醒、反避税调查、纳税评估、税务稽查等不同方式应对，比如，对于建筑业行业企业设置较高的风险指标并加强监控。

在机构设置上，为了有效实行上述的分级分类管理，避免将管理权层层下放后失去了统一的管控力度，应该对现行机构设置模式进行精简，扁平化改进。我国税收管理机构设置分为五个层级，但是很多大企业的总部和分支机构并没有覆盖到县级和基层分局甚至一些市级税务局。因此，可以以省会、中心城市和行业集中区域为重点，简化机构层级。把大企业税收管理机构简化为三类：一类是涉及跨省、跨国经营的大企业由国家税务总局对其进行管理并提供服务；一类是涉及跨市（地）的大企业由省级大企业税收管理机构进行管理并提供服务；一类是针对经济欠发达的地区大企业较少的情况，按照经济区域和大企业分布状况，在某些市、区合并设立一个税收管理机构，负责管理辖区内的大企业并为其提供服务。每一类大企业税收管理机构需要对其范围内的大企业进行统一税收管理，全面把握，分类监控，从而有效提高税收效率。

第四，开发大企业税收数据管理平台，搭建信息共享网络体系，解决信息不对称问题，为大企业税收效率提高插上翅膀。一方面，由前文可知，企业负债水平、固定资产变动、研发投入以及公益捐赠对税收效率有显著的影响，因此应建立大企业税收数据管理和分析平台，强化征收手段，并实现以下主要功能：建立大企业组织机构、关联企业的基础资料库；具有与大企业财务软件的数据接口，获取企业负债水平、固定资产变动、研发投入以及公益捐赠等企业财务数据；利用大数据，通过挖掘技术剖析数据中的异动，建立大企业的分析预警指标库；运用统计分析方法进行深度挖掘和分析，建立大企业的分析模型。另一方面，鉴于大企业组织机构庞大、经营领域广泛、关联交易频繁、内部结算复杂，税源管理难度较大的特点，要进一步完善现行税源监控分析管理体系，改变常规的按行业、分散监控管理方式，建立大企业税收数据管理平台，其中包括对大企业组织机构、关联企业的基础资料库、申报资料库、外部信息资料库等，建立大企业分区域、分行业、分所有制的税源分析模型，强化对大企业税源的综合分析，特别是要对企业内部的产业链全面实施监控，从而掌握税源管理主动权，把控住提高税收效率的重要环节。

第十二章

广东大企业税收风险管理与评估

　　近年来，广东企业经历了一个快速发展时期，大企业成为国民经济的重要支柱，其缴纳的税款已成为全省税收收入的主要来源，这些大企业能否依法纳税对税款征收有着重要的影响。由于大企业往往具有经营多元化、业务复杂、涉税事务繁多并进行专业税收筹划的特征，使其在税法遵从上存在较大的风险，这也需要加强对大企业的税收管理和协调服务工作。完善税收风险管理体系，切实降低大企业涉税风险，是大企业税收管理的主要内容之一。以"风险"为导向实行税收管理，是目前国际上许多国家所采取的方法。在税收风险管理中，大企业税收管理部门对大企业税收风险及时识别、评估和分析，依据风险程度采取差异化管理策略：对税收风险较低的大企业，实行税企互信，日常工作中以服务为主；对税收风险较高的大企业，加大日常检查频率与力度，这种做法，有利于提高税收管理部门管理工作的效率。

　　针对广东大企业不同于中小企业的税收风险特征，建立与之适应的税收风险评估指标体系，通过对大企业相关数据的深度分析，对大企业税收风险级别进行判定，从而促进大企业税收管理工作有目的、有效率的开展。因此，本章将构建广东大企业税收风险评估指标体系，并选择企业进行风险评估。

第一节 构建大企业税收风险评估指标体系的思路、原则与方法

一、构建思路

关于大企业税收风险评估指标体系的构建，我们将按照如下思路进行展开：提出构建该指标体系应该遵循的相关原则，按照该原则选取相关指标；分析大企业税收风险的特征。与中小企业相比，有何自身特点；提出大企业税收风险评估时所需考虑的因素；根据上述因素选取相对对应具体的指标以及一些具体指标的操作；采用 AHP 方法确定各指标的权重。

其步骤如图 12 - 1 所示：

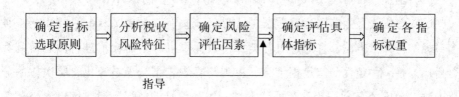

图 12 - 1

二、构建原则

本书中所说的大企业税收风险评估，是指税务机关对大企业在税收方面所涉及的风险进行评估。评估主体是税务机关，对象是大企业，目的在于提高大企业的纳税遵从度，降低税收风险。构建大企业税收风险评估指标体系，既要考虑目前其他国家在这方面的做法，以便与国际接轨，又要考虑我国大企业自身的特点、税收法规以及经济环境，以便制定出一套符合我国实际的指标体系。综合起来，我国大企业税收风险评估指标体系的构建应当遵循以下原则。

1. 影响重要性原则。构建大企业税收风险评估指标体系，应当选取能够影响大企业税收风险的重要指标，而不是把所有指标都见括进去，做到抓住重点，

有的放矢。

2. 典型代表性原则。典型代表性原则是指从各个主要领域的大量指标中选出最具代表意义的指标。

3. 可操作性原则。大企业税收风险评估指标必须是可操作性的，从而使得该体系的应用具有现实可行性。对于一些风险评估工作有用但是通过常规手段又无法取得数据的指标，或者一些不重要的且取证成本过高的指标，不应列入大企业税收风险评估指标体系。

4. 定量与定性指标相结合的原则。定量指标是指依靠各种资料、渠道和平台得到的，能够用具体数值表示的指标。定性指标是指根据事实进行描述性判断的指标，在大企业税收风险评估指标中，战略层次方面的指标，便需要定性分析。构建大企业税收风险评估指标体系，应当采取定量和定性指标相结合的评价方式。

三、层次分析法（Analytic Hierarchy Process，简称 AHP）

层次分析法是由美国运筹学家托马斯·萨迪（Thomas L. Saaty）提出的一种多目标综合评价方法。它通过对各类评价目标赋以一定的权重进行加总得到综合目标。是一种定性与定量相结合、主观与客观相结合、系统化、层次化的分析方法。AHP 不仅适用于存在不确定性和主观信息的情况，还允许以合乎逻辑的方式运用经验、洞察力和直觉进行决策。

我们将采用层次分析法（AHP）来确定该评估指标体系中各子指标层的权重值。其具体步骤如下。

（一）构建判断矩阵

AHP 方法在对评估指标的相对重要程度进行测算时，引入了九分位的相对重要等级判定表（如表 12 - 1 所示），对同层次的指标之间的相对性两两进行比较，构成一个判断矩阵。

表 12 - 1　相对重要等级判定表

判定值	含义
1	表示两元素相比，前者和后者具有同样重要性
3	表示两元素相比，前者比后者略微重要
5	表示两元素相比，前者比后者相当重要
7	表示两元素相比，前者比后者明显重要
9	表示两元素相比，前者比后者绝对重要
2、4、6、8	表示上述相邻判断的中间值

N 个指标两两比较的结果用判断矩阵表示为：

$$A = \begin{bmatrix} a_{11} & a_{12} \cdots & a_{1n} \\ a_{21} & a_{22} & a_{2n} \\ \vdots & \ddots & \vdots \\ a_{n1} & a_{n2} \cdots & a_{nn} \end{bmatrix}$$

其中矩阵 A 中的元素 $a^{ii} = 1$ 和 $a^{ij} = 1/a^{ji}$，即该矩阵为互反矩阵。

（二）计算单一准则层下元素的相对重要权值

首先对判断矩阵 A 求解最大特征根：

$$AW = \lambda_{max}W \qquad\qquad 公式（12 - 1）$$

得特征向量 W 后，将其归一化，归一化所得的特征向量 W 即为本层次 A1，A2，……An 对于目标元素的排序权重。

（三）一致性检验

在得到判断矩阵 A 时，有时候会得到一些不满足一致性的结论。如在进行两两比较的时候，因素 i 比 j 重要，j 比 k 重要，而 k 又比 i 重要的矛盾结论。这在元素数目较多时容易发生，因此需要进行一致性检验。

进行一致性指标 CI（Consistency Index）的计算：

$$CI = (\lambda^{max} - n) / (n-1); \qquad\qquad 公式（12 - 2）$$

n 为判断矩阵 A 的阶数

一般而言，只要 CI ≤ 0.1，就认为判断矩阵的一致性是可以接受的。否则就认为一致性太差，需要重新进行两两比较判断。

当元素很多时，判断矩阵的规模较大，要保持判断矩阵的一致性显然比规模较小的更难一些。因此，不同的指标规模，对判断矩阵的一致性要求也应该有所不同。引进平均随机一致性指标 RI（random index）。下表给出了 1 – 10 阶判断矩阵在 1000 次试验后得到的 RI：

表 12 – 2　1 – 10 阶判断矩阵的 RI 表

阶数 n	1	2	3	4	5	6	7	8	9	10
RI	0	0	0.58	0.90	1.12	1.24	1.32	1.41	1.45	1.49

CI 与 RI 的比率称为一致性比率 CR（consistency ratio），CR = CI/RI，当 CR 小于 0.1 时，一般认为判断矩阵具有满意的一致性。否则需要调整比较矩阵，使其具有满意一致性。

四、税收缴纳效能理论

在税收经济关系中，税源质量与纳税能力之间的关系也适用物理学中能量守恒定律。理论上来讲，税源质量相同的企业，其纳税能力也是相同的。但是在实际生活中，由于企业环境和条件的制约，企业的纳税能力并不与税源质量成正比。从税务机关的角度来看，不同的企业如果税源质量相同，在遵守税法等相同规则的情况下，其纳税能力应该是相同的。如果企业的纳税能力与税源质量不成正比，意味着该企业存在税收风险。因此，用税收缴纳效能，评价企业过去时期税源质量和纳税能力之间的关系，从而评估企业的税收风险，有着很好的效果。

由上述描述可知，在相同的税收环境条件下，一定的税源质量要求一定的纳税能力与之匹配。不同的税源质量有着不同的纳税能力与之匹配。而且不同企业的纳税能力的排序与该企业的税源质量的排序一致。用基本的数学关系式表示如下：

$$Y = F(X) \hspace{3cm} 公式（12 – 3）$$

在公式公式（12 – 3）中，X 表示税源质量，Y 表示纳税能力，Y 是 X 的单调增函数。对于不同的企业，不同的税源质量，有不同的纳税能力与之相对应。由于公式（10 – 3）是单调增函数，因此有如下关系存在：

当：$X_1 > X_2 > X_3 > X_4 > \cdots\cdots > X_n$ 时，

有：$Y_1 > Y_2 > Y_3 > Y_4 > \cdots\cdots > Y_n.$

在这种情况下，各企业的税收缴纳效能是相同的。即是说，Y 值的大小排序与对应的 X 值的大小排序是一致的，其序号是相同的：

$$I(Y) = I(X) \qquad\qquad 公式（12-4）$$

I（Y）和 I（X）表示 Y 和 X 的排序。公式（12-4）表明，纳税能力的位置由税源质量的位置决定。由此建立企业纳税能力与税源质量位置的相互关系。如果一个企业的纳税能力的排序与其税源质量的排序不一致，表明该企业的纳税能力与其税源质量有出入，从而可能存在着税收风险。一个企业纳税能力和税源质量排序的不一致性越大，如其纳税能力的排序远低于其税源质量的排序，其缴纳效能低，则该企业可能存在着较高的税收风险；如其纳税能力的排序高于该企业税源质量的排序，说明该企业的缴纳效能高，该企业可能存在着较低的税收风险。由此构建税收缴纳效能评估指标，衡量企业纳税能力位置和税源质量位置的相互关系及不一致性，从该企业的过往历史表现确定税收缴纳效能，来衡量企业的税收风险。

第二节　构建广东大企业税收风险评估指标体系

广东大企业生产经营规模大，其经营范围往往包括多个行业和多个区域，且总部控制力强，依法纳税意识和维权意识比中小企业较强，涉税业务相对比较复杂。一般而言，相对于中小企业，广东大企业的税收风险具有以下特征：①大企业规模巨大，轻微的税法执行的差异会带来企业巨大的税款付出，其敏感性较强；跨行业、跨地区甚至跨国经营，税务处理复杂。②大企业有条件运用最新的信息科技手段对企业进行管理，其企业的办税人员综合素质较高、法律意识较强，且有比较规范统一的内部管理制度。

广东大企业的税收风险已经不是来自简单的做假账，更多地源于治理层和管理层的纳税态度和观念不正确、经营目标和经营环境等诸多方面。

一、广东大企业税收风险评估的四个方面

借鉴国际上其他国家对大企业税收风险评估的做法以及国内学者的相关研究，本书对大企业税收风险评估分为四个方面：战略层次风险评估、静态特征

风险评估、动态特征风险评估和重大事件风险评估。

第一，战略层次风险评估，是指对大企业整体层次风险的评估，大企业的战略层次风险，主要来自大企业的规模、结构、内部控制制度和管理制度、管理层和治理层的作为以及税收方面所采取的策略。

第二，静态特征风险评估，即对大企业主体静态风险的评估，主要考虑大企业过往的历史记录，在纳税遵从方面的表现等。

第三，动态特征风险评估，即对大企业主体行为风险特征的评估，考虑的行为风险如在本期中销售收入下降、税金下降等，其评估指标主要从当期财务报表中获取。

第四，重大事件风险评估，即对大企业一些重大事件所产生的税收风险进行评估，将关联交易、兼并收购等重大事件单独进行评估，能够适应大企业的实际情况。综上所述，对大企业进行税收风险评估由以下几个方面及相关因素构成。

以图 12 - 2 简明示之（只列举了部分因素）。

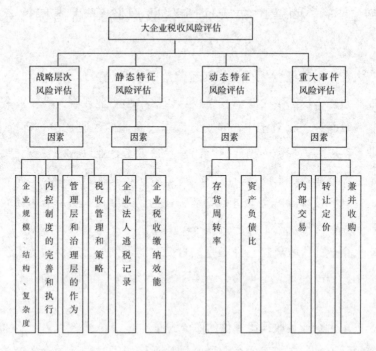

图 12 - 2

二、广东大企业税收风险评估指标体系

根据上文分析，大企业税收风险主要由四个部分组成，相应地，大企业税收风险评估指标的子目标层由四部分组成：战略层次风险评估指标、静态特征风险评估指标、动态特征风险评估指标、重大事件风险评估指标。根据这四部分风险评估所考虑的因素，进一步构建相应的具体指标层。层次结构如图 12－3 所示。

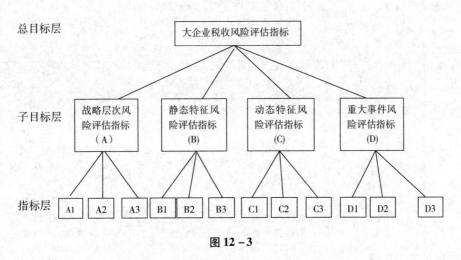

图 12－3

经过上述分析，根据大企业税收风险评估指标的构建原则以及上述四部分的风险因素，构建大企业税收风险评估指标体系，如表 12－3 所示。

表12－3 大企业税收风险基本评估指标体系

指标名称			评价内容	计算公式
总目标层	子目标层	基础指标层		
大企业税收风险评估指标	1. 战略层次风险评估指标	1. 企业规模、结构、复杂度情况	这方面的风险主要来自企业内部控制制度的完善以及有效的执行，治理层和管理层对税收方面的重视程度、对于税收方面的管理，是否制定相关的政策以及配备专门的税务工作人员。本书主要从另外两个子目标层静态特征风险和动态特征风险的角度分析大企业的相关风险状况。在此风险领域未做探讨。只是初步设定应从此三个方面来判定大企业在该风险领域所产生的风险	定性判断
		2. 内控制度的完善和执行情况		定性判断
		3. 税收管理和策略情况		定性判断
大企业税收风险评估指标	2. 静态特征风险评估指标	1. 纳税申报率	纳税申报是企业缴纳税款的前提。反映企业按照税收申请纳税次数的准确	（实际纳税申报次数/应该纳税申报次数）×100%
		2. 纳税准确率	纳税准确率是指纳税人申报的纳税数额与经税务机关调整后应纳税额之间的比例	（｜企业申报税额－企业应纳税额｜/企业应纳税额）×100%
		3. 税款入库率	税款入库率是指企业当期全部入库的税款与按照税法计算应缴税款之间的比率	（当期入库税款/当期应缴税款）×100%
		4. 税款补交率	税款补交，是指由于税务机关检查所要求补交的税款和罚款以及其他部门（如审计、财政专门办）所要求补交的税款和罚款	（报告期补交税款、罚款/报告期应纳税款）×100%
		5. 税收缴纳效能评估指标	税收缴纳效能，衡量的是企业税源质量和实际纳税能力的关系。理论上来讲，如果企业税源质量相同，则其实际纳税能力也是相同的。通过效能位差模型的应用，可以求得企业过往的税收缴纳效能的高低，在一定的程度上反映企业税收风险	详见"三、静态特征风险指标——税收缴纳效能指标的构建"

续表

指标名称			评价内容	计算公式
总目标层	子目标层	基础指标层		
大企业税收风险评估指标	3. 动态特征风险评估指标	收入类		
		1. 流动资产与收入变动比率	通过比较流动资产的投入与收入是否匹配,来关注企业收入是否隐匿的风险	流动资产变动率 – 收入变动率
		2. 固定资产与收入变动比率	通过比较固定资产的增加幅度与收入的增加幅度,观察固定资产规模与收入是否匹配,来关注企业收入是否隐匿的风险	(固定资产变动率/收入变动率)×100%
		3. 在建工程超正常购建期挂账	关注是否存在在建工程已正式投入使用却不确认收入形成账外资产的风险	(本期2年以上在建工程期末余额/资产总额)×100%
		4. 预收账款与收入变动比率	关注是否存在本期主营业务收入挂账于预收账款账目,少结转收入的风险	预收账款变动率 – 收入变动率;
		5. 预收账款账龄分析	关注是否存在以前年度少结转主营业务收入或者其他收入的风险	(本年账龄一年以上的预收账款年末余额/本年主营业务收入)×100%
		6. 短期投资变动比	检查是否在税法上确认了投资收益,观察短期投资收回是否缴纳了所得税	(短期投资期初余额 – 短期投资期末余额)/短期投资期初余额×100%
		7. 应收账款收入比	通过检查财务报表各项目之间的逻辑关系,关注是否存在虚减收入的风险	应收账款变动率 – 主营业务收入变动率
		8. 存货周转率与收入变动比率	通过检查存货周转率增加幅度和主营业务收入增加幅度的关系,关注是否存在虚减收入的风险	A – B A =(本期主营业务成本/本期存货平均余额 – 上期主营业务成本/上期存货平均余额)/(上期主营业务成本/上期存货余额) B =(本期主营业务收入 – 上期主营业务收入)/上期主营业务收入

指标名称			评价内容	计算公式
总目标层	子目标层	基础指标层		
大企业税收风险评估指标	3. 动态特征风险评估指标	9. 收入与税金变动比率	通过检查主营业务收入的变动幅度和所得税额的变动幅度，关注是否存在少申报纳税的风险	A－B A＝（本期主营业务收入－上期主营业务收入）／上期主营业务收入； B＝（本期应纳所得税额－上期应纳所得税额）／上期应纳所得税额
		10. 营业费用收入比	通过比较营业费用的变动幅度与主营业务收入的变动幅度，关注是否存在隐匿主营业务收入或者虚增营业费用的风险	A－B 营业费用变动率A＝（本期营业费用金额－上期营业费用金额）／上期营业费用金额 收入变动率B＝（本期主营业务收入－上期主营业务收入）／上期主营业务收入
		成本、费用类		
		1. 毛利率变动指标	通过比较毛利率本期与上期的变动，关注是否存在虚增成本的风险	上年同期毛利率－本期毛利率 本期毛利率－同行业毛利率
		2. 管理费用收入比率	关注是否存在虚增管理费用的风险	（本期管理费用－上期管理费用）／上期管理费用
		3. 成本费用变动比率	检查是否存在多计成本费用的情况	本期成本费用总额／本期利润总额－上期成本费用总额／上期利润总额
		4. 利润收入变动比率	检查是否存在多计成本、费用的情况	A－B A＝（本期主营业务收入－上期主营业务收入）／上期主营业务收入； B＝（本期利润总额－上期利润总额）／上期利润总额

续表

指标名称			评价内容	计算公式
总目标层	子目标层	基础指标层		
大企业税收风险评估指标	4. 重大事件风险评估指标	1. 关联交易情况	重大事件风险主要从这三个方面来体现。大企业的税收风险主要来自关联交易。本书主要从另外两个子目标层静态特征风险和动态特征风险的角度分析大企业的相关风险状况。在此风险领域未做探讨。只是初步设定应从此三个方面来判定大企业在该风险领域所产生的风险	定性分析和定量分析的结合
		2. 转让定价情况		
		3. 兼并收购情况		

三、静态特征风险指标——税收缴纳效能指标的构建

根据前面的理论，建立大企业税收缴纳效能评估指标，基本思路如下：1. 分别测算某一行业中各大企业的税源质量指标和纳税能力指标，并对两项指标分别排序定位；2. 计算各大企业的税源质量和纳税能力的位差；3. 根据位差计算各大企业的税收缴纳效能指标。

具体步骤如图 12 - 4 所示：

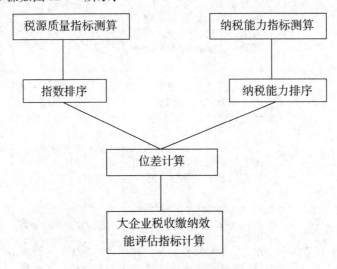

图 12 - 4 税收缴纳效能评估指标步骤

（一）税源质量指标和纳税能力指标的确定

税源中能够影响税收质量的内在因素很多。在实践分析中，应从方便实用的角度选取能够反映税源综合内在因素的综合指标，从而客观地评价税源质量的相对状况。我们将从企业的总体财务状况和经营能力方面来评价企业税源质量。通过企业的综合财务指标分析能够得到企业的总体生产经营能力和财务状况。根据企业财务分析的基本理论，可以从企业的偿债能力、营运能力、获利能力和发展能力四个方面来评价企业的总体财务状况和经营能力。考虑到发展能力虽然与企业的长期税收有关系，但是对当前的税收风险没有多大影响。因此，只从企业的偿债能力、营运能力、获利能力三个方面，筛选出一系列指标作为判断企业税源质量的指标体系。而企业的纳税能力指标，则选取（应纳税所得/收入）指标，如表 12 - 4 所示：

表 12 - 4 大企业税收缴纳效能评估指标体系

	指标名称	评价内容	评价方式	参考权重
1. 偿债能力指标	债务资产比率	本指标反映由债权人提供的资本与股东提供的资本的相对关系，反映了公司基本财务结构是否稳定。一般来说，股东资本大于借入资本较好，但也不能一概而论。产权比率高，是高风险、高报酬的财务结构；产权比率低，是低风险，低报酬的财务结构	负债合计/股东权益合计	10%
	速动比率	该指标反映企业用流动资产偿还流动负债的能力	（流动资产—存货）/流动负债	10%
2. 营运能力指标	应收账款周转率	该指标反映企业应收账款的变现能力以及企业在应收账款方面的管理水平	（主营业务收入/平均应收账款）*100%	10%
	存货周转率	该指标反映存货的周转速度。该指标越高，表明存货周转速度越快	（主营业务成本/平均存货）*100%；平均存货 = （存货期初余额 + 存货期末余额）/2	10%

续表

	指标名称	评价内容	评价方式	参考权重
3. 获利能力指标	净利润率	该指标反映企业从主营业务收入中获取净利润的能力	（净利润/主营业务收入净额）*100%	20%
	资产净利润率	资产收益率，该指标反映企业利用全部资产的活力能力	（净利润/平均资产总额）*100%	20%
	净资产收益率	该指标反映企业盈利能力最直接最有效	（净利润/股东权益合计）*100%	20%
企业获利能力是与企业税源质量指标关系最密切也是最重要的指标，它反映企业缴纳所得税的能力				
纳税能力	应纳所得税额收入比	该指标反映的是企业每一元收入纳缴纳企业所得税的能力	企业所得税/主营业务收入	100%

（二）税源质量指标和纳税能力指标的测算步骤及标准

税源质量指标的过程是，先计算企业当期上述指标以及相应的行业平均指标值，得出企业各个指标相对于行业平均值的离散程度，根据离散程度得出各项指标的分值，每项指标总分为 100 分，将各项指标值乘以赋予的权重，通过加权平均法便得到企业的税源质量指标。

例：设某项指标 I 的离散程度为 X，相应的分值为 A，则 $X = \dfrac{\text{企业该项指标数值} - \text{该项指标行业平均数值}}{\text{该项指标行业平均数值}} \times 100\%$　　　　公式（12 - 5）"

根据下表赋予 X 相应的分值。

表 12 - 5　分值赋予表

X 的取值范围	A	取分方式
0≤X≤20%	60 ~ 70 分	每 2 个百分点得一分
20% < X≤50%	70 ~ 80 分	每 3 个百分点得一分
50% < X≤100%	80 ~ 100 分	每 2.5 个百分点得一分
X≥100%	100 分	

X 的取值范围	A	取分方式
−20% ≤ X ≤ 0	50 ~ 60 分	每 2 个百分点得一分
−50% ≤ X < −20%	40 ~ 50 分	每 3 个百分点得一分
−100% ≤ X < −50%	30 ~ 40 分	每 5 个百分点得一分
X ≤ −100%	30 分	

注：该相应的分值只是表明该指标与行业平均值的离散程度，并不表示分值越高越好。

纳税能力指标直接根据应纳税所得额收入比算出。根据以上步骤便能得出税源质量指标和纳税能力指标的分值，根据分值得出企业税源质量指标和纳税能力指标的排序。

（三）效能位差测算

税收缴纳效能位差的测算是计算各企业税源质量排序序号与纳税能力排序序号的差异。当税收缴纳效能位差为 0 时，是指该企业纳税能力的排序与其税源质量的排序是相等的，说明其纳税能力与税源质量相匹配。当效能位差大于 0 时，表明该企业在其所处行业中纳税能力排序靠前，而税源质量排序相对靠后，表明该企业的税收遵从较好。当效能位差小于 0 时，表明该企业税源质量排序靠前而其纳税能力却相对靠后，与效能位差大于或者等于 0 的企业相比，表明存在着较高的税收风险。且效能位差小于零的绝对值越大，其税收风险越高。

企业 i 的税收缴纳效能位差 X^i = 税源质量排序序号 − 纳税能力排序序号

公式（12 − 6）

（四）税收缴纳效能评估指标的计算

税收缴纳效能评估指标总分为 100 分，各企业的分数采取相对给分法，即根据企业在该行业的效能位差排名取得相应的分值，基本原则是效能位差为 0，其分值为 70 分，效能位差为正，位差越大，分值越高；效能位差为负，位差越大，分值越低。具体标准如下：

效能位差为 0 的企业，赋值 70 分；在效能位差为正的企业中，位差排名处于前 20%，赋值 90 ~ 100 分；位差排名 20% ~ 50%，80 ~ 90 分；位差排名 50% ~ 100%，赋值 70 ~ 80 分；在效能位差为负的企业中，位差绝对值排名处于前 20%，赋值 60 ~ 70 分，位差绝对值排名处于前 20% ~ 50%，赋值 50 ~ 60 分，位差排名处于前 50% ~60%，赋值 40 ~50 分。

企业税收缴纳效能评估指标的分值，只是一个相对分数，体现的是在该行业中与其他企业相比的得分，与其他行业的企业相比没有意义。同时，该指标分值赋予的目的在于与其他指标都采取赋值的方法，使得企业税收风险评估指标体系一。我们认为，在通过税收缴纳效能反映企业的税收风险方面，相对于企业税收缴纳效能评估指标的分值，其效能位差的排序，更能够形象地体现企业相对于该行业其他企业的相对风险状况。

四、动态风险评估方式和步骤

动态风险评估的对象为企业的当期情况，所依据的材料为企业当期月度、季度、年度财务报表等数据。与静态特征风险评估不同，动态风险评估所依据的财务报表等尚未经过纳税调整等处理。因此，为了保证动态风险评估的准确性和及时性，采取的风险评估方式为相关数据收集处理后由相关专家依靠合理的标准进行主观界定该企业动态风险的高低，并给予相应的分值。

（一）动态风险评估原则

根据焦瑞进、吴新联等学者在《微观税收分析指标体系及方法》一书中的相关研究，表 11 - 3 中处于子目标层动态风险评估下的指标，主要通过财务报表相关账目的处理、分析，得出一些项目的变动率，通过比较该变动率与收入变动率的差异，查出企业可能少报收入或者虚增成本的风险。设立一个阈值 30%，如果上述项目变动率与收入变动率的差异大于 30%，则认为企业在税收方面可能存在着不遵从的风险。

（二）动态风险评估步骤

根据上文所述，首先，通过相关数据分析、比较之后，求得该企业当期与上期相比，各项目变动率与收入变动率的差异值，即表 12 - 3 中相应指标的数值。然后统计差异值所分布的区间、范围，通过比较各企业的情况，判定该企业相对于该行业其他企业动态风险的高低，进而给出相应的分值，如图 12 - 5 所示：

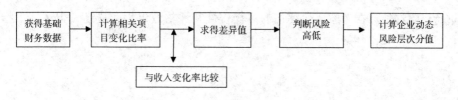

图 12 - 5

第三节　广东上市公司大企业税收风险评估的实证研究

根据前面的研究，本书按以下三条标准选择大企业样本进行实证研究：1. 上市公司，可以获取公开数据。2. 对广东发展具有战略性意义的行业，兼顾对二、三产业综合效应，选取房地产企业为样本。3. 具有代表性的大企业，并考虑样本数量，以年缴纳所得税额超过 1 亿元为标准。

按照以上标准，本书从房地产行业的广东上市公司中，以缴纳所得税额超过 1 亿元为标准，最终选择符合要求的 14 家房地产大企业。通过万得数据库（Wind），本书获取这些大企业样本的财务数据进行研究。

一、大企业税收风险评估指标的选取

（一）风险评估指标选取的依据

一套指标的选取，必须建立在有效性与准确性的基础上。有效性与准确性，是建立科学合理的评估指标体系的关键。因此，笔者在选取风险评估指标时，在保证该指标可操作的前提下，要求该指标能够有效、准确、全面地反映评估工作。从而在此基础上构建适宜的大企业税收风险评估指标。本书以 2015 年为基期，静态特征风险评估方面的数据从 2014 年度财务报表等相关统计资料中获得，作为该样本历史的表现。动态特征风险评估方面的数据从 2015 年财务报表的相关统计资料中获得，通过与 2014 年的比较分析，来评估该样本在本期（2015 年）的动态风险。

（二）风险评估指标的构建

本书的实证部分，采取广泛应用的帕特里克评价模型来构建适宜的税收风险评估指标，在此基础上加以改进，将大企业的税收风险分为战略层次风险、静态特征风险、动态特征风险、重大事件风险四个层次，这样就可以有目的地进行风险评估。在考虑风险评估的可操作性和评估效果后，最终设定了如下指标，如表 12 - 6 所示：

表 12 –6 大企业税收风险评估指标体系

评估目标	子目标层	基础指标
大企业税收风险评估指标体系	战略层次风险评估	1. 企业规模、结构、复杂度情况 2. 内控制度的完善和执行情况 3. 税收管理和策略情况
	静态特征风险评估	1. 纳税准确率 2. 税款入库率 3. 税收缴纳效能评估指标
	动态特征风险评估	1. 流动资产与收入变动比 2. 预收账款与收入变动比 3. 应收账款与收入比 4. 存货周转率与收入变动比 5. 收入与税收变动比 6. 利润收入变动比
	重大事件风险评估	1. 关联交易情况 2. 转让定价情况 3. 兼并收购情况

本部分主要从静态特征风险和动态特征风险 2 个子目标层进行分析。

二、子目标层权重的确定

大企业税收风险评估指标体系中的各个子目标层的相对重要程度肯定是有所区别的。因此，有必要对各个子目标层的重要性进行区别对待，客观地、科学地计算出各部分的相对重要程度。本书采用层次分析法（AHP）来确定大企业税收风险评估指标体系中各子目标层的权重值。

（一）构建判断矩阵

按照上文所提到的 AHP 方法的步骤，首先构建判断矩阵。根据相关的研究，大企业的内控是大企业税收风险管理的重要因素，在本书中由战略层次风险来评估，而静态特征风险和动态特征风险分别是大企业的内控在税收管理方面过去和现在的体现。重大事件风险中，由关联交易、转让定价的交易事件所产生的风险占大企业税收风险的 50% 以上（OECD 的相关研究）。考虑了大企业税收风险评估各子目标层的重要性程度，构建出了子目标层的判断因子之间的判断矩阵，如表 12 –7 所示：

表 12 - 7 大企业税收风险评估各子目标层的判断矩阵

	战略层次风险	静态特征风险	动态特征风险	重大事件风险
战略层次风险	1	1/3	1/2	1/4
静态特征风险	3	1	2	1/3
动态特征风险	2	1/2	1	1/4
重大事件风险	4	3	4	1

$$判断矩阵：A = \begin{pmatrix} 1 & 1/3 & 1/2 & 1/4 \\ 3 & 1 & 2 & 1/3 \\ 2 & 1/2 & 1 & 1/4 \\ 4 & 3 & 4 & 1 \end{pmatrix};$$

（二）评估权重的计算

通过上面构建的判断矩阵 A，依据层次分析法的判断矩阵的相关计算方法，计算该评估指标体系子目标层的权重。

① $M_i = \prod_{j=1}^{n} a_{ij}, i = 1,2,3,4. (5-1)$ 公式（12 - 7）

$M_1 = 1 \times 1/3 \times 1/2 \times 1/4 = 1/24;$

$M_2 = 3 \times 1 \times 2 \times 1/3 = 2;$

$M_3 = 2 \times 1/2 \times 1 \times 1/4 = 1/4;$

$M_4 = 4 \times 3 \times 4 \times 1 = 48$

② $\overline{W}_i = \sqrt[n]{M_l}, \ i = 1, 2, 3, 4; \ n = 4$ 公式（12 - 8）

$\overline{W}_1 = \sqrt[4]{\dfrac{1}{24}} = 0.4518$

$\overline{W}_2 = \sqrt[4]{2} = 1.1892$

$\overline{W}_3 = \sqrt[4]{\dfrac{1}{4}} = 0.7071$

$\overline{W}_4 = \sqrt[4]{48} = 2.6321$

③ $w_i = \overline{W}_i / (\sum_{j=1}^{n} \overline{W}_j), i = 1,2,3,4; n = 4$ 公式（12 - 9）

$w_1 = \dfrac{0.4518}{4.9802} = 0.0907$

$$w_2 = \frac{1.1892}{4.9802} = 0.2388$$

$$w_3 = \frac{0.7071}{4.9802} = 0.1420$$

$$w_4 = \frac{2.6321}{4.9802} = 0.5285$$

因此，经过上述的层次分析法计算得到了四个风险评估中子目标层的权重。

$(w_1, w_2, w_3, w_4) = (w_{战略层次风险}, w_{静态特征风险}, w_{动态特征风险}, w_{重大事件风险}) = (0.0907, 0.2388, 0.1420, 0.5285)$

（三）一致性检验

进行一致性检验是为了保证层次分析法结果的合理性。根据一致性指标 $CI = \frac{\lambda_{MAX} - n}{n - 1}$，

先计算 λ_{MAX}：

$$\lambda_{MAX} = \frac{1}{n} \sum_{i=1}^{n} \frac{(AW)_i}{W_i}, i = 1, 2, 3, 4 \qquad\qquad 公式（12 - 10）$$

$$W = \begin{pmatrix} 0.0907 \\ 0.2388 \\ 0.1420 \\ 0.5285 \end{pmatrix}，根据上文的判断矩阵 A，得到$$

$$AW = \begin{pmatrix} 1 & \frac{1}{3} & \frac{1}{2} & \frac{1}{4} \\ 3 & 1 & 2 & \frac{1}{3} \\ 2 & \frac{1}{2} & 1 & \frac{1}{4} \\ 4 & 3 & 4 & 1 \end{pmatrix} \begin{pmatrix} 0.0907 \\ 0.2388 \\ 0.1420 \\ 0.5285 \end{pmatrix} = \begin{pmatrix} 0.3734 \\ 0.9711 \\ 0.5749 \\ 2.1757 \end{pmatrix}$$

从而得到 $\lambda_{MAx} = \frac{1}{4} \left(\frac{0.3734}{0.0907} + \frac{0.9711}{0.2388} + \frac{0.5749}{0.1420} + \frac{2.1757}{0.5285} \right) = 4.0872$，

将 λ_{MAX} 代入 $CI = \frac{\lambda_{MAX} - n}{n - 1}$（n =4），得到

$$CI = \frac{\lambda_{MAX} - n}{n - 1} = \frac{4.0872}{4 - 1} = 0.0291$$

根据表 1 - 10 阶判断矩阵的 RI 表，得到平均随机一致性指标 RI = 0.90，可

以计算出 CR：

$$CR = \frac{CI}{RI} = \frac{0.0291}{0.90} = 0.0323 < 0.1$$

由上可以看出该判断矩阵 A 具有满意一致性，一致性检验通过。因此该风险评估指标体系的子目标层权重为

$$(w_{\text{战略层次风险}}, \quad w_{\text{静态特征风险}}, \quad w_{\text{动态特征风险}}, \quad w_{\text{重大事件风险}}) = (0.0907, 0.2388, 0.1420, 0.5285)。$$

确定了各子目标层的权重，也就能够相对地从数字化地、直观地衡量各子目标层风险评估的重要程度和对整个企业的税收风险评估的影响程度。

三、样本企业静态特征风险、动态特征风险评估

（一）静态特征风险评估

静态特征风险评估选取了三个指标：纳税准确率、税款入库率、税收缴纳效能评估指标。考虑到上市公司的规范性以及在税收遵从方面的表现，重点评估各企业在税收缴纳效能方面的风险。按照上文所示的税收缴纳效能指标计算步骤，通过对房地产企业 2014 年有关数据资料的分析、比较，得到有关税收缴纳效能指标所用的子指标，如表 12 - 8 所示。

表 12 - 8　2014 年房地产样本企业相关指标基本情况

股票简称	税源质量指标							纳税能力指标
	1. 偿债能力指标		2. 营运能力指标		3. 获利能力指标			应纳所得税额收入比
	①债务资产比率	②速动比率	③应收账款周转率	④存货周转率	⑤净利润率	⑥资产净利润率	⑦净资产收益率	
JDJT	2.6727	0.5504	2962.7000	0.4216	0.1088	0.0399	0.1270	0.0471

股票简称	税源质量指标							纳税能力指标
	1. 偿债能力指标		2. 营运能力指标		3. 获利能力指标			应纳所得税额收入比
	①债务资产比率	②速动比率	③应收账款周转率	④存货周转率	⑤净利润率	⑥资产净利润率	⑦净资产收益率	
WKA	4.4521	0.4255	58.8726	0.3161	0.1318	0.0391	0.1786	0.0407
ZJSY	2.0616	0.6876	24778.4010	0.3026	0.1254	0.0444	0.1299	0.0525
ZZKG	3.9081	0.1804	305.8007	0.1827	0.1008	0.0253	0.0926	0.0613
BLDC	4.6392	0.4467	38.3908	0.2923	0.1305	0.0419	0.1987	0.0440
HQCA	2.2273	0.4993	67.3189	0.2910	0.1820	0.0612	0.1698	0.0721
ZSSK	7.3081	0.4954	451.2811	0.3018	0.1448	0.0411	0.1906	0.0684
ZSJY	4.5372	0.3415	15.2862	0.4516	0.0770	0.0254	0.1404	0.0327
DYC	5.9561	0.3377	42.8465	0.1822	0.0999	0.0208	0.1000	0.0557
SSFA	1.0835	0.5260	43.2996	0.4891	0.1398	0.0694	0.1379	0.0481
SZYA	1.8234	0.4923	138.9251	0.2398	0.2201	0.0472	0.1229	0.0742
XJKG	6.3240	0.3146	129.3468	0.3324	0.0562	0.0183	0.1416	0.0395
SWYA	0.8717	0.5812	51.9930	0.2353	0.3291	0.1077	0.2013	0.1074
HFGF	7.8749	0.4769	1861.0473	0.1192	0.0885	0.0113	0.0935	0.0299

根据上表各指标数值，根据计算离散度的公式：$X = \dfrac{(\text{企业该项指标数值} - \text{该项指标行业平均数值})}{\text{该项指标行业平均数值}} \times 100\%$ 公式（12-11）

计算该行业各企业指标的离散度，如表12-9所示：

表 12 – 9　房地产行业各企业相关指标离散度

公司简称	债务资产比率离散程度 X	速动比率离散程度 X	应收账款周转率离散程度 X	存货周转率离散程度 X	净利润率离散程度 X	资产净利润率离散程度 X	净资产收益率离散程度 X
JDJT	– 0. 3287	0. 2124	0. 3403	0. 4196	– 0. 2128	– 0. 0568	– 0. 1222
WKA	0. 1182	– 0. 0627	– 0. 9734	0. 0644	– 0. 0465	– 0. 0775	0. 2349
ZJSY	– 0. 4822	0. 5147	10. 2099	0. 0189	– 0. 0927	0. 0483	– 0. 1015
ZZKG	– 0. 0184	– 0. 6026	– 0. 8617	– 0. 3848	– 0. 2707	– 0. 4033	– 0. 3596
BLDC	0. 1652	– 0. 0160	– 0. 9826	– 0. 0158	– 0. 0556	– 0. 0110	0. 3736
HQCA	– 0. 4406	0. 0999	– 0. 9695	– 0. 0201	0. 3172	0. 4451	0. 1740
ZSSK	0. 8355	0. 0913	– 0. 7958	0. 0162	0. 0478	– 0. 0301	0. 3179
ZSJY	0. 1396	– 0. 2477	– 0. 9931	0. 5206	– 0. 4425	– 0. 4004	– 0. 0291
DYC	0. 4960	– 0. 2561	– 0. 9806	– 0. 3865	– 0. 2773	– 0. 5093	– 0. 3085
SSFA	– 0. 7279	0. 1587	– 0. 9804	0. 6469	0. 0116	0. 6390	– 0. 0467
SZYA	– 0. 5420	0. 0844	– 0. 9371	– 0. 1925	0. 5925	0. 1144	– 0. 1504
XJKG	0. 5884	– 0. 3070	– 0. 9415	0. 1193	– 0. 5934	– 0. 5681	– 0. 0206
SWYA	– 0. 7810	0. 2803	– 0. 9765	– 0. 2077	1. 3820	1. 5425	0. 3916
HFGF	0. 9779	0. 0505	– 0. 1580	– 0. 5986	– 0. 3595	– 0. 7328	– 0. 3533

根据上文设定的分值赋予表 12 - 5，得出各企业相关指标的分值，根据各指标所赋予的权重求得税源质量综合得分，如表 12 - 10 所示。

表 12 – 10　房地产行业各企业相关指标得分情况

公司简称	1. 债务资产比率得分	2. 速动比率得分	3. 应收账款周转率得分	4. 存货周转率得分	5. 净利润率得分	6. 资产净利润率得分	7. 净资产收益率得分	税源质量综合得分
	10%	10%	10%	10%	20%	20%	20%	100%
JDJT	45. 71	70. 41	74. 68	77. 32	49. 57	57. 16	53. 89	58. 94
WKA	65. 91	56. 86	30. 53	63. 22	57. 68	56. 13	71. 16	58. 65

续表

公司简称	1. 债务资产比率得分	2. 速动比率得分	3. 应收账款周转率得分	4. 存货周转率得分	5. 净利润率得分	6. 资产净利润率得分	7. 净资产收益率得分	税源质量综合得分
	10%	10%	10%	10%	20%	20%	20%	100%
ZJSY	40.59	80.59	100.00	60.95	55.37	62.42	54.92	62.75
ZZKG	59.08	37.95	32.77	43.84	47.64	43.22	44.68	44.47
BLDC	68.26	59.20	30.35	59.21	57.22	59.45	75.79	60.19
HQCA	41.98	64.99	30.61	58.99	73.91	78.17	68.70	63.81
ZSSK	93.42	64.56	34.08	60.81	62.39	58.49	73.93	64.25
ZSJY	66.98	48.41	30.14	80.83	41.92	43.32	58.54	51.39
DYC	79.87	48.13	30.39	43.78	47.42	39.81	46.38	46.94
SSFA	35.44	67.93	30.39	85.88	60.58	85.56	57.67	62.73
SZYA	39.16	64.22	31.26	50.37	83.70	65.72	52.48	58.88
XJKG	83.54	46.43	31.17	65.96	38.13	38.64	58.97	49.86
SWYA	34.38	72.68	30.47	49.74	100.00	100.00	76.39	74.00
HFGF	99.12	62.53	52.10	38.03	44.68	35.34	44.89	50.16

根据税源质量指标和纳税能力指标测算数值，求得各企业在相应指标中的排列序号，运用公式效能位差 = 税源质量排序序号 - 纳税能力排序序号，得到效能位差，计算相应的得分，结果见表 12 - 11。

表 12 - 11 税收缴纳效能位差和得分表

公司简称	税源质量排序序号	纳税能力排序序号	效能位差	得分 S	公司简称	税源质量排序序号	纳税能力排序序号	效能位差	得分 S
JDJT	7	9	-2	60	ZSJY	10	13	-3	55
WKA	9	11	-2	65	DYC	13	6	7	95
ZJSY	4	7	-3	58	SSFA	5	8	-3	57
ZZKG	14	5	9	*98	SZYA	8	2	6	93

续表

公司简称	税源质量排序序号	纳税能力排序序号	效能位差	得分S	公司简称	税源质量排序序号	纳税能力排序序号	效能位差	得分S
BLDC	6	10	−4	50	XJKG	12	12	0	70
HQCA	3	3	0	70	SWYA	1	1	0	70
ZSSK	2	4	−2	68	HFGF	11	14	−3	53

（二）静态特征风险评估结果分析

通过上述分析可以看出房地产行业各样本企业的相对风险状况。

在我们所抽取的样本企业中，所得税纳税额排名前两位的分别是 WKA 和 BLDC。其中，BLDC 的税收缴纳效能相对较差，静态特征风险相对其他企业较高，而 WKA 的税收缴纳效能也为负数，这意味着其纳税能力相对落后于其税源质量。表现较好的是 SWYA，其纳税额在样本企业中排名倒数第三，但其税源质量和纳税能力均排名第一。ZZKG 与 SZYA 表现较为突出，效能位差较大，表明其纳税能力相对优于税源质量。

WKA 和 BLDC 是这十四家样本企业中缴纳所得税额前两位的企业，其企业规模和营业收入大于其他企业。也正因为企业规模和复杂度高于其他企业，因此税收的管理也更加复杂，企业的相关管理、内部控制的有效性不如其他企业，这由 BLDC 缴纳所得税额高居第二，其税源质量和纳税能力却分别排名第六、第十，以及 WK 缴纳所得税额高居第一，其税源质量和纳税能力分别排名第九、第十一就可以看出。除此之外，对于规模较大的企业而言，其负债率也相对较高，而负债具有税盾效应，进而会导致企业的纳税能力相对滞后于税源质量。因此，税务机关对此能采取的最有效的方式，便是积极指导这类企业内部控制制度的完善，细化企业内部税务管理，同时鼓励企业积极去杠杆，降低企业的税务风险。

企业的风险评估工作，不仅仅需要一些关键指标的分析和比较，也需要工作人员将这些数据指标等表现与实际情况相结合。只有客观指标分析与主观判断的结合，才能更准确地评价企业的税收风险。

（三）动态特征风险评估

本部分主要分析样本企业是否隐藏收入、虚增成本，评估企业在企业所得税方面的纳税遵从风险。

1. 计算各指标数值

根据表 12－12，从 2014 和 2015 年度房地产各样本企业的财务报表等资料中提取数据分析、比较，得到各指标数值。

表 12－12　房地产各样本企业相关数据指标情况

公司简称	①流动资产与收入变动比率	②预收账款收入变动率	③应收账款收入变动率	④存货周转率收入变动比率	⑤收入所得税变化比率	⑥利润收入变化比率
JDJT	36.78%	66.65%	286.10%	－0.12%	4.87%	－16.56%
WKA	－15.89%	－16.59%	－1.03%	－6.12%	1.92%	－0.28%
ZJSY	－0.83%	66.99%	5.53%	－41.57%	50.06%	28.62%
ZZKG	－31.22%	1.88%	558.05%	－55.11%	49.57%	40.89%
BLDC	－3.54%	3.81%	－19.38%	－11.61%	－13.33%	－7.15%
HQCA	20.66%	44.91%	－12.43%	3.13%	10.71%	11.03%
ZSSK	21.19%	34.88%	－2.79%	－16.66%	32.20%	0.84%
ZSJY	5.71%	75.34%	21.83%	－3.19%	－26.68%	0.01%
DYC	－27.47%	－29.90%	－78.67%	5.07%	70.00%	49.72%
SSFA	－6.53%	228.11%	31.91%	13.51%	－4.62%	－0.85%
SZYA	－46.40%	－96.52%	－63.95%	－26.02%	67.56%	70.36%
XJKG	32.15%	12.20%	44.02%	－14.51%	－38.06%	－37.42%
SWYA	29.90%	2183.67%	60.90%	30.15%	41.22%	45.86%
HFGF	16.64%	34.16%	－11.53%	－33.62%	－16.42%	1.75%

2. 统计各指标数值分布区间，判断企业动态特征风险

统计上述指标，得到其分布区间。依据 4.8 所述，指标绝对值大于 30%，则可能存在着风险。因此，分析上述各指标数值的分布区间，做出样本企业的相对风险排序，如表 12－13 所示。

表 12 – 13　房地产各样本企业相关指标数据统计情况

公司简称	平均值	标准差	离散系数	绝对值小于30%的个数	绝对值处于30%~50%的个数	绝对值处于50%~100%的指标个数	100%以上	相对风险排序	得分
JDJT	62.95%	113.28%	1.7995	3	1	1	1	10	63
WKA	−6.33%	8.12%	−1.2825	6				1	95
ZJSY	18.13%	38.98%	2.1498	3	1	2		8	68
ZZKG	94.01%	230.88%	2.4559	1	3	1	1	13	53
BLDC	−8.53%	8.12%	−0.9510	6				2	93
HQCA	13.00%	19.13%	1.4713	5	1			3	85
ZSSK	11.61%	20.88%	1.7985	4	2			5	78
ZSJY	12.17%	34.70%	2.8503	5		1		4	80
DYC	−1.87%	55.16%	−29.4330	3	1	2		9	65
SSFA	43.59%	91.54%	2.1002	4	1		1	7	70
SZYA	−15.83%	69.64%	−4.3989	1		4		14	50
XJKG	−0.27%	35.16%	−130.0560	2	4			11	60
SWYA	398.62%	874.57%	2.1940	1			1	12	55
HFGF	−1.50%	24.36%	−16.1908	4	2			6	75

（四）动态特征风险评估结果分析

通过上面的分析可以看出，WKA、BLDC 在动态特征风险评估中，排名靠前，动态特征风险相对其他企业而言最低。而 SZYA、ZZKG、SWYA 三家静态特征风险较低的企业在此排名靠后，和其他企业相比，处于高动态特征风险区域。

我们必须明确的是，静态特征风险与动态特征风险是对企业税收风险两个层面的度量，反映的是对企业税收风险影响不同的作用因子。静态特征风险是将企业的纳税能力与税源质量做比对，当效能位差较大，即纳税能力相对优于税源质量时，表明企业内部控制及税务管理效率较好，企业纳税遵从度高；反之，则企业内部控制及税务管理效率较低。对于动态特征风险而言，它是将资产、成本、税收、利润等指标与收入做比对，在一定程度上反映了企业是否存在虚报收入、财务造假的可能性，动态特征风险越高，其隐藏收入的可能性越大。而通过静态特征风险各指标的计算公式可以看出，隐藏收入可能会导致纳税能力指标排名虚高，税源质量指标排名偏低，进而导致效能位差较高，表现为静态特征风险低。尤其对于 SWYA 而言，其预收账款收入变动率奇高，可能会存在将本期主营业务收入挂账于预收账款账目，少结转收入的风险情况。

因此，税务机关在针对风险特征不同的企业时，应采取不同的管理方法。对于静态特征风险高的企业，应该着重于指导企业内部控制制度的完善，加强企业内部税收管理效率，减少避税、漏税情况的发生，提高其纳税遵从度，同时积极引导企业去杠杆，降低企业财务风险，进而降低税务风险。而对于动态特征风险较高的企业而言，应该着重于排查企业的财务状况，看是否存在隐藏收入，虚假申报的情况。

总而言之，静态特征风险与动态特征风险都是企业税收风险识别中不可或缺的部分，二者之间相互影响、协同发力的同时各有侧重，税务机关据此对大企业做出管理时，应结合不同风险的大小与实际情况，针对各类风险做出有效的解决方案。

第四节　广东大企业税收风险管理的政策建议

税务机关要充分利用大企业的遵从愿望和内控要求，将管理重心适当前移，注重宣传辅导，提高税法透明度；设立风险管理机构和岗位，进行风险识别和评估；制定风险应对策略和内部控制，引导企业积极进行自我纠正；防范税务违法行为，避免财务损失和声誉损害，将税务风险防患于未然。

一、企业税收风险内控

目前，我国大企业经营规模大、业务范围广、结构复杂并且国际化程度高，在指导大企业特别是跨国经营企业进行风险内控测试时，应引导企业避免税务风险的发生。同时要重点关注内控的战略层面，注意财务处理、纳税申报、重要决策的涉税规划、对税收筹划的态度等方面存在的风险，对大企业的税务风险进行量化评级管理。税收风险内控的管理要与财政会计管理部门、证券管理部门、企业集团母公司等对企业的风险内控要求衔接，形成合力。

对公司治理结构好、内控机制全、涉税信息披露实、税企沟通顺畅的大企业，税企双方可签订遵从协议，实现税企互信。同时如果企业出现重大纳税事项影响到纳税遵从，或者改变税务规划，应及时调整企业风险等级。

对中等风险企业，以协助遵从为主。例如可以采取预约定价安排、遵从保证协议等措施协助企业事先应对相关税务风险，在风险测评的基础上，提出加强风险防控的整改建议。同时如果企业遵从度持续提高，可以调低企业风险等级，如果仍未改善或继续恶化，应调高企业的风险等级。

对高风险企业，可以增加风险评估的次数，启动税收专项检查和反避税检查，发现和堵塞税收管理漏洞。除每年定期进行风险评估外，还可结合实际情况，采用实时评估等方法随时监控企业情况，风险应对策略主要采用实地评估测试、税务审计和反避税调查、移交稽查处理等，依法加大处罚打击力度。另一方面，要采取约谈企业管理层等方式积极与企业沟通，帮助企业树立遵从的理念，解剖不遵从的原因，辅助企业建立税务风险管理机制，并监督机制的运行。如果企业遵从度改善应及时调整风险评级，如果仍未能改善或继续恶化，应作为重点管理对象，研究更具针对性的管理措施。

二、税务机关的风险管理

我国各级大企业管理部门要求立足已有管理架构，以风险为导向统筹全局，合理配置管理资源，创新管理手段，积极探索行之有效的管理措施，对不同风险等级的企业和企业的不同风险实施针对性管理。

大企业的税务风险管理针对性措施包括：打造一体化信息平台，发挥扁平化管理优势；建立互动沟通机制，快速响应企业诉求；落实《大企业税务风险管理指引》，指导企业建立和完善涉税内控机制和风险管理体系；建立行业风险特征库，深入细化分类管理；利用预约定价安排和遵从保证协议等手段，开展申报前风险控制；指导企业开展税务自查及其他自我遵从纠正行动；开展税务审计及反避税调查；加强税务稽查及处罚力度。

在探索过程中，有几方面值得重视：一是借鉴澳大利亚的经验，税务机关对大企业的风险管理要以大企业自身的风险内控为参照，相互衔接和贯通。二是在广泛占有数据的基础上，要注意把海量数据加工成为有用的信息，及时提炼管理经验形成大企业管理知识库。三是对大企业的风险识别途径应是多元的，既靠计算机的数据对比，更靠专家职业经验的判断；既有上级机关识别发布的，又有一线管理人员管理经验反馈的。四是大企业的风险应对应多角度、专业化，对识别出各类风险评估排序应由专业化的团队进行，在风险应对的措施上应坚持宽视野、多举措，尤其要重视计算机审计的作用。五是大企业的风险管理要与行业管理相结合，可在有条件的大企业管理部门试行设置税源管理科，或设立行业分析员。

三、税收风险管理的反馈与改进

大企业管理部门要对风险管理的效果和效率及时进行评价，将风险管理发现的问题反馈至企业，不断提高企业自我遵从水平；反馈至税收法规和政策部门，帮助改善立法；反馈给一线征收部门，改进日常税务管理。对持续、反复出现同类遵从问题的，要实时调高企业风险等级，调整风险应对策略，并会同相关部门实施重点管理。

要利用各种渠道收集企业对风险管理工作的意见和建议，不断调整优化税务风险管理工作。对企业在加强风险管理方面遇到的困难和干扰，要提供必要的支持和援助。要及时归纳本地企业风险管理中的共性问题和行业特征，及时反馈给总局，使总局能定期汇总处理各地反馈的情况，及时更新风险特征库和相关软件系统。

还要定期对风险管理进行考核，考核内容包括数据采集、风险评估、具体应对策略和措施的应用、风险管理信息系统的操作以及其他各环节工作要求的落实情况。

四、培养专业人才和特殊行业专家

税务机关对大企业的管理，需要大量的专业人才和专家来参与，如行业专家、法律专家、计算机审计专家、国际问题和恶意税收筹划专家等。国际上有些国家大企业管理部门在这方面的做法值得我们借鉴。如在美国，大企业局的收入官员是由专业会计师担任。该收入官必须获得经过认可的学院或大学会计学士学位或以上学位，进行过至少三十个小时的会计课程学习或有注册公共会计师证书，此外，还要求有一年以上逐渐增加责任的各种会计或审计工作的专业经历。英国的大企业局也在全国税务系统组建专家队伍，执行项目任务。根据广东省的实际情况，大企业税收管理部门应该从以下几个方面入手：一是，从税务系统内部选拔一批优秀的人才进行培养，制订科学合理的培训计划，多与其他部门交流合作，提高其专业技能，成为复合型人才；二是从其他各省或者国外引进优秀的专业人才，充实大企业税收管理队伍；同时，加强与全国各大高校的合作，与高校签订合作合同，委托高校针对大企业税收管理职位的需求特点有目的、有针对性地培养专业复合型人才。

参考文献

［1］谢旭人. 加强税收经济分析和企业纳税评估，提高税源管理水平［J］. 税务研究. 2007（05）：3–10.

［2］马克思. 资本论［M］. 北京：人民出版社，1975. 第一卷，686–687.

［3］彼得. 德鲁克著，齐若兰译. 管理的实践［C］. 第一版. 北京：机械工程出版社，2006. 193.

［4］毛蕴诗，管理经济学–理论与案例［M］. 北京：机械工业出版社，2012.

［5］龙晓庆，毛蕴诗委员点题"中国创造"国企业应少投广告，多投入研发［N］. 民营经济报 2013–03–14（03）.

［6］陈媛媛，李炜光：别等到企业过不下去了再减税，［N］. 新京报 2016–12–22（01）.

［7］缪慧频，抓住千户集团关键少数　推进大企业服务与管理改革［N］. 中国税务报 2017–2–24（A2）.

［8］Zimmerman J L. Taxes and firm size［J］. Journal of Accounting and Economics, 1983（5）：pp. 119–149.

［9］Marsden K. Links between taxes and economic growth：some empirical evidence. World Bank Working Paper, 1983, No. 605.

［10］安体富，岳树民. 我国宏观税负水平的分析判断及其调整［J］. 经济研究. 1999（03）：41–47.

［11］杨斌. 宏观税收负担总水平的现状分析及策略选择［J］. 经济研究. 1998（08）：47–54.

［12］李俊霖. 宏观税负、财政支出与经济增长［J］. 经济科学，2007

(04)：5－14.

[13] 孙玉栋. 税收竞争、税收负担与经济发展的关系及政策选择 [J].中央财经大学学报, 2007 (05)：1－6.

[14] 罗党论, 杨玉萍. 产权、地区环境与新企业所得税法实施效果——基于中国上市公司的企业税负研究 [J], 中山大学学报, 2011 (05)：200－210.

[15] 潘文轩. "营改增" 试点中部分企业税负 "不减反增" 现象释疑 [J], 广东商学院学报, 2013 (01)：43－49.

[16] Cummins J G, Hassett KA, Hubbard RG. Have tax reforms affected investment [M]. Tax Policy and the Economy, Volume 9. MIT Press, 1995? (9)：131－149.

[17] 马拴友. 我国的拉弗最高税率估计和最优税率估计 [J]. 经济学家. 2002 (01)：73－78

[18] 张阳. 中国企业所得税税负归宿的一般均衡分析 [J], 数量经济技术经济研究, 2008 (04)：131－141.

[19] 付文林, 赵永辉. 税收激励、现金流与企业投资结构偏向 [J]. 经济研究, 2014 (05)：19－33

[20] Bloom N, Griffith R, Van Reenen J. Do R&D tax credits work? Evidence from a panel of countries 1979－1997 [J]. Journal of Public Economics, 2002, 85 (1)：1－31.

[21] Elschner C, Ernst C. The impact of R&D tax incentives on R&D costs and income tax burden [J]. Zew Discussion Papers, 2008 (8)：1－24.

[22] Czarnitzki D, Hanel P, Rosa J M. Evaluating the impact of R&D tax credits on innovation: A microeconometric study on Canadian firms [J]. Research Policy, 2011, 40 (2)：217－229.

[23] Kleer R, Wagner M. Acquisition through innovation tournaments in high－tech industries: a comparative perspective [J]. Economics of Innovation and New Technology, 2013 (22)：73－97.

[24] 王俊. 政府 R&D 资助与企业 R&D 投入的产出效率比较 [J]. 数量经济技术经济研究, 2011 (06)：93－106＋146.

[25] 高金鹏, 王赫然, 高鉴. 税收激励、研发投入与企业绩效—基于高新技术企业的实证研究 [J]. 中国科技产业, 2016 (07)：72－77.

［26］查梓琰，李怡瑶．财税激励政策对高新技术企业发展影响的研究——基于广东省高新技术企业面板数据的实证分析［J］．现代经济信息，2017（15）：29-32.

［27］毛德凤、彭飞、刘华，税收激励对企业投资增长与投资结构偏向的影响［J］．经济学动态.2016（07）：75-87.

［28］Clotfelter, Charles T. Federal Tax Policy and Charitable Giving［M］. Chicago, IL: University of Chicago Press, 1985.

［29］Boatsman J R, Gupta S. Taxes and corporate charity: empirical evidence from micro-level panel data［J］. National Tax Journal, 1996, 49（2）: 193-213.

［30］黄桂香，黄华清．税收政策影响慈善捐赠行为的经济学分析［J］．价格月刊，2008（02）：93-94.

［31］朱迎春．我国企业慈善捐赠税收政策激励效应—基于2007年度我国A股上市公司数据的实证研究［J］．当代财经，2010（01）：36-42.

［32］谢娜．我国慈善捐赠税收优惠政策现状、问题及调整［J］．中国经贸导刊，2012（9Z）：27-30.

［33］黄琼宇，何燕君．税收政策与企业慈善捐赠［J］．现代经济信息，2016（13）：100-102.

［34］Verschoor C C, Muphy E A. The financial performance of large U. S. firms and those with global prominence: How do the best corporate citizens rate?［J］., Business and Society Review 2002, 107（3）: 371-380.

［35］Brammer S, Millington A. Corporate reputation and philanthropy: An empirical analysis［J］. Journal of Business Ethics, 2005, 61（1）: 29-44.

［36］O'Hagan J, Harvey D. Why do companies sponsor arts events? Some evidence and a proposed classification［J］. Journal of Cultural Economics, 2000, 24（3）: 205-224.

［37］杨忠智，乔印虎，行业竞争属性、公司特征与社会责任关系研究［J］，科研管理，2013（03）：58-67.

［38］戴亦一，潘越，冯舒．中国企业的慈善捐赠是一种"政治献金"吗?吗献来自市委书记更替的证据［J］．经济研究，2014（02）：74-86.

［39］郑志刚，李东旭，许荣，林仁韬，赵锡军．国企高管的政治晋升与形象

工程——基于N省A公司的案例研究 [J]. 管理世界, 2012 (10)：146-156.

[40] 许年行, 高管贫困经历与慈善捐赠 [J]. 经济研究, 2016 (02)：72-81.

[41] 爱伦·A·泰特. 增值税——国际实践和问题 [M]. 北京：中国财政经济出版社, 1992：67-85

[42] Scholes M, Wolfson M, Erickson M, Maydew E, Shevlin T. Taxes and Business Strategy：A Planning Approach [M]. 2nd Edition. New Jersey：Prentice - Hall, Inc., 2001.

[43] Auerbach, A. J., "Tax Reform and Adjustment Cost：The Impact on Investment and Market Value", NBER Working Paper, No. 2103. 1986,

[44] Cutler, D. M., 1988, "Tax Reform and the Stock Market：An Asset Price Approach", American Economic Review, 78, 1107-1117.

[45] Hassett K, Hubbard G. Tax policy and business investment. In：Auerbach, A. J., Feldstein, M. (Eds.) [J]. Handbook of Public Economics, 2002, 3：1293-1343..

[46] 杨斌, 龙新民, 李成, 尹利军. 东北地区部分行业增值税转型的效应分析 [J]. 涉外税务, 2005, (8)：17-21.

[47] 丁明强. 蓝常高. 增值税转型的社会经济效应分析 [J] 涉外税务. 2006 (1)：32-35.

[48] 杨之刚, 张斌. 增值税转型改革中的若干思考 [J]. 税务研究, 2005 (08)：14-16.

[49] 黑龙江省国家税务局课题组. 增值税转型试点运行效果分析及借鉴 [J]. 涉外税, 2006 (1)：36-38.

[50] 聂辉华, 方明月, 李涛. 增值税转型对企业行为和绩效的影响——以东北地区为例 [J]. 管理世界, 2009 (5)：17-35.

[51] 李绍平, 魏翠颖. 增值税转型对企业固定资产投资的影响 [J]. 大庆石油学院学报, 2007, 31 (1)：107-109.

[52] 朱娟. 增值税转型对企业固定资产投资决策的影响 [J]. 财会研究, 2009 (02)：17-18.

[53] 屈巍. 增值税转型对企业固定资产投资决策的影响 [J]. 财会通讯, 2009 (8)：16-17.

［54］郑爱华，冯晓云．增值税转型对固定资产投资决策的影响一基于租赁与购买决策的分析［J］．中国管理信息化．2009（12）：45－47.

［55］李嘉明，李苏娅．增值税转型对企业固定资产投资影响的实证研究［J］．财经论丛，2007（6）：26－31.

［56］黄明峰，吴斌．增值税转型对固定资产投资的影响研究——基于中部6省26市的经验数据［J］．财会月刊，2010（1）：24－26.

［57］陈晓梅．试论增值税改革对企业固定资产投资的影响［J］．中国流通经济，2001（1）：34－35+42.

［58］胥佚萱，林志伟．增值税转型改革与固定资产投资决策一基于中国上市公司数据的面板双重差分模型分析［J］．税务研究，2011（1）：90－97.

［59］王泽霞，李兰．增值税转型对信息技术业机器设备投资的激励效应研究［J］．税务研究，2012（3）：81－87.

［60］张丽丽，申玲，王秀云．增值税转型对纺织行业固定资产投资的影响研究——基于陕西省国有纺织企业的实证分析［J］．财会通讯，2012（6）：88－90.

［61］卢涛．营改增税制改革对我国投资环境的影响研究［J］．财会学习，2016（16）：177.

［62］莫开伟．全面营改增利于固定资产投资回暖［N］．深圳商报，2016－03－21（A02）.

［63］Dunning J H. Toward an Eclectic Theory of International Production：Some Empirical Tests［J］. Journal of International Business Studies. 1980, 11（1）：9－31.

［64］Boddewyn J J. Foreign direct divestment theory：Is it the reverse of FDI theory?［J］. Weltwirtschaftliches Archiv, 1983, Vol. 119（2）, pp. 345－355.

［65］Ray G. Subsidiary divestment：The case of CDMI Ireland 1970－2002［J］. Irish Journal of Management, 2003, 24（12）：215－228.

［66］Mcdermott M C. Foreign Divestment［J］. International Studies of Management & Organization, 2010, 40（4）：37－53.

［67］Poter M E. Please Note the Location of Nearest Exit：Exit Barriers and Planning［J］. California Management Review. 1976,（19）：21－33.

［68］Harrigan K R, Strategies for Declining Industries［J］, Journal of Business Strategy, 1980, Vol. 1（2）：20－34.

[69] Jagersma P K, van Gorp DM. International Divestments：An Empirical Perspective [J]. Business Horizons, 2003, 46 (6)：61 –69.

[70] Berry H. When Do Firms Divest Foreign Operations? [J]. Organization Science, 2013, 24 (1)：246 –261.

[71] 杨宇光, 刘夏明. 当代国际直接撤资理论探讨 [J]. 世界经济研究, 1995 (04)：5 –9.

[72] 毛蕴诗、蒋敦福、曾国军. 跨国公司在华撤资——行为、过程、动因与案例 [M], 中国财政经济出版社, 2005.

[73] 张立莉. 跨国公司在华撤资动因、影响及对策研究 [J]. 经济问题探索, 2009 (01)：60 –65.

[74] 范宇新. 跨国公司撤资动因研究：以在华韩国企业为例 [J]. 产业经济评论, 2009 (02)：92 –104.

[75] 裴长洪, 杨志远. 实现我国吸收外商直接投资的新跨越 [J]. 国际贸易, 2011 (09)：4 –11.

[76] 刘敏. 汇率水平、波动及预期对我国吸收外商直接投资的影响分析 [J]. 经济问题探, 2013 (10)：94 –99.

[77] 傅钧文. 发达国家制造业回流现象及成因分析：以日本为例 [J]. 世界经济研究, 2015 (05)：108 –118 +129.

[78] 上海社会科学院经济研究所课题组, 沈桂龙. 全球金融危机下在华外资企业撤资的影响分析与风险判断 [J]. 上海经济研究, 2014 (12)：3 –13 +40.

[79] 李玉梅, 刘雪娇, 杨立卓. 外资大企业撤资：动因与影响机理——基于东部沿海 10 个城市问卷调查的实证分析 [J]. 管理世界, 2016 (04)：37 –51.

[80] 刘振林, 李任. 跨国公司撤出中国的动因分析——基于跨国公司经营的视角 [J]. 经济经纬, 2016 (02)：54 –59.

[81] 龙朝晖, 陈会林. 广东外资工业企业国际转让定价的定量研究：1997 –2008 年 [J]. 珠江经济, 2008 (11)：18 –26.

[82] 薛彤, 王静波. 在华外商投资企业转让定价的实证研究 [J]. 税务研究, 2007 (05)：76 –80.

[83] 吴铁波. 外资企业逆向避税行为的防范 [J]. 涉外税务, 2012 (03)：64 –67.：

[84] 庞凤喜、贺鹏皓. 基于反避税要求的税制改革国际视野 [J]. 税务研究, 2015 (07): 10 - 18.

[85] 龙朝晖. 广东外资企业盈亏研究. 广东教育出版社, 2008 年.

[86] 赵国庆. 税基侵蚀和利润转移: 我国政府的挑战和应对 [J]. 中国财政, 2014 (13): 42 - 43.

[87] 励贺林. 无形资产转让定价规则发展趋势及对我国应对 BEPS 的启示 [J]. 国际税收, 2014 (08): 69 - 73.

[88] Evers L, Miller H, Spengel C. Intellectual Property Box Regimes: Effective Tax Rates and Tax Policy Considerations [J]. International Tax and Public Finance, 2015, 22 (1): 502 - 530.

[89] 庞凤喜, 米冰. 跨国企业转让定价与国家税收利益归属研究动态 [J]. 中南财经政法大学学报, 2018 (1): 84 - 94.

[90] 梁潇. 传统经济与数字经济下跨国公司转让定价问题研究 [J]. 宏观经济研究, 2019 (4): 144 - 152

[91] 施晓薇, 彭启蕾, 薛妍. 跨国公司在华研发职能转让定价模型再思考 [J]. 国际税收, 2020 (2): 58 - 61.

[92] 张文春, 鲁德华. 我国外资企业转让定价及防范对策 [J]. 中国发展观察, 2006 (2): 20 - 22 + 31

[93] 刘伟. 国际转让定价避税的定量分析 [J]. 社会科学辑刊, 2009 (2): 130 - 132

[94] 李锐. 我国跨国公司转让定价税制的分析及政策建议 [J]. 中央财经大学学报. 2009 (02): 15 - 19.

[95] 胡铭焓. 我国外资企业逆向避税动因及对策研究 [J]. 价值工程, 2012 (18): 117 - 118.

[96] Vicard V. Profit shifting through transfer pricing: Evidence from French firm level trade data [R]. Banque de France Working Paper No. 555, 2015.

[97] Cristea A D, Nguyen D X. Transfer pricing by multinational firms: New evidence from foreign firm ownerships [J]. American Economic Journal: Economic Policy, 2016, 8 (3): 170 - 202.

[98] 龙朝晖. 完善现行转让定价税制 [J]. 广东财政 2003 (09): 50 - 51.

[99] 白思达，储敏伟. 转让定价与企业国际避税问题研究——来自中国商品出口贸易的实证检验 [J]. 财经研究，2017 (08)：32-42.

[100] Felix J. Bierbrauer. On the optimality of optimal income taxation [J]. Journal of Economic Theory, 2011, 9 (146)：2105-2116.

[101] Renaud J F. The distribution of tax payments in a Lévy insurance risk model with a surplus-dependent taxation structure [J]. Insurance：Mathematics and Economics, 2009, 45 (2)：242-246.

[102] Geys B, Vermeir J. The political cost of taxation：New evidence from German popularity ratings [J]. Electoral Studies, 2008, 27 (12)：633-648.

[103] Choi K. Unions, government's preference, and privatization [J]. Economic Modelling, 2011, 28 (6) 2502-2508.

[104] Coenen G, McAdam P, Straub R. Tax reform and labor-market performance in the Euro area：A simulation-based analysis using the New Area-Wide Model [J]. Journal of Economic Dynamics and Control, 2008, 32 (8)：2543-2583.

[105] Rogerson R, Wallenius J. Micro and macro elasticities in a life cycle model with taxes [J]. Journal of Economic Theory, 2009, 144 (6)：2277-2292.

[106] Lehmus M. Labor or consumption taxes? An application with a dynamic general equilibrium model with heterogeneous agents [J]. Economic Modelling, 2011, 28 (4)：1984-1992.

[107] Osorio M A, Gulpinar N, Rustem B. A mixed integer programming model for multistage mean - variance post-tax optimization [J]. European Journal of Operational Research, 2008, 185 (2)：451-480.

[108] OECD. Risk Management - practice Note [R]. http：//www.oecd.org/ctp/administration/1908440.pdf. 2001. 5.

[109] 王德祥，李建军. 我国税收征管效率及其影响因素——基于随机前沿分析 (SFA) 技术的实证研究 [J]. 数量经济技术经济研究，2009 (04)：152-161.

[110] 周建军，王韬. C-D 函数在税收效率分析中的应用 [J]. 税务与经济 (长春税务学院学报)，2002 (04)：5-9.

[111] 解垩. 基于 DEA 模型的中国税收效率分析 [J]. 云南财经大学学

报, 2009 (01): 125 - 132.

[112] 深圳市国家税务局课题组. OECD 成员国大企业税收征管经验及借鉴. 涉外税务, 2010 (09): 44 - 48.

[113] Australian Tax Office Canberra. Large business and tax compliance. http: //www. ag. gov. au/cca, 2010, 11, 20.

[114] 李忠华, 贾心明. 预防和化解我国税收风险问题探讨 [J]. 经济纵横, 2011 (04): 78 - 80 + 90.

[115] 蔡德发, 周波. 发管查协同"查大企业税收管理新模式探索 [J]. 税务研究, 2012 (06): 74 - 77.

[116] 刘京娟. 大数据时代下的税收风险控制 [J]. 湖南税务高等专科学校学报, 2014 (12): 19 - 21.

[117] 张景华. 税收风险识别模型的构建 [J]. 税务与经济, 2014 (01): 96 - 99.

[118] 张艳江, 梁俊娇. 关于大企业税收管理制度的思考 [J]. 中央财经大学学报, 2015 (03): 19 - 25

[119] 胡云松. 税收风险管理的范畴与控制流程 [J]. 税务研究, 2010 (11): 72 - 75.

[120] 杨志勇. 增值税转型改革: 评点与展望 [J]. 中国财政, 2009, (4): 20 - 22

[121] 刘宏, 李述晟. FDI 对我国经济增长、就业影响研究——基于 VAR 模型 [J]. 国际贸易问题, 2013 (04): 105 - 114.

[122] Brandt L, Biesebroeck J V, Zhang Y. Creative accounting or creative destruction? Firm - level productivity growth in Chinese manufacturing [J]. Journal of Development Economics, 2012, 97 (2): 339 - 351.

[123] 毛蕴诗, 何欢. 跨国公司在华投资、撤资、再投资行为分析——比较案例研究 [J]. 学术研究, 2008 (07): 76 - 81.

[124] 郜志雄, 王家玮. 在华韩资企业撤资: 状况与原因 [J]. 国际经济合作, 2009 (06): 34 - 37.

[125] 徐磊. 金融危机下跨国公司在华撤资及其防范 [J]. 当代财经, 2009 (12): 95 - 101.

[126] 王进猛，沈志渔.内部贸易对外资企业绩效影响实证研究——基于国际分工和交易成本视角 [J].财贸经济，2015 (02)：74 - 86.

[127] 贾俊雪.税收激励、企业有效平均税率与企业进入 [J].经济研究，2014 (07)：94 - 109.

[128] 周材荣.FDI、产业聚集是否有助于国际竞争力提升—基于中国制造业 PVAR 模型的实证研究 [J].经济理论与经济管理，2016 (10)：56 - 69.

[129] 刘建徽，周志波.经济数字化与全球税收治理：背景、困境与对策 [J].宏观经济研究，2020 (06)：49 - 60.

[130] 倪红日.经济数字化、全球化与税收制度 [J].税务研究，2016 (04)：3 - 7.

[131] 刘思晋.数字经济时代的国际税收管理问题 [D].厦门大学，2014.

[132] 刘奇超，罗翔丹，刘思柯，贾茗铄.经济数字化的税收规则：理论发展、立法实践与路径前瞻 [J].国际税收，2018 (04)：35 - 42.

[133] 张文春.属地税制、数字化税收与国际税收新秩序——当前国际税收发展的三大问题 [J].国际税收，2019 (06)：34 - 39.

[134] 姚丽.愿景与现实：OECD 应对经济数字化税收挑战的"统一方法" [J].税务研究，2020 (06)：70 - 78.

[135] 樊轶侠，王卿.经济数字化背景下国际税收规则发展——对 OECD "统一方法"的解读与研究 [J].税务研究，2020 (06)：79 - 85.

[136] 彭喜文.经济数字化下数字服务税规则探析与反思——以法国数字服务税法案为切入点 [J].河南财政税务高等专科学校学报，2020，34 (02)：23 - 29.

[137] 何杨.经济数字化背景下的国际税收变革：理论框架与影响分析 [J].国际税收，2020 (05)：48 - 53.

[138] 刘奇超.论经济数字化国际税收改革中统一方法的规则设计：一个观点综述 [J].国际税收，2020 (02)：24 - 32.

[139] 李蕊，李水军.数字经济：中国税收制度何以回应 [J].税务研究，2020 (03)：91 - 98

[140] 李军.设立专业管理机构，破解大企业管理困局 [J].中国税务，

2015 (10): 65.

[141] 杨华, 王冬明, 董宏. 大企业税收管理经验借鉴: 以英国、美国、荷兰为例 [J]. 涉外税务, 2010 (12): 48 – 51.

[142] 刘磊. 征管改革中的中国大企业税收管理 [J]. 国际税收, 2016 (09): 6 – 9,

[143] 夏南新. 地下经济估测模型及敏感度分析 [J]. 统计研究, 2000 (08): 38 – 41.

[144] 黄春明. 朝阳国税税收征管效率问题研究 [J]. 税务与经济, 2005. (05): 64 – 69.

[145] 杨花. 税收成本控制的对策研究——以邯郸市为例 [J]. 税务与经济, 2007 (03): 58 – 67.

[146] 潘雷驰. 我国税收增速变动征管成因的定量研究 – 国税收增速变动征管年数据的实证检验 [J]. 财经问题研究, 2008 (09): 8 – 12

[147] 庄亚珍, 陈洪. 税收征管效率影响因素评析 [J]. 税务研究, 2004 (11): 73 – 74.

[148] 杨得前. 中国税收征管效率的定量测算与分析 [J]. 税务研究, 2008 (11): 67 – 70.

[149] 秦长城. 大企业税收管理更进一步 [J]. 税务与经济, 2016 (12): 76 – 77.

[150] Grant R, Romance L, Sidney Chi – Moon L. Corporate tax aggressiveness, outside directors, and debt policy: An empirical analysis [J]. Journal of Corporate Finance, 2014 (25): 107 – 121

[151] 刘阳春, 毛蕴诗. 跨国公司在华投资、撤资、再投资行为研究 [J]. 学术研究, 2006 (05): 27 – 31 + 147.

[152] 龙朝晖. 我国慈善税收政策研究 [M]. 中山大学出版社, 2017.

[153] 龙朝晖, 周群, 中国上市公司企业社会责任状况分析报告 [A]. 中国公益发展报告 (2012) [C]., 社会科学文献出版社, 2013.

[154] 范子英、田彬彬. 税收竞争、税收执法与企业避税 [J]. 经济研究. 2013 (09): 99 – 111.

[155] 吕冰洋、马光荣、毛捷. 分税与税率: 从政府到企业 [J]. 经济研

究 . 2016（07）：13 - 28.

[156] 王亮亮 . 税制改革与利润跨期转移——基于"账税差异"的检验 [J] . 管理世界，2014（11）：105 - 118.

[157] 吴国平 . 大企业税收管理的国际实践及启示 [J]，税务研究，2010（02）：90 - 92.

[158] 李华 . 大企业税收风险管理的国际比较研究 [J]，国际税收，2016（09）：10 - 15.

[159] 黄中根、熊战波、彭智斌 . 大企业税收管理与服务的探索与创新 [J]，税务研究，2016（11）：110 - 112.

[160] 李涛，黄纯纯，周业安 . 税收、税收竞争与中国经济增长 [J] . 世界经济，2011（04）：22 - 41.

[161] 董志勇，邓丽 . 我国宏观税负的经济影响分析 [J] . 技术经济与管理研究，2010（04）：105 - 109.

[162] 张维迎、周黎安、顾全林 . 高新技术企业的成长及其影响因素：分位回归模型的一个应用 [J]，管理世界，2005（10）：94 - 101 + 112 + 172.

[163] 袁康平、冯维祺 . 人力资本积累与企业收入增长互动效应 [J]，重庆大学学报，2004（02）：157 - 160.

[164] 卢正文 . 企业慈善捐赠、员工反应与收入增长的实证研究 [J]，管理学报，2017（02）：298 - 305.

[165] 李立清，李燕凌 . 业社会责任研究 [M]，北京人民出版社，2005.

[166] 黄群慧，彭华岗，钟宏武，张蒽，中国 100 强企业礼会责任发展状况评价 [J]，中国工业经济，2009（10）：23 - 35.

[167] 韩晓梅、龚启辉、吴联生 . 薪酬抵税与企业薪酬安排 [J]，经济研究，2016（10）：140 - 154.

[168] 卢洪友、唐飞、许文立 . 税收政策能增强企业的环境责任吗——来自我国上市公司的证据 [J]，财贸研究，2017（01）：85 - 91.

[169] 自东放，徐艳梅 . 跨国公司撤资的实证研究 [J] . 统计研究，2006（02）：13 - 16 + 81.

[170] 李建军 . 税收征管效率评估分析：1997—2007 [J] . 中国经济问题，2011（03）：90 - 99.

[171] 陈工，陈习定，何玲玲. 基于随机前沿的中国地方税收征管效率分析 [J]. 税务研究, 2009 (06): 82 - 85.

[172] 平新乔. 增值税减负有益于扩大内需 [J]. 财经, 2009 (06): 13 - 15.

[173] 付广军. 促进民营企业发展的税收政策研究 [J]. 山东经济, 2004 (04): 45 - 48.

[174] 张同龙. 企业捐赠的动机考察：自利，还是利他？[J]. 制度经济学研究, 2011 (02): 28 - 41.

[175]. 钟宏武. 512 大地震企业捐赠大众评价调查 [J]. 中国经济周刊, 2008 (20): 38

[176] Erard B, Ho C C. Searching for ghosts: who are the nonfilers and how much tax do they owe? [J]. Journal of Public Economics 2001, 81 (1): 25 - 50.

[177] Scully G W. The "growth tax" in the United States [J]. Public Choice, 1995, 85 (1): 71 - 80.

[178] Hu A G. Ownership, Government R&D, Private R&D, and Productivity in Chinese Industry [J]. Journal of Comparative Economics, 2001, 29 (1): 136 - 157.

[179] Carroll A B. A three - dimensional conceptual model of corporate social Performance [J], The Academy of Management Review 1979. (4): 497 - 505.

[180] Wartiek S L, Cochran P L: The Evolution of the Corporate Social Performance Model [J], The Academy of Management Review, 1985, 10 (4): 758 - 769